Découvrez l'histoire par les archives de presse

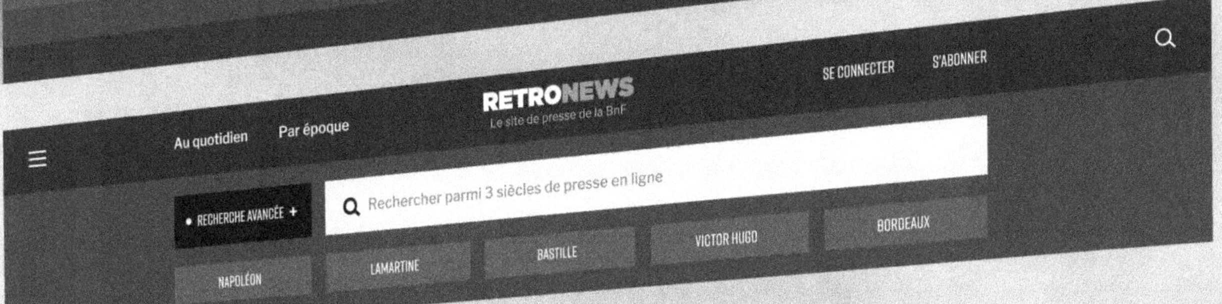

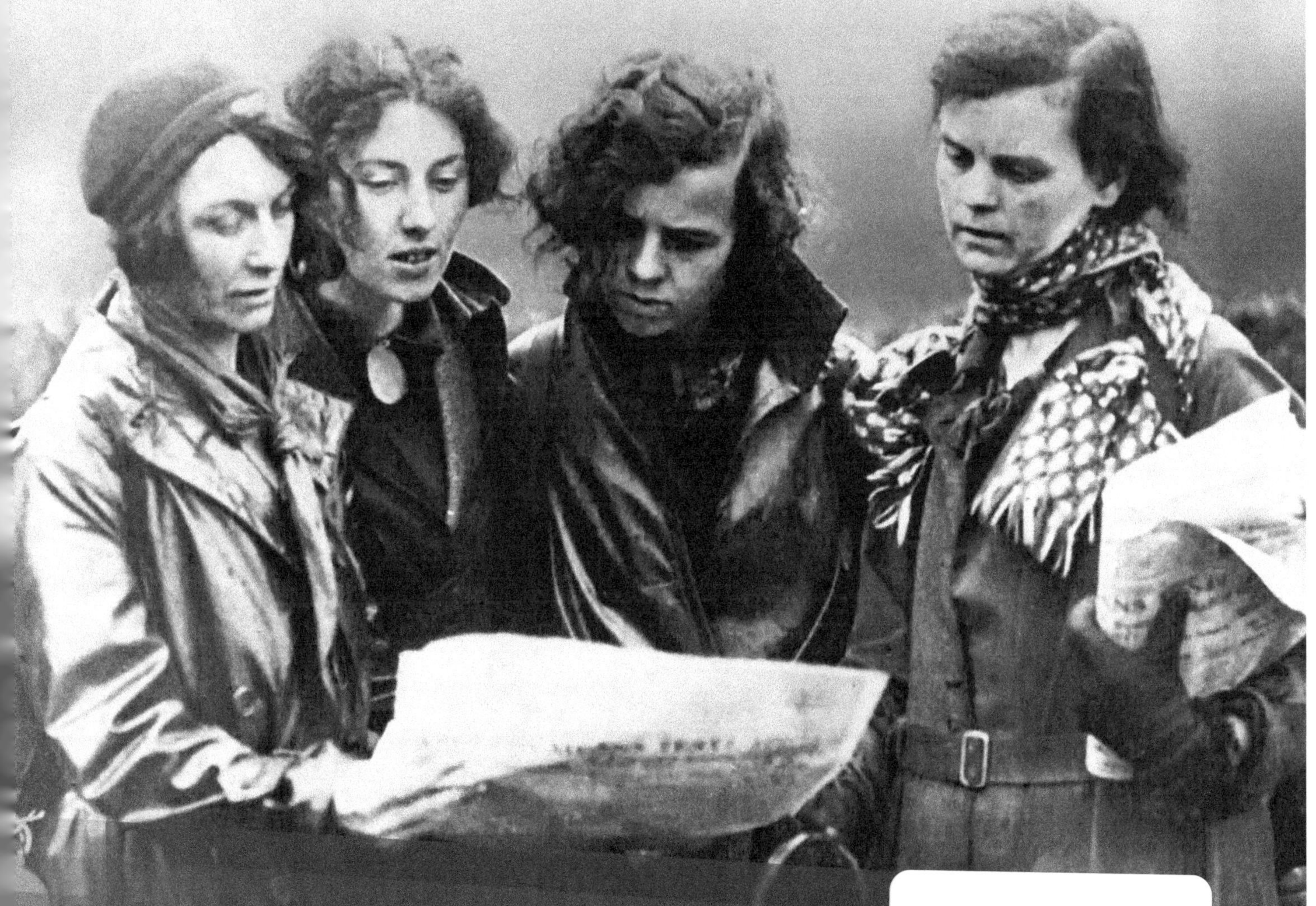

RETRONEWS

Le site de presse de la BnF

www.retronews.fr

REVUE DU NORD DE LA FRANCE

Tome 1er. — Année 1890

REVUE

DU

NORD DE LA FRANCE

DIRECTEURS :

MM. Henry CARNOY

Professeur au Lycée Louis-le-Grand
Directeur de *la Tradition*
Secrétaire général du Cercle des Francs-Picards

ET

Alcius LEDIEU

Conservateur de la Bibliothèque communale
d'Abbeville, Directeur du *Cabinet historique de
l'Artois et de la Picardie*, Lauréat de l'Institut.

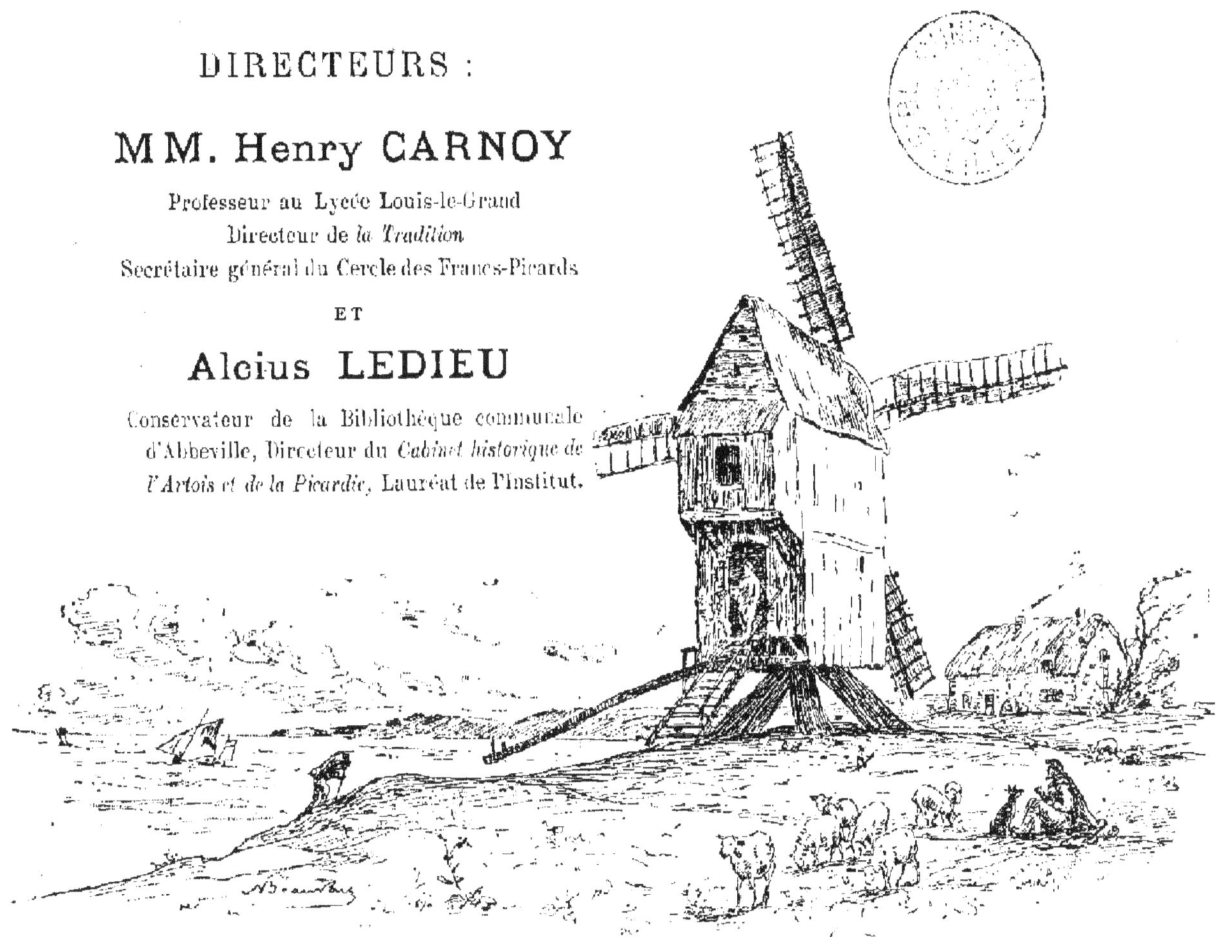

TOME Ier. — 1890.

PARIS : Aux Bureaux de la *Revue du Nord de la France*

128, BOULEVARD MONTPARNASSE

Dépôt : ÉMILE LECHEVALIER, libraire, 39, quai des Grands-Augustins, à Paris

M DCCC XC

REVUE DU NORD DE LA FRANCE

NOTRE PROGRAMME

Depuis longtemps déjà, nous nourrissions le projet de fonder une *Revue* consacrée exclusivement au nord de la France.

Alors que les provinces du Midi, de l'Est et de l'Ouest ont leurs *Revues* souvent très importantes, comme la *Revue de Gascogne,* la *Revue alsacienne,* la *Revue de Bretagne,* les provinces du Nord semblent se désintéresser du grand mouvement littéraire, artistique, historique et scientifique qui anime les travailleurs du reste de la France. Et cependant, ce ne sont pas les hommes de valeur qui manquent à notre région, Dieu merci ! et ce ne sont pas davantage les sujets d'études qui font défaut ! Les Sociétés et les Académies du nord de la France ont rendu et rendent encore d'immenses services à l'histoire, à la littérature et aux arts. Malheureusement, leurs travaux ne franchissent guère les limites d'une ville ou d'un département. A Paris, où, comme on l'a dit justement, se fait la consécration de tous les talents, ces recherches sont presque ignorées.

En dehors des Sociétés et des Académies régionales, combien n'est-il pas de travailleurs modestes qui consacrent leurs veilles à l'étude d'un point d'histoire littéraire ou scientifique, et qui ne savent où trouver l'organe qui fera connaître leurs travaux, la *Revue* qui publiera leur œuvre.

A Paris, les originaires du Midi, dans quelque branche des connaissances humaines qu'ils se spécialisent, trouvent immédiatement un appui solide auprès de leurs compatriotes *arrivés.* Picards, Artésiens, Flamands, Champenois, Français de France, Normands s'ignorent.

Un des buts de la **Revue du Nord de la France** sera justement de faire connaître à tous nos compatriotes les travailleurs et les hommes de talent du nord de la France. Nous n'opposerons pas le Nord au Midi, car nous ne voulons pas faire œuvre de séparatisme. Mais nous montrerons que nos compatriotes du Nord n'ont rien à envier à leurs frères du Midi, — si ce n'est peut-être le chaud soleil de Provence ! NOTRE VILLAGE, NOTRE PROVINCE, NOTRE PATRIE PAR DESSUS TOUT, telle sera notre devise.

En dehors des questions politiques ou religieuses, qui seront sévèrement exclues de notre *Revue*, quel vaste champ d'études et de travail nous avons devant nous !

L'*histoire provinciale* et l'*histoire locale* nous fourniront d'amples sujets de recherches, pour lesquels nous demanderons la collaboration des érudits les plus en vue de nos provinces du Nord.

La *littérature du moyen âge*, les œuvres des *trouvères*, les *mystères*, les *fabliaux*, etc., ne seront pas oubliés dans notre *Revue*.

L'*Histoire des beaux-arts dans le nord de la France* fournira bien des pages curieuses.

Une certaine partie de la *Revue* sera consacrée au *Folklore* ou *Traditionnisme du Nord*. Les *Contes populaires*, les *Légendes locales*, les *Chansons des vieillards et des enfants*, les *Proverbes*, *Dictons*, *Sobriquets*, les *Usages anciens et modernes*, les *Coutumes de la féodalité*, les *Croyances et Superstitions du peuple* seront l'objet d'études approfondies. Nous avons l'intention de procéder sur ces questions, comme sur nombre d'autres, par voie d'enquêtes pour lesquelles nous solliciterons le concours de tous nos lecteurs.

L'*Archéologie*, le *Préhistorique*, l'*Ethnographie*, l'*étude des Patois* gagneront également à la publication de la *Revue*.

MM. les Curés et les Instituteurs pourront nous apporter un utile contingent par des études de *patois* et de *traditions populaires*, comme aussi par leurs recherches, dans les archives des fabriques, des mairies, des hospices, des notaires, etc.

Bien entendu, nous ne jetterons pas les yeux que sur le Passé. Les écrivains, les artistes, les savants du Nord seront l'objet d'études particulières ; leurs travaux seront exposés et analysés.

En résumé, nous voulons faire une *Revue sérieuse*, pour laquelle nous demandons l'appui et la collaboration active de tous les travailleurs. Pour nous, comme pour tous, nous faisons de notre *Revue* une question de *patriotisme local* dans un grand but de *patriotisme français*, pour le plus grand profit de la *Science*, de la *Littérature* et de l'*Art*. Travaillons et prenons de la peine,

C'est le fonds qui manque le moins.

HENRY CARNOY. — ALCIUS LEDIEU.

L'ART DANS LE NORD

I

Mes frères du Nord, nous ne sommes que des barbares. Nous n'entendons rien aux nobles jouissances de l'Art, sous quelque forme que l'Art se manifeste. Le Midi l'a décrété! Depuis cette malheureuse croisade des Albigeois, le Midi a dans la plus sainte horreur les gens de langue d'oïl. Nos patois sont barbares, nos trouvères sont barbares, nos artistes sont barbares, et barbares aussi nos chants populaires, nos danses, nos mystères, nos fêtes, notre musique, notre poésie, nos mœurs. Que peuvent créer, voire même cultiver, des peuples qui ne connaissent point le chaud soleil de Provence, qui ne peuvent s'inspirer au chant des cigales de la Crau... Aussi le Nord est frappé d'ostracisme. La France appartient au Midi. Si, par malheur, quelque écrivain s'avise de décrire les plaines du Nord, si quelque artiste, comme Hugo Salmson, cherche son inspiration dans les forêts ou les prairies de la Picardie, le Midi hausse les épaules ; la presse, presque toute entière aux mains des Méridionaux, se tait ou dénigre. La conspiration du silence est vite organisée autour du malencontreux qui ne peut produire un certificat d'origine constatant qu'il a vu le jour dans la vallée du Rhône ou de la Durance.

Fort heureusement, les artistes du Nord ont en leur âme la ténacité du paysan picard que le travail opiniâtre n'arrête jamais. Sans le secours d'une réclame effrénée, ils finissent par s'imposer à force de talent. Mais il n'en est pas moins vrai que les artistes, les écrivains et les savants du Nord s'imposeraient plus vite si l'esprit de solidarité qui anime les hommes du Midi devenait un de nos caractères essentiels. On l'a dit ici, les artistes, les écrivains du Nord, semblent s'ignorer. Et cependant, à aucune époque de notre histoire, le Nord n'a rien eu à envier au Midi. La *Revue du Nord de la France,* nous en avons le ferme espoir, sera le centre de ralliement de tous ceux, grands et petits, qui ont l'amour de la terre natale, de ceux qui, parvenus à se faire un nom, tendront à encourager les travailleurs épris de l'art, comme des jeunes décidés à marcher sur les traces de leurs aînés, et à lutter pour la bonne lutte, dans quelque branche des connaissances humaines qu'ils se spécialisent.

Pour ce qui est de la légende ridicule d'après laquelle le Midi seul aurait le monopole de l'art, nous comptons en faire bonne

justice dans une série d'études qui paraîtront prochainement dans
la *Revue*. Après avoir étudié l'art dans le Nord au moyen-âge,
nous passerons aux temps plus modernes, pour arriver à cette
brillante école artistique contemporaine qui compte des hommes
tels que Carolus-Duran, Puvis de Chavannes, Jules Lefebvre,
Tattegrain, etc., des écrivains comme J. Richepin, A. Houssaye,
A. Desrousseaux, Léon Duvauchel, des savants comme le docteur
Hamy, des artistes dramatiques comme les Coquelin, Auguez, etc.
Mais à quoi bon continuer cette énumération ? Nous en reparlerons
plus longuement dans la *Revue du Nord de la France*.

JEAN D'ARRAS.

NOS ENQUÊTES

Nous procéderons dans la *Revue* par enquêtes méthodiques pour réunir
tous les documents relatifs aux différents sujets dont nous aurons à nous
occuper. Nous prions nos lecteurs de nous envoyer tous les documents
— ne fût-ce qu'une note d'une ligne — qu'ils auront à leur disposition sur
nos enquêtes. Ces notes seront publiées systématiquement dans la *Revue*
avec le nom de nos correspondants.

I

Enquête sur les Monuments préhistoriques

DOLMENS, MENHIRS, TUMULI, ETC.

1. — Quels sont les monuments préhistoriques des trois provinces?
2. — Quels noms leur sont donnés par les paysans?
3. — Existe-t-il dans les archives communales ou autres, des docu-
      ments quelconques sur ces monuments? (Anciens noms,
      coutumes, lieux-dits, etc.)
4. — Quelles sont les légendes rapportées sur l'érection de ces
      monuments (légendes historiques, diaboliques, pieuses, etc.)
5. — Ces monuments ne passent-ils pas pour recouvrir des trésors?
6. — Sont-ils considérés comme lieux de sépulture?
7. — Ces monuments sont-ils réputés demeures des esprits?
8. — Certaines de ces pierres n'ont-elles pas *poussé ?*
9. — Au point de vue purement historique, que sait-on de ces
      pierres, tumuli, dolmens, etc.? (Fouilles, puits, découvertes
      archéologiques, ethnographiques, etc.) [1]

HENRY CARNOY.

1. *Adresser tous les renseignements, de quelque nature qu'ils soient,* à M. Henry
CARNOY, 33, rue Vavin, Paris.

UN CAFÉ DE NOCES
Chanson inédite en patois du Nord
Par DESROUSSEAUX

Air : *Non, ce n'est pas cher un Anglais pour un liard*
ou Air : *Des Lingots d'or* [1]

Ch'est au café d' noce d' min frèr' Fortuné,
    Et de s' femm' Mari' Mazéquette,
Qu'on a ri, j' peux l' dire, à vint' [2] déboutonné,
    A casser ses boutons d' braguette!
    Par un p'tit récit bien troussé,
J' vas tâcher d' vous dir' comm' tout cha s'a passé.
    Ah! vous r'grett'rez, j'in sus certain,   ⎰
    D' n'avoir poin' été du festin.   ⎱ *bis.*

Au vieux cabaret si r'nommé d' *Brûl'-Mason* [3]
    Nous v'là réuni' eun' vingtaine,
Tertous d' bonne humeur, point même un p'tit mouson [4]
    Conv'nez qu' ch'est avoir eun' flèr' veine.
    Quoiq' cha, quand on s'a dit bonjour,
On s' parle sans rir', sans dire un calembour.
    Ch'est l' règle : au début, même un r'pas,
    Est gai... comme eun' cloque d' trépas.

Mais, bah! l' café bu, quéq's bonn's gouttes par dessus,
    Ont cangé l' tournur' de ch' l'affaire.
On donn' la parole à Gros-Louis, l' camus,
    Pour dire eun' canchon qu'i' v'not d' faire.
    Il accepte d'un fort bon cœur,
Et dit : « Répétez tertous le r'frain in chœur!... »
    Il a perdu s' perruque [5] in q'min [6]
    Sans povoir aller jusqu'au r'frain.

On applaudit ferme, in riant, ch' pauv' canteux.
    Et puis ch'est l' tour d'Estell' Nitouche,
Qui di' 'eun' romanc' sur un air langoureux,
    In faijant des yeux d' catte in couche.
    A Célestin, un imborgneux, [7]
Qui, tout d'puis ch' moumin, est dev'nu s'n amoureux.
    Et ch' timbré, tout in l' l'admirant,
    Poussot des soupirs d'éléphant.

A p'tit Célestin nous dijons : « A tin tour,
　　Mais tâche d' nous in dire eun' bielle! »
I' s' lève et roucoule eun' sott' canchon d'amour,
　　Avec, pus d' vingt fos, l' nom d'Estelle.
　　Et l'nez, v'là l' prestanc' de ch' biau blond :
Eun' main su' sin cœur, et les yeux au plafond...
　　Aussi, pou' s' prestance et ses r'gards,
　　J'ai fait batte un grand ban d' canards. 8

Après qu'on a di' incor chinq six canchons,
　　On apport' les pièches d' ménache. 9
D'abord Limpleumé, l'un d' nos pus gais chochons 10
　　Offre deux ojeaux dins leu cache 11
　　Avec des biaux p'tits jeun's dins l' nid.
Pour sin complimint, alorss min farceux dit :
　　« J'espèr' que l' cambre 12 d' nos mariants
　　Donn'ra ch' tableau dins point longtemps. »

Ch'est alorss qu'on r'met chacun sin p'tit cadeau :
　　Des tass's, des cullière', eun' caf'tière,
Un foulard à l'homme, à l' femme un biau dodo, 13
　　Eun' caraf', des verre', eun' soupière,
　　Un grand cartel, eun' brouche 14 d' crin,
Eun' table, un ramon 15 et pour tout dire, infin,
　　Un pot, à r'bord roulé tout l' tour,
　　Qui sert pus souvint l' nuit que l' jour.

A minuit, gaîmint, tertous fort bien portants,
　　In portant les pièches d' ménache,
Nous avons conduit, in triomph', les mariants,
　　Tout in cantant, criant : « Mariache!... »
　　Estell' d'avoir eu tant d' plaisi,
Nous a fait l' promesse, et Célestin aussi,
　　Afin d'avoir viv'mint leu tour,
　　De n' point fair' trop longtemps l'amour.

A. Desrousseaux.

1. Noté dans le 1er vol. des *Chansons et Pasquilles* de l'Auteur, n° 16. — 2. Ventre. — 3. Chansonnier lillois du XVIIIe siècle dont le nom a été donné non seulement, comme enseigne à un cabaret, mais aussi à une des grandes rues de Lille. — 4. Qui fait la moue, boudeur, boudeuse. — 5. *Perdre sa perruque,* c'est manquer de mémoire, rester court dans un récit, dans une chanson — 6. Chemin. — 7. *Imborgneux,* synonyme de nigaud. — 8. Battre un ban d' canards, c'est applaudir en battant des mains et en imitant le cri du canard. — 9 Pièces de ménage. — 10. Bons garçons, francs camarades. — 11. Offre deux oiseaux dans leur cage. — 12. Chambre. — 13. Vêtement de nuit pour femmes et enfants. — 14. Brosse. - 15. Balai.

LE VENDREDI-SAINT DANS LES FLANDRES

Vendredi-Saint! Le jour le plus maigre de l'année, dit-on. Le pauvre! il n'a plus que la peau sur les os, et ce n'est pas étonnant, puisqu'il nous vient après les longs jeûnes de carême. Voici qu'on nous le représente, voyez, comme un ichthyophage malade, hâve et maussade, couché sur un fumier d'écailles de mollusques et d'arêtes de poissons. Quant à moi, je ne le plains pas tant : j'imagine qu'il lui arrive, en plus d'une occasion, de transgresser les lois de l'abstinence, et, même, ne mangeât-il pas gras, je ne le plaindrais pas davantage, attendu qu'il remplace souvent avec art les beefsteaks par les soles, les poulets par les langoustes, et les rôtis au jus par les truites saumonnées à la mayonnaise.

Au temps jadis, la Cène était célébrée en Flandre avec un luxe plantureux, et le Vendredi-Saint était le sujet de fêtes d'un caractère très original, dont les vieux auteurs nous ont transmis le souvenir.

A Courtrai, le Vendredi-Saint, la ville payait 25 livres à un pauvre homme pour représenter les souffrances du Sauveur; on le menait en procession dans les rues, vêtu d'une robe violette, la tête couronnée d'épines, portant une lourde croix sur ses épaules ; douze religieux, six capucins d'un côté, six récollets de l'autre, faisant l'office de bourreaux, le tiraillaient à droite et à gauche par autant de grosses cordes qu'il avait attachées autour du corps. Ces tourments endurés l'auraient bientôt fait périr de fatigue, si un nouveau Siméon le Cyrénéen ne survenait fort à propos pour le soulager du fardeau de sa croix; il arrivait enfin à l'église plus qu'à demi-mort. Au milieu de toutes ces souffrances, il ne laissait pas échapper le moindre murmure, ni la moindre plainte, et se croyait assuré de son salut s'il pouvait expirer sous les coups.

Le même jour, à Bruxelles, on crucifiait un homme pour imiter le crucifiement du Christ, mais au moins choisissait-on, pour faire le rôle de crucifié, un criminel condamné à mort et à qui on accordait la grâce pour l'amour du rôle qu'il devait jouer.

L'église des Augustins servait de salle de théâtre à ce spectacle tragi-comique. On y voyait aux pieds des autels un vaste échafaud sur lequel était élevée une croix haute de vingt pieds ; de côté et d'autre étaient dressées des espèces de loges pour les dames et les gens de qualité; le reste de l'église, si l'on veut le parterre, ne suffisait pas pour contenir la foule qui se pressait de toute part pour voir enfin terminer le plus curieux de la scène.

Il ne commençait qu'après la procession. Cette procession se faisait au son lugubre d'un grand nombre d'instruments; on y voyait d'abord marcher des confrères de la Miséricorde, le visage masqué, les pieds nus et en habit de confrérie; venaient ensuite les prisonniers, traînant à leurs pieds de gros boulets attachés avec des chaînes de fer; arrivaient enfin des religieux Augustins travestis en Juifs, et au milieu d'eux le représentant du Sauveur, garotté, couronné d'épines, revêtu d'une robe de pourpre. Après l'avoir ainsi promené en procession par toute la ville, les religieux habillés en bourreaux le conduisaient au lieu du supplice, armés de clous, de marteaux et autres instruments de la Passion, le faisaient monter sur l'échafaud et y montaient avec lui aussitôt, le dépouillaient jusqu'à la chemise, tiraient ses habits au sort et l'étendaient enfin sur la croix où ils lui attachaient les pieds et les mains avec des courroies sous lesquelles étaient de petites vessies pleines de sang qui, percées par les clous, faisaient croire qu'on avait réellement percé les pieds et les mains du crucifié. A cette vue, tout le peuple se sentait les entrailles émues, et, se retraçant l'image de son Dieu, laissait couler ses larmes; quelques-uns se laissaient tellement emporter à leur douleur qu'ils se frappaient rudement la poitrine et se la meurtrissaient à force de coups.

A Ypres, le Vendredi-Saint, il était fait grâce à tous ceux qui étaient détenus dans la prison d'Ypres pour tout délit quelconque, criminel ou civil, et cette grâce était accueillie par le bailli au nom du souverain, à la prière des avoués et des échevins. Ceux-ci se rendaient à la prison, l'avoué demandait aux condamnés s'ils souhaitaient obtenir la grâce du prince pour l'amour de Dieu et en honneur et révérence du Vendredi-Saint. Après cela, les délivrés se rendaient devant les magistrats et se mettaient à genoux, confessant leur faute et suppliant le bailli de leur faire grâce.

Cette coutume était pratiquée en mémoire de la comtesse Jeanne, laquelle « *passant parmi la dicte Ypres par un jour de Vendredy-Saint au marché d'icelle, oyt crier à haulte voix : grâce! grâce! et oyant le dict cri demanda que c'estoit; on lui remontra que c'estoit les prisonniers detenus prisonniers contre elle...* » La comtesse accompagnée du magistrat, se rendit à la prison et leur fit grâce et miséricorde. Ceux qui obtenaient cette grâce en vertu de ce privilège étaient appelés « *enfants du Vendredi-Saint.* » Cet usage resta en vigueur jusqu'au 5 avril 1795.

Aujourd'hui, vous dirai-je, à part ses gorgées de lait battu et ses odeurs salées de morue, le Vendredi-Saint n'a rien de plus étrange que les autres jours. Pourtant un deuil mystique plane, les cloches se taisent, faisant silence devant l'agonie de l'hiver pour demain sonner joyeusement et à toute volée la résurrection du Printemps!

A. Capon.

COURRIER ARTISTIQUE

I

LES DEUX SOCIÉTÉS

La discorde est complète au camp de... MM. les Artistes, gens ordinairement très prompts et d'extrême impressionnabilité. A la vérité, bien des gens ont eu tort de s'étonner de cette brusque rupture à propos de la suppression des exemptions. Cette décision a été en effet le prétexte — mais le prétexte seulement — car, depuis longtemps, il était notoire, pour tous ceux qui, peu ou prou, fréquentent, par profession, les ateliers artistiques, qu'une crise sévissait à l'état latent et qu'une scission devenait de plus en plus inévitable à la *Société des Artistes français.*

Seulement la raison capitale du mécontentement apparaissait surtout dans la nomination et le fonctionnement du jury, et chacun se rappelle, à coup sûr, les tentatives faites, il y a deux ans, avec plus d'ardeur que de succès d'ailleurs, par quelques peintres las de la routine, pour arriver à modifier cette institution. Tous les dissentiments sont partis de là, et lorsque l'assemblée générale a décidé que les exemptions créées par la dernière Exposition universelle resteraient sans valeur, quant à l'admission au futur Salon, elle a fourni aux mécontents une excellente occasion de crier très fort ce qu'on pensait tout bas et de fonder la *Société des Beaux-Arts.* Voilà tout.

Examinons maintenant avec la plus grande impartialité, mais aussi avec l'affirmation précise des idées que nous avons pu nous faire sur l'art dans les dix années qu'il nous a été permis de tenir une plume comme salonnier, les principaux griefs invoqués par le groupe Bouguereau et par les dissidents, Meissonier et Carolus-Duran en tête. Il ne s'agit ici que de considérations générales.

D'abord nous reconnaissons parfaitement que l'exemption est une chose arbitraire ; que le talent d'un peintre, d'un sculpteur a, comme la nature humaine, son heure de virilité, pour aller ensuite en déclinant et que, par contre, l'œuvre de demain ne valant pas l'œuvre d'aujourd'hui, il est injuste de lui accorder les mêmes faveurs ; que cette place est prise par un ancien probablement au détriment d'un jeune qui a besoin de se produire, etc. ; nous admettons tout cela ; reste à savoir si c'étaient des motifs suffisants pour décréter que les seuls exempts de l'Exposition du Centenaire ne bénéficieraient pas du non examen. Nous ne le pensons pas.

Sans doute, et pour des causes qu'il ne nous plaît pas de reproduire, les récompenses ont peut-être été prodiguées en 1889, et leur valeur doit être en raison inverse de leur nombre ; mais elles n'en ont pas moins été données par un jury unanimement reconnu compétent. Donc, si une solution s'imposait pour que le Palais de l'Industrie ne fût pas envahi rien que par des exemptés, n'était-ce pas celle-ci, à la fois simple et égale pour tous : Toutes les exemptions sont abolies.

Et les médailles, demanderez-vous ? Nous avouons qu'il serait peut-être préférable qu'elles disparussent aussi. Car toute cette hiérarchie de récompenses, qu'aucun critérium ne précise, n'est-elle pas puérile et quelque peu inefficace. A quoi bon se distribuer des brevets d'infaillibilité en famille ?

Et ne croyez pas que les débutants s'en trouveraient lésés, s'il vous est possible d'admettre que l'Art soit autre chose qu'un enrégimentement, une administration où chacun doit conquérir ses titres, ses grades, une société où les médiocrités pourront, à force d'obstination, d'assiduité, avoir la perspective d'une médaille.

Car toute la question est de savoir en effet s'il est bon de pousser des jeunes gens dans une carrière où ils auront le droit de compter quelquefois sur autre chose que leur propre talent et si ce n'est pas nuire à l'art que d'y mêler des considérations de sentiment et d'humanité. Est-ce que Diaz, Millet, livrés à leurs seules ressources, n'ont pas lutté vingt ans et plus sans autre résultat que d'être délaissés ? Est-ce que le grand sculpteur Rodin, aujourd'hui incontesté, n'a pas combattu toujours sans se soucier des récompenses ? Ceux-là sont des artistes fortement trempés qui, ayant beaucoup souffert, ont résisté.

Les suffrages qui doivent valoir, à notre avis, aux yeux d'un artiste — et pour les conquérir il n'est besoin d'aucun diplôme — sont surtout ceux des gens de goût, des amateurs qui forment sa clientèle, et aussi ceux de la critique désintéressée, suffrages qui constituent, dit-on, la menue monnaie de la gloire.

Voyons maintenant la situation actuelle des deux sociétés.

La *Société des Artistes* dont l'exposition aura lieu, comme jadis, au Palais de l'Industrie, s'est émue du départ de plusieurs de ses illustres membres et, aussi, des critiques qui lui étaient adressées. De là des modifications dans son règlement.

Le jury de peinture, par exemple, comprendra vingt peintres tirés au sort sur une liste de cinquante nommés au suffrage universel. La moitié de ces jurés ne pourront l'être l'année suivante. Le jury de sculpture sera composé de 30 membres dont 10 inéligibles pour le salon d'après. Les récompenses sont maintenues.

Espérons que ce système de roulement apaisera quelques colères et ne sera que profitable.

La *Société des Beaux-Arts* aura son exposition au Champ de Mars. Elle ne donnera pas de récompenses. Un comité nommé par les sociétaires recevra les œuvres et c'est tout.

En résumé, les artistes ne gagneront rien à la création de ce nouveau groupe, mais l'art n'y perdra pas.

Nous pensons même qu'il y aura plus de diversité, plus d'individualisme, moins de productions quelconques, d'œuvres hybrides.

Du souci que chaque Société aura de vouloir occuper le premier rang, de l'émulation qui ne peut manquer de naître, le niveau de l'Art s'élèvera sûrement. Nous verrons se jeter dans la mêlée, avec plus de *furia* que jamais, les Carolus Duran, les Jules Lefebvre, les Tattegrain, les Breton, les Cazin, les Lhermitte, pour la joie et le profit de tous.

Quant à nous, nous voulons parcourir les deux Salons avec l'ardent désir de signaler partout ce qui relève d'une idée, ce qui dénote un sentiment vrai de la nature, une égale entente de l'harmonie des choses, une étude sincère, une pénétration intime des caractères, une originalité d'expression, une manière à soi de voir et de sentir, une propension vers le beau, vers l'idéal, et cela nous le signalerons sans théorie d'atelier, sans système d'école, uniquement préoccupé de servir les septentrionaux, et pénétré d'une profonde passion pour l'Art indépendant et libre.

Fernand Bertaux.

UN LIVRE A FAIRE

LES TROUVÈRES PICARDS

I

Jean de Boves. — Les trouvères ont brillé du xie au xve siècle. Ce qu'ils ont composé de fabliaux, de lais, de jeux-partis, de sirventois, de saluts, de pastourelles, etc., est fort considérable.

Leurs pièces étaient chantées ou récitées par eux-mêmes ou par des jongleurs, des ménestrels, des conteurs, au milieu des banquets, — alors très prolongés, — ou bien encore sur les places publiques, les jours de grandes fêtes. Les réunions des trouvères picards portaîent le nom de *Plaids et Gieux sous l'Ormel.*

La Picardie a fourni pendant le xIII° siècle un certain nombre d'auteurs de chansons « légères à entendre. » Les seigneurs eux-mêmes rimaient quelques couplets — ce qui était de bon ton — et ils les accompagnaient d'une mélodie gracieuse.

C'est en Picardie que furent faites les plus anciennes poésies du langage septentrional français. Les trouvères picards apprirent des troubadours la manière de faire des *tensons,* mais ils inventèrent les *sirventois,* qui furent ensuite cultivés par les poètes du Midi.

Pour se reposer des *Chansons de gestes,* les trouvères firent des fabliaux, compositions en vers, pleines de moquerie, de cynisme et de verve brutale ; ils ne respectaient ni la femme, qu'ils considéraient comme un être pervers, ni les nobles, ni le clergé, ni les bourgeois, ni les gens de loi.

Ce qui a été réédité des fabliaux du moyen âge n'est qu'une faible partie de ce qui a été composé. Aujourd'hui encore, la plupart de ces contes satiriques sont récités presque sous la même forme par les moins lettrés des villageois de notre province ; pour s'en convaincre, il suffit de parcourir l'ouvrage de M. Henry Carnoy, la *Littérature orale de la Picardie.*

Il est un genre de recherches que nous voudrions voir entreprendre, c'est celui qui aurait pour but de recueillir toutes les compositions dues aux trouvères picards.

Pour notre étude sur *les Vilains dans les œuvres des trouvères,* [1] nous avons compulsé toutes les compositions de ces conteurs que l'on a publiées. Jean de Boves est l'un des trouvères picards qui nous a fourni le plus fort contingent. « Rival tout à la fois de Marie de France et de Rutebeuf, Jean de Boves fut justement admiré de ses contemporains ; il raconte avec esprit et naïveté ; son style a de la grâce et de la précision, et, quand on se reporte à l'époque où ce trouvère écrivait, on trouve que ses vers ne manquent pas d'une certaine harmonie. Il est du petit nombre des auteurs du xIII° siècle que les poètes de l'âge suivant prirent pour modèle.

1. Cet ouvrage, qui est sous presse, sera le tome VII de la *Collection internationale de la Tradition,* publiée par M. Henry Carnoy.

« Dans ses contes ou fabliaux, Jean de Boves peint les actions ordinaires de la vie et les mœurs générales ; c'est un miroir fidèle et véritable de l'histoire civile et privée des Français du XIIIᵉ siècle. Ses contes, de peu d'étendue, ne consistent que dans une seule historiette, ordinairement fort gaie et embellie par une manière de narrer simple et naïve, par une sorte de franchise et de bonhomie qui plaît au milieu des invraisemblances dont plusieurs de ces contes sont remplis. Jean de Boves a composé quelques pièces dialoguées qui doivent être mises au nombre des premiers essais de l'art théâtral. »

Jean de Boves, qui prit le nom de son lieu d'origine, n'est point Normand, comme le prétend l'abbé de la Rue dans ses *Essais sur les bardes, les jongleurs et les trouvères normands* t. III, 45). Ce trouvère passe pour être l'auteur des neuf fabliaux suivants : *Brunain la vache au prêtre, le Vilain de Farbu, le Vilain de Bailleul, Gombert et les deux Clercs, les Deux Chevaux, Barat et Hamet* ou *les Trois larrons, le Convoiteux et l'Envieux, le Loup et l'Oie* et *les Sohais desvez*.

Quoique les auteurs de l'*Histoire littéraire de la France* (t. XXIII, 115), semblent vouloir attribuer ces neuf fabliaux à Jean Bedel, on est à peu près unanime à reconnaître qu'ils sont bien de Jean de Boves.

Le conte de *Brunain* fait voir l'avidité du paysan picard. — avidité qui ne date pas d'aujourd'hui. Nous reviendrons sur ce conte dans notre prochain article.

Le Vilain de Farbu est le plus faible des fabliaux de Jean de Boves. On avait voulu faire ramasser un fer chaud à un jeune homme, qui s'en acquitta sans se brûler, après qu'il eut craché sur le fer. Le père de ce villageois appliqua le même procédé à la soupe que lui servait sa femme ; ne voyant pas la soupe bouillonner comme le fer, il crut qu'elle n'était plus chaude et se brûla.

Le fabliau de *Gombert et des deux Clercs* a été imité depuis par plusieurs poètes, Chaucer, Boccace et La Fontaine *(le Berceau)*.

Dans le conte des *Deux Chevaux,* il est question d'un vilain de Longueau qui allait vendre son cheval à Amiens. En passant en face du monastère de Saint-Acheul, un moine de la maison lui proposa d'échanger son cheval contre un de ceux de l'abbaye. Après qu'il eut vu le vieux « roncinet », le paysan trouva qu'il ne valait pas le sien et se mit à nombrer tous ses défauts. Il fut alors convenu entre le moine et le vilain que les deux chevaux seraient attachés l'un à l'autre par la queue, et que, si le cheval du religieux entraînait celui du vilain dans l'écurie, l'abbaye garderait les deux bêtes, mais qu'elles appartiendraient au paysan de Longueau si le contraire avait lieu.

Le villageois voyait son cheval entraîner l'autre, lorsque, arrivé à la porte du couvent, le moine coupa la queue du vainqueur, et les deux chevaux, redevenus libres, allèrent chacun de leur côté, après quoi le moine ferma la porte. Le vilain fit assigner celui-ci pour sa fourberie à la cour de l'évêque d'Amiens, mais, longtemps après, le procès restait encore à juger.

Alcius Ledieu.

(*A suivre*).

L'ABBÉ PATOS

Conte du Samedi Saint

La semaine sainte s'achève. Tout à l'heure, les *quêteux d'œufs*, conduits par le Mathiot, un jeune gars poussé tout d'une venue — ce qui se voit à sa veste trop courte et à son pantalon qui à peine descend à la cheville — les *quêteux d'œufs* sont arrivés devant la porte de la ferme, et, après avoir agité leurs *tape-maillets*, ont entonné leur chanson :

> O Fils des fils, soyez joyeux,
> Donnez des œufs *à chès* rouleux,
> Dieu vous en récompensera.
> Alleluia ! Alleluia ! Alleluia !

Puis, emportant des œufs frais et des fruits de l'an dernier, ils se sont éloignés pour aller plus loin, dans les closeries voisines, réclamer leurs cadeaux de Pâques.

En ce moment même, les enfants de la ferme sont gravement occupés à chercher dans les massifs du courtil les œufs rouges que les cloches du village ont rapportées de Rome. Et, à chaque trouvaille, ce sont des exclamations, des cris joyeux, des battements de main ! Ah ! les bonnes cloches ! Ah ! le joli jour !...

Le soleil, lui aussi, s'est mis de la fête. C'est bien, cette fois, le gai printemps qui nous est revenu avec les carillons alertes interrompus par la Passion du Christ.

Dans la campagne, les prairies verdissent ; les alouettes que grise le soleil montent droit dans le ciel et chantent leur gaillarde musique. Un laboureur, là-bas, conduisant ses grands chevaux rouges, *briole*, et sa voix sonore s'en va avec le vent et descend dans la vallée...

Voici la forêt encore dépouillée. Le sentier moussu s'enfonce sous bois avec sa bordure de ronces aux larges feuilles pourprées, de cornouillers aux corymbes d'or, de saules déjà verts et de hêtres qui déplissent leurs bourgeons. La brise chante dans les branches ; les merles sifflent ; de temps en temps un bruit de cognée retentit dans le fond d'une combe lointaine...,

Un jeune homme et une jeune fille traversent la piésente ; ils ont les mains pleines de coucous, de pervenches et de violettes de Carême. Et le son des cloches monte dans la forêt comme une claire sonnerie qui préluderait au renouveau de la nature...

Auprès de la *cahute* du garde, flambe un feu de mousse et de feuilles sèches. C'est le père Tatis, le forestier, qui allume sa pipe de merisier à la flamme du foyer improvisé.

« Du beau temps, père Tatis !

— Du beau temps, monsieur. Mais, à dire vrai, j'attendais le renouveau. Vous savez que le temps est couvert durant tout le Carême ; mais le jour du vendredi saint passé, le soleil nous revient.

— Vous le croyez, père Tatis ?

— Si je le crois !... J'en suis aussi certain que de mon existence, monsieur !... Mais, tenez, de nos jours, on oublie les anciennes croyances ; la foi s'en va, s'en va. Bientôt nous serons aussi incrédules que Thomas, qui, pour être persuadé de la résurrection, eut besoin de toucher les plaies du Christ, ainsi qu'il est raconté dans la prose que les quêteux d'œufs chantaient tout à l'heure.

— Père Talis, vous parliez d'anciennes croyances. Ne savez-vous point quelque histoire du temps passé ?

— Quelque histoire du temps passé ? Mon Dieu, je me fais vieux ; la mémoire commence à me faillir. Quelque histoire ? Ah ! on en racontait, durant des mois entiers, aux veillées de jadis. Histoires de fées, de gobelins, de diables, que sais-je ? Ça nous donnait le frisson, mais ça nous amusait. Aujourd'hui on lit les gazettes et les feuilletons, et nos paysans hochent la tête au nom de Jean-de-l'Ours, de Gargantua, ou de l'Ogre qui dévorait les Pouçots. »

Le vieux garde rallume sa pipe qui vient de s'éteindre, et reste un instant songeur. Puis, brusquement :

« Comme vous remontez avec moi l'Allée-Madame, je vous dirai ce que ma défunte grand'mère, une brave femme, bonne comme du pain, me raconta à pareil jour il y a bien cinquante ans. Donnez-moi cinq minutes pour me remémorer quelques détails de ce récit. »

II

« Au temps d'autrefois, les prêtres s'assemblaient chaque année pour choisir celui d'entre eux qui devait célébrer la première messe du samedi saint en l'église de Rome.

Il y a cinq ou six cents ans — je ne pourrais vous dire au juste l'année — les évêques, abbés, moines et clercs de la Picardie et des Flandres — réunis en l'église Notre Dame d'Amiens — avaient élu l'abbé Patos, un très savant prêtre de l'église de Corbie.

Le vénérable abbé — par suite sans doute de quelque maléfice du démon — oublia complètement la mission dont il avait été chargé, et ne s'en souvint que le samedi de la semaine sainte, une heure seulement avant l'instant où il devait chanter la messe en l'église de Rome.

Voyant que rien au monde ne pourrait lui être de secours, l'abbé Patos crut nécessaire d'appeler le Malin à son aide. Il ouvrit un grand livre de parchemin couvert de signes et de grimoires, et, lisant à haute voix, il invoqua le Démon.

« Que veux-tu ? demanda le diable qui était aussitôt accouru.

— Prends-moi sur tes épaules et conduis-moi, en moins d'une heure, devant le porche de l'église de Rome.

— La besogne est rude ! grogna le démon. Mais, en échange, me donneras-tu ton âme.

— Oui, si tu peux venir la prendre à l'heure de ma mort.

— C'est bien. Monte sur mes épaules, et, quoi qu'il arrive, garde-toi de faire le signe de la croix.

— C'est convenu. Vite, hâte-toi ! »

Le moine grimpa sur les épaules du diable, qui, s'élevant dans les airs, se dirigea vers la ville de Rome...

...Enfin, le diable s'arrêta dans la ville et déposa l'abbé devant les marches de l'église, à l'instant même où les cloches carillonnaient pour annoncer la première messe.

« Que faut-il faire ? demanda Satan.

— Va, et dépave la ville ! dit l'abbé. »

Le moine commença sa messe... Il était à peine arrivé à l'Évangile que le diable accourait.

« Maître, j'ai fini. Rome est dépavée. Que faut il faire ?

— Repave la ville ! »

A l'*Agnus Dei,* l'abbé se sentit tirer par la chasuble.

« C'est encore toi, Satan ?

— Oui, maître, la ville est repavée. Que dois-je faire encore ?

— Va, cherche une toison d'agneau noir, lave-la dans la rivière jusqu'à ce qu'elle soit devenue blanche comme la neige. Ta besogne accomplie, tu reviendras prendre mon âme. »

Et le diable, sortant de l'église, vola une toison d'agneau noir, et s'en alla la laver dans la rivière.

*
* *

L'abbé Patos acheva tranquillement sa messe du Samedi saint, et revint dans son église.

Il vécut encore de longues années et mourut de la mort des saints, tandis que Satan était occupé — comme il l'est encore — à laver et relaver la toison d'agneau noir, que jamais il ne parviendra à rendre blanche comme la neige.

Henry Carnoy.

LES MAC-MAHON A ARRAS

Lorsque M. le maréchal de Mac-Mahon, président de la République, se rendit à Arras, l'Adjoint au Maire lui présenta, sur nos indications, le registre de l'état civil de la paroisse Saint-Aubert dans lequel se trouve l'acte ci-après :

« *L'an mil sept cent vingt-quatre, le trois d'avril, je soubsigné pbre (prêtre) curé de cette paroisse, ay baptisé le fils, né en légitime mariage, le deux dudit mois et an, de M. Florent Macarty, capitaine de la troisième brigade Delée, et de Dame Marie-Marguerite Macmahon, ses père et mère, auquel on a donné le nom de Justin. Le parain Monsr Magrath, major de la première brigade Delée, la mareinne madame Catherine Fijetzgerald, qui ont signé avec nous Curé soubsigné, de ce requis. Le père pour avoir été absent n'a pu signer.* »

On sait aussi que vers 1750, un prêtre du nom de Mac-Mahon desservait la citadelle d'Arras.

Enfin, le 19 avril 1806, il est mort à la maison de bienfaisance d'Arras, à l'âge de 70 ans, une dame Frémicourt, née Mac-Mahon, qui était née en cette ville.

La famille de Mac-Mahon, ainsi que je m'en suis assuré, n'a conservé aucun document rappelant ce séjour de ses Membres en Artois.

Victor Advielle.

Institution de la Confrérie des douze Apôtres à Soissons

L'an 1531, les vénérables et discrètes personnes, Albin des Avenelles chanoine prébendé et chantre de la Cathédrale de Soissons, Adrien le Cocq, chapelain, Crespin Heurdé, prêtre religieux du monastère de S. Crespin et S. Crespinien, Jean et Arthur de Jovengnes, Jean Talon, Jacques Petit, Robert et Jean Berlette, Antoine de Boulongne, Jean Vinque, Antoine Milon, Daniel Musnier, Jean Wallet, Noël Arnoulle et Guillaume Moveau, ayant donné au peuple le spectacle de la

Passion de N.-S., demandèrent à l'Evesque Symphorien de Soissons, l'érection d'une confrairie sous le nom des douze Apôtres et des indulgences pour ceux qui y entreroient. L'évêque et le chapitre de Soissons leur accordèrent ce qu'ils demandoient par un acte authentique, tant de l'évêque que du chapitre qui se trouve en original chez Lancelot Manieje (?) avec la confirmation de la même confrairie faite par l'évêque Hennequin, le 12 juin 1588. Les actes de Symphorien et du chapitre sont de l'an 1531. Ils demandoient 26 articles qui leur furent accordés ; les articles les plus curieux sont que la confrairie ne devoient être composée que de 14 personnes représentant J.-C., S. Jean-Baptiste, les douze Apôtres et de 72 autres pour représenter les 72 disciples de J.-C. et que ceux qui représenteroient S. Jean-Baptiste et les 12 apôtres devoient se trouver et comparaître à la procession le jour du S. Sacrement, revêtus d'habits conformes aux personnages qu'ils représentoient et marcher ainsi un siège à la main et précéder immédiatement le corps de N.-S., suivants les chanoines de la cathédrale, et au retour de la procession entrer ainsi au chœur et suivre le corps de N.-S. jusqu'à ce qu'on l'eût reposé sur l'autel. Ils avoient ensuite des services et des messes de fondation auxquels ils devoient assister sous peine d'amende. L'évêque leur accordoit 40 jours de vrai pardon à chacun pour chaque fois qu'il s'approcheroit des sacrements aux jours des fêtes de la confrairie. L'évêque leur accorda encore de célébrer solennellement la *chemaine* de la Passion le dimanche d'après la fête du St-Sacrement ; et après l'office de ce jour les confrères devoient se retirer modestement deux à deux pour dîner honnêtement au cénacle et lieu qui leur sera signifié et sans *ivrognerie* ni murmure, lequel repas se fera à frais communs tant des absens que des présens.

(Recueil Ms des Antiquités de Soissons, par BERTIN, Liv. IX, Ch. III.)

En 1565, la Passion de N.-S. fut représentée à Soissons dans la court de l'Evêché. Au commencement de cette représentation mourut Pierre le Sueur, le principal conducteur de la pièce qui fut enterré dans l'église de N.-D. des Vignes, ce qui n'empêcha pas que la pièce ne fût achevée en bon ordre.

(Id. Liv IX, Ch X.)

C. DE WARLOY.

CHANSONS POPULAIRES DU NORD DE LA FRANCE

I

LA BALLADE DE JÉSUS-CHRIST

Jésus-Christ s'habille en pauvre :
« Faites-moi la charité ! »
Jésus-Christ s'habille en pauvre :
« Faites-moi la charité ! »
Des miettes de votre table
Je ferai bien mon dîner.

« — Les miettes de notre table,
Les chiens les mangeront bien,
Les miettes de notre table,
Les chiens les mangeront bien.
Ils nous rapportent des lièvres,
Et toi ne rapportes rien. »

« — Madame, qu'êt's en fenêtre,
Faites-moi la charité,
Madame, qu'êt's en fenêtre,
Faites-moi la charité.
« Ah ! montez, montez, bon pauvre,
Un bon souper trouverez. »

Après qu'ils eurent soupé,
Il demande à se coucher,
Après qu'ils eurent soupé,
Il demande à se coucher.
« Ah ! montez, montez, bon pauvre,
Un bon lit frais trouverez. »

Comme ils montaient les degrés,
Trois beaux ang's les éclairaient,
Comme ils montaient les degrés,
Trois beaux ang's les éclairaient.
« Ah ! ne craignez rien, madame,
C'est la lune qui paraît.

Dans trois jours vous mourerez,
En Paradis vous irez,
Dans trois jours vous mourerez,
En Paradis vous irez ;
Et votre mari, madame,
En enfer ira brûler. »

JACQUES BONHOMME.

La Course du Chapelet à Saint-Quentin

Jean Cousin (Chap. XXIV du IVe Livre de son *Histoire de Tournai*) rapporte que l'an 1332, au tournoi qui fut fait en la ville de Tournay, auquel y vinrent des bourgeois de XIV villes avec leurs étendards et enseignes, ceux de la ville de Saint-Quentin y furent aussi avec deux bannières et qu'un d'entre eux eut un cheval pour le prix.

La ville de Saint-Quentin avait aussi ses exercices : le *Chapelet* et l'*Escrime*.

Le *Chapelet* était un prix consistant en un *chapeau* fait de fleurs de soye et de broderie, qui se couroit tous les ans à cheval le jour du *Mardi-Gras,* par les jeunes garçons approchant de l'âge de pouvoir se marier. Trois semaines auparavant, cette jeunesse commençoit à s'assembler à la suite du roy qui avoit gagné le chapelet l'année précédente, et dont les garçons de cet âge étoient obligés de se mettre de la compagnie, ou du moins de payer leur bienvenue, et depuis ce temps, ce n'étoit plus que mascarades et réjouissances, et principalement aux jours des dimanches. Ceux qui avoient désir de gagner le chapelet ou qui étoient curieux de paraître ou de bien courir, cherchoient de bonne heure de bons chevaux. Le jour du Mardi-Gras, dès le matin, les tambours et les trompettes retentissoient et sur les X heures, cette compagnie de jeunes gens bien vêtus venoit à l'église de Saint-Quentin, où ils faisoient chanter la messe en musique à l'autel de Cuivre en l'honneur de Saint-Quentin, d'où, étant de retour, et avoir pris leur repas, un peu après-midi, ils montoient à cheval, et les trompettes sonnantes, ils sortoient de la ville en bon ordre, et s'en alloient en la Coulture, près de la porte Saint-Jean qui étoit le lieu ordinaire de la Course; faisant porter honnorablement devant eux le chapelet qui devoit être le prix de leur dextérité. Arrivés en ce lieu, après que toute la compagnie avoit fait un tour en l'entour du moulin, et que le chapelet étoit posé au lieu qui devoit servir de borne à la course, on couroit premièrement le *coup des dames,* et celui qui l'avoit gagné étoit honnoré d'une *couronne de lierre,* qu'on lui mettoit dans le bras. Pour gagner le chapelet, il falloit être natif de la ville et devancer par trois fois tous les autres par la course. Après le *coup des dames,* on faisoit encore un tour aux environs du moulin, ce qui s'observoit toutes les fois que l'on avoit couru, et quiconque gagnoit quelque coup, il étoit pareillement honnoré d'une *couronne de lierre,* et celui qui l'avoit emporté par trois fois étoit incontinent reconnu et salué pour roi, et le chapelet lui étoit déféré. Puis toute la compagnie s'étant remise en ordre, ils retournoient en la ville de la même façon qu'ils en étoient sortis, le roi marchant au dernier rang, au milieu des deux rois des années précédentes et portant de sa main droite le chapelet. Dans les rues par lesquelles il passoit on lui faisoit beaucoup d'honneur et plusieurs lui présentoient même du vin. De là, ils se rendoient dans la grande place où les mayeurs, échevins et jurés l'attendaient sous l'Hôtel Commun de la Ville, pour voir leur parade. Le lendemain dans la matinée, ils venoient dans l'église de Saint-Quentin avec les trompettes. Le roi aiant fait sa prière à genoux dans les chaises du chœur, il s'avançoit vers la trésorerie pour présenter le chapelet au chef de Saint-Quentin que le trésorier avoit soin d'exposer pour ce sujet, et l'année suivante, il étoit obligé d'en rendre un autre pour être pareillement couru. Ce même jour après dîner, ils alloient *tirer l'oiseau* placé en un lieu fort élevé. Le premier dimanche de Caresme, ils *couroient la bague*, ce qui s'est [fait] assez longtemps à pied ; mais enfin ils ont estimé plus honnorable de la courir à cheval. [Et le jour de l'Annonciation de Notre-Dame, cette jeunesse bien montée alloit à *Sifsi* pour y présenter un cierge en la chapelle de Notre-Dame qui y est.] — Il faut remarquer que pendant que la jeunesse couroit ainsi le chapelet, dans la *coulture* les hommes mariés couroient aussi dans une plaine et faisoient un roi, puis retournoient en la ville peu après la jeunesse. Reste à sçavoir quand cette institution a pris son commencement. Le jeu ou la course du *Chapelet* est interrompu depuis longtemps, depuis l'an 1633.

Dom Grenier *(Notes découpées sur les Usages, etc. de Picardie, Ms. de la Bibl. Nat., f. 96.)*

ŒUVRES DE FOI

Au moyen-âge, il fut des hommes drus et forts,
Sauvages, beaux pourtant dans leurs étranges mises,
Guérissant par le fer les âmes indécises,
Achevant les blessés, puis bénissant les morts.

Or les rudes joûleurs, sans paix et sans remords,
Ne se reposaient pas après les villes prises,
Et ces œuvres de foi qui furent les églises
Apportaient jusqu'à Dieu l'appel de leurs transports.

Le clocher fendait l'air et déchirait les lieues,
Et les vitraux d'argent et les rosaces bleues,
Avaient l'air de grands yeux ouverts avec effroi...

Ainsi puissè-je, après les luttes et le drame,
Puissè-je éterniser, dans quelque œuvre de foi,
L'amour et la douleur, ces deux appels de l'âme !

Charles Fuster.

RIMES D'AVRIL ET DE MAI

FLEURS SANS FEUILLES

Avec ses fleurs d'aube et ses fleurs d'aurore
Qui, sur l'arbre noir, s'empressent d'éclore,
Il a les douceurs d'un enfantelet,
Le Printemps naissant, le Printemps de lait !

Il a les yeux bleus, la figure fraîche
D'un petit Jésus qui rit dans sa crèche ;
Il fait fuir le Froid vers d'autres climats,
Et pour s'en moquer se poudre à frimas.

Divin nouveau-né, têle rose et blonde,
Rayonne, ô Printemps, rajeunis le monde !
L'abeille s'éveille et cherche son miel ;
Ouvre-lui la fleur, ouvre-nous le ciel !

CHANSON POUR LE DIMANCHE DES RAMEAUX

I

Quand vient la Saint-Nicolas,
Laissons-là les bergeries ;
Quand vient la Saint-Nicolas,
Buvons comme des prélats !

Mais après Pâques-Fleuries,
Suivons les clairs falbalas ;
Mais après Pâques-Fleuries,
Vivent les vertes prairies !

II

Quand vient la Saint-Nicolas,
A nous les charcuteries !
Quand vient la Saint-Nicolas,
A nous les bons cervelas !

Mais après Pâques-Fleuries,
Allons cueillir les lilas !
Mais après Pâques-Fleuries,
Nos cœurs sont pleins de féeries.

CLOS PICARD

L'herbe haute, drue et grasse,
Luit d'une verte fraîcheur ;
On dirait qu'ici ne passe
Jamais le fer du faucheur ;

Les pommiers nains, qu'ébouriffe
L'âpre bise de la mer,
Entourent, comme un pontife,
Un peuplier, géant clair,

Qui, brouillant ses feuilles fines
Sur tous ces nains chevelus,
Dès l'aube chante Matines
Et, le soir, dit l'Angélus.

CHANGEMENT A VUE

Il pleut : tout ruisselle de pleurs,
Les branches, les feuilles, les fleurs ;
Et l'univers, noyé de larmes,
Blême, éteint, sans espoirs, sans charmes,
N'est plus qu'un fleuve de douleurs.

Un rayon brille ! La nature
Rouvre les yeux, rit, se rassure,
Et, comme par enchantement,
Dans chaque larme, un diamant
Etincelle de clarté pure.

EMILE BLÉMONT.

LE PATOIS PICARD[1]

I

Puisque MM. Henry Carnoy et Alcius Ledieu ont eu l'heureuse
idée de créer une *Revue du Nord de la France*, n'est-ce pas l'occasion de faire appel à tous ceux qu'intéressent les choses d'autrefois pour étudier ce dialecte du Nord qui eut sur la langue française, au dire de critiques autorisés, une influence considérable?

On pourrait, il semble, dresser tout d'abord le catalogue des
textes publiés en picard, des compositions restées inédites, de
celles même écrites primitivement en normand, par exemple, et

1. Par patois picard, nous entendons le dialecte parlé en Picardie, Artois, Flandre
wallonne et pays wallons. H. C.

remaniées en picard par le scribe picard qui les a transcrites et *vice versa*. La tâche ne serait pas facile, mais de quelle utilité serait un pareil travail! Aussi bien ce qu'un seul n'oserait tenter devient aisé grâce au concours de tous et chacun peut compter sur le bienveillant accueil des directeurs de la nouvelle *Revue*.

A ce catalogue serait joint un relevé aussi complet, parfois même un résumé aussi détaillé que possible, des ouvrages déjà parus sur le dialecte picard, sur sa littérature, son vocabulaire et sa grammaire. Les lecteurs curieux de ces sortes d'études pourraient profiter des travaux de leurs aînés, trouver d'utiles secours dans les documents précédemment recueillis et ne pas éprouver l'ennui de refaire trop tard les découvertes d'explorateurs anciens. Ces travaux certes devraient être contrôlés toujours, modifiés quelquefois; car la philologie a fait et fait chaque jour de nouveaux progrès; mais souvent les devanciers n'ont pas été surpassés; et il n'est pas rare de trouver une observation bonne à recueillir dans un livre qui n'a guère de réputation.

Les personnes éprises de nouveautés pourront satisfaire leur goût : le domaine des parlers provinciaux, dialectes et patois, n'a pas été complètement exploré; il y reste encore de considérables lacunes, dit M. Littré; et, pour y pourvoir, on ne peut être mieux placé qu'en province.

Voici, par exemple, quelques questions que je me suis souvent posées et que je ne sais où trouver résolues.

Dans les environs de Noyon, de Chauny, il est un mot que disent fréquemment les paysans :

Tu iès, AMON? — AMON, *qu' ch'est vrai?* — *I va v'nir,* AMON? — *Qu' ch'est ti biau!* AMON.

Dans ces sortes de phrases, ce terme a bien le sens de « n'est-ce pas? » Mais en est-il toujours ainsi? *Amon* se rencontre-t-il dans quelque texte picard? S'emploie-t-il dans toute la Picardie ou seulement dans quelques districts? Un de mes amis, originaire des environs d'Amiens, me dit n'avoir jamais entendu ce mot dans son village. Il me semble qu'il serait intéressant de déterminer les régions dans lesquelles AMON est en usage, de citer des exemples qui serviraient à déterminer la signification de ce terme. Il est dans la langue française un vieux mot français MONT (*Dict. Littré*), MON (Joinville, 483, éd. de N. de Wailly) qui veut dire « vraiment ». Existe-il quelque rapport entre ce vieux mot français et le terme picard dont nous parlons? Et encore, quelle peut être l'origine de AMON? Serait-il un mot interrogatif que l'on pourrait rapprocher du grec *môn* ?

Que les lecteurs de la *Revue* nous aident à trouver la solution de ces diverses questions : nous nous ferons un plaisir de communiquer à tous le résultat de leurs recherches.

EMILE OZENFANT,
Professeur au Lycée Louis-le-Grand.

BIBLIOGRAPHIE

ALCIUS LEDIEU. — *Monographie d'un bourg picard.* — *2ᵉ Partie. L'Histoire de Démuin depuis les temps les plus reculés jusqu'à nos jours.* — 1 Vol. in-8º de XVI-172 p. avec plans, dessins et portrait. Paris, 1889 ; Alph. Picard, éditeur.

Les publications dans le genre de celle que vient d'achever M. Alcius Ledieu sont d'un grand intérêt, non seulement pour l'histoire locale, mais encore pour l'histoire de la vie, des usages, des mœurs à travers le Moyen-Age. C'est par des ouvrages de ce genre qu'on peut approfondir la condition exacte de nos campagnes, de nos provinces, et même, plus généralement, du pays, à des époques sur lesquelles nous n'avons encore que des documents insuffisants. Nous voudrions voir mettre à jour les archives communales, les actes des notaires, les notes de toutes sortes conservées dans chaque village soit par écrit, soit seulement dans la mémoire des vieillards. Le jour viendra peut-être où chaque commune tiendra à posséder son histoire. Une dépense très modique et beaucoup de dévouement de la part des chercheurs, voilà les éléments de ces travaux. Un ouvrage comme celui de M. Alcius Ledieu pourra avantageusement être pris pour modèle. Après une excellente *Introduction*, M. Ledieu étudie successivement *le Bourg* de Démuin, *la Seigneurie et les Seigneurs*, *l'Eglise, les Faits historiques, la Biographie*, puis *Courcelles-lès-Démuin, les Fiefs*, et termine par le nom de quelques officiers seigneurieux et l'armorial. C'est un bel et bon livre qui fait le plus grand honneur à l'érudit conservateur de la bibliothèque d'Abbeville.

L. QUARRÉ-REYBOURBON. — *Aspect de quelques maisons de Lille au commencement du XVIIᵉ siècle.* — Brochure in-8º accompagnée d'un plan en couleur. Lille, 1889. L. Quarré, éditeur.

M. L. Quarré-Reybourbon, bibliophile des plus éclairés, est en même temps un des érudits les plus connus du Nord de la France. Ses nombreuses publications forment une série de documents précieux à consulter tout particulièrement par les historiens de la ville de Lille. La dernière étude de M. L. Quarré-Reybourbon est tout particulièrement intéressante. Lille a perdu ce caractère d'architecture pittoresque qui la recommandait jadis à l'attention des artistes. Arras possède deux places entourées d'habitations à arcades et à pignons. Cambrai, Valenciennes, Mons et Tournai ont conservé quelques constructions, les unes en bois, les autres en pierre, élevées par les bourgeois à la fin du Moyen-Age, ou durant les deux premiers siècles de la Renaissance. Abbeville a conservé presque entièrement son caractère ancien. Lille n'a gardé que quelques maisons de la fin du xviie siècle ou du xviiie. M. Quarré-Reybourbon reproduit dans une planche magnifique le dessin en couleur d'un certain nombre de maisons de la rue des *Malades,* actuellement rue de Paris. Ce plan fut dressé en 1618. Cette date en montre le grand intérêt. Nous recommandons cette étude à tous les artistes du Nord, à tous les amateurs d'histoire locale.

HENRY CARNOY.

J. RICHEPIN. — *Le Cadet.* — Charpentier, éditeur, rue de Grenelle, 10.

Si c'est un plaisir pour tous les amateurs et les initiés de vigoureuse littérature que l'apparition d'une œuvre de Jean Richepin, ce plaisir s'augmente, dans le cas présent, pour les fils du Nord, d'un attrait nouveau, en ce sens que l'action du dernier roman de l'auteur de la *Chanson du Gueux* se passe tout entière en un coin du pays, là-bas, dans la verte et plantureuse Thiérache où le parler des tayons est, comme en Vermandois et dans le Ponthieu — ce Ponthieu si bien interprété dans le *Tourbier* par Léon Duvauchel — plus que jamais en honneur. N'allez pas conclure de cela que le *Cadet* soit, à la signification précise du mot, une paysannerie. Que nenni. C'est bel et bien la peinture d'un milieu presque bourgeois de campagne, l'étude d'une famille de gros propriétaires de village ! Mais quelle peinture !

Voici du reste, en quelques mots, l'affabulation du livre. Désiré Randoin est un garçon très mûr, un vieil original qui s'ingénie à faire fructifier et à augmenter son domaine du Moulin-Joli, quand son frère Amable, qui a mangé ses derniers sous en artiste, en bohême, dans ce gueux de Paris où, comme tant d'autres il n'a pu faire sa trouée, revient vivre, sur les conseils et les prières de son aîné, à la maison paternelle. Là, dans la promiscuité d'une existence commune, l'antipathie de leurs caractères, de leurs goûts, éclate chaque jour. Tous les deux en souffrent, surtout Amable qui se met dans l'idée de marier son frère afin que la propriété ait un héritier. C'est le curé du pays qui trouve un parti à Désiré dans la personne d'Anaïs de Vendeuil, une noble ruinée, et le mariage se consomme. Mais bientôt, cette chère dame, après mille péripéties, se prend à aimer son beau frère Amable qui, du reste, lui rend son amour avec usure. La conséquence, comme bien vous pensez, est qu'on trompe le mari tant et plus. Pourtant, un beau matin, Anaïs qui, sa curiosité satisfaite, a mesuré l'étendue de sa faute, retourne son amour vers Désiré et ne veut plus du tout d'Amable. Celui-ci, dépité, conçoit une jalousie non moins sournoise que féroce contre son frère et le tue. La belle Anaïs se retire dans un couvent tandis que le fratricide — pour qui un malheureux paysan, en apparence coupable, a expié le crime — traîne une vie de solitaire et finit, accablé de remords, par se suicider. On le voit, ce beau drame, dont je ne trace ici qu'une très imparfaite esquisse, se dénoue dans le sang, comme il convient aux passions qui ne se donnent pas carrière à demi.

Le livre lu, fermé, je me plais à reconnaître que le maître ouvrier Richepin est un profond et merveilleux psychologue. Où il excelle particulièrement, c'est dans l'analyse du cœur humain, avec ses alternatives d'amour et de haine ; l'état d'âme de ses personnages est mis à nu avec une implacable sagacité ; il fouille, il scrute l'au-dedans, note les émotions bonnes ou mauvaises avec une pénétration qui étonne.

Chez lui, la description des choses, l'extériorite des êtres jouent un rôle secondaire. S'il prend un type dans la mascarade sociale, il se met aussitôt dans le bonhomme et nous montre ce que celui-ci pense et conséquemment comment il agit. Cette dominante du talent si divers de Richepin est on ne peut plus sensible dans le *Cadet,* surtout pour la silhouette shakespearienne du Borgnot, une vraie trouvaille. De ci de là, dans le roman, émergent quelquesuns de ces mots picards qui font le plus grand plaisir aux patoisants, et qui rendent, dans leur naïveté, l'idée mieux qu'aucun mot français ne le ferait. Cela dit sans vanité d'origine, car je défie bien un professeur en Sorbonne de traduire l'expression *répardre* du foin, sans lui rien ôter du sens que lui donnent nos campagnards. Qu'il me soit permis, en terminant, d'exprimer le désir de

voir Richepin, qui connaît si bien et qui aime tant la Picardie —
la petite patrie où reposent ses aïeux — aborder bientôt, dans une
magistrale étude comme celle du *Cadet,* notre paysan, celui qui
peine et qui souffre, en pleine nature, dans ses âpres et continuelles luttes avec la terre. Allons, mon Touranien, est-ce dit?

Fernand Bertaux.

LE MOUVEMENT LITTÉRAIRE, ARTISTIQUE et SCIENTIFIQUE

Notre but étant de tenir nos lecteurs au courant de tout ce qui se fait,
s'écrit, se pense dans le Nord de la France, c'est par la collaboration active
de tous que nous pourrons arriver à ce résultat. Que chacun de nos lecteurs
nous communique donc tous les renseignements qu'il pourra rencontrer soit
dans ses conversations, soit dans la lecture des livres et des journaux. On
peut nous signaler nombre de choses intéressantes : Prochaine publication
d'un livre ou d'une étude, sommaire des revues, articles publiés sur quelque
sujet intéressant le Nord, expositions artistiques, dons aux musées, nominations, récompenses, décorations, travaux en préparation de nos artistes
peintres et sculpteurs, missions, nécrologie, etc., etc. Très souvent, il
suffira de découper un article de journal et de nous l'envoyer comme
papiers d'affaires. Nous recommandons aussi nos *enquêtes.* C'est par l'aide
de tous que nous arriverons à leur donner une grande valeur.

Nous espérons que nos premiers lecteurs feront connaître la *Revue* à tous
leurs amis et à tous ceux que peut intéresser notre idée. Plus le nombre de
nos souscripteurs sera élevé, plus nous pourrons donner d'extension à la
Revue, plus aussi notre publicité sera profitable.

M. Fernand Bertaux, le critique bien connu de tous les artistes de la
région du Nord, est chargé du *Courrier artistique* de la *Revue du Nord.*

M. le docteur E. Hamy, directeur du musée d'Ethnographie du Trocadéro,
a été dernièrement élu membre de l'Académie des Inscriptions et Belles-
Lettres. Rappelons que M. Hamy est né à Boulogne-sur-Mer.

Il vient de se constituer à Liège une *Société de Folklore Wallon*, directeur :
M. J. Defrecheux.

*
* *

Vient de paraître à Charleroi : *Alexandre Desrousseaux*, notice biographique, par Jules Lemoine, un des meilleurs collaborateurs de *La Tradition*.

*
* *

Annonçons la publication à Lille d'un journal bi-hebdomadaire, *Le Nord
illustré*, revue purement littéraire.

*
* *

Les Enfants du Nord. Société artistique et littéraire. Dîner chaque mois au
restaurant Philippe, galerie de Valois, Palais-Royal. Se faire inscrire chez
M. Paul Duthoit, artiste-peintre, 110, boulevard Malesherbes, Paris.

Comité : Président, Carolus-Duran ; Vice-Président, Ed. Sain ; Secrétaire,
Paul Duthoit.

Membres adhérents : MM. Alfred Agache, Alglave, G. Baillet, J. Ber,
Berne-Bellecour, Am. Bodard, Ed. Bodin, Vte de Boislecomte, Maurice Boni-
face, Louis Bonnier, Const. Brochart, Henri Buret, A. Bury, Léon Caille,
Comte Alphonse de Calonne, Carlos Lefebvre, Emile Carlier, Henry Carnoy,
Jules Clarisse, Léon Comerre, Coquelin cadet, Charles Cordier, Alphonse
Cordonnier, Alphonse Dayez père, Alfred Darimon, Delmasure, Louis Dépret,
A. Desrousseaux, Edgar Depasse, Hector Depasse, J. Deturck, Eugène
Deully, Georges Deully, Raphaël Duflos, Paul Dufour, Auguste Evaldre,
L. Flameng, Henri Gauquie, Amand Gautier, Alexis Gremain, E. Guillaume,
Lucien Hirtz, Edouard Houssin, Jules Labbe, Mme F. Landouzy, Fernand
Landouzy, Maurice Leliepvre, Hector Lemaire, Agathon Léonard, Charles
Léonard, A. Lenglet, E. Mairesse, G. Mascart, Victor Merlin, Constant
Moyaux, Léon Moricourt, Tony Noël, Augustin Pèenne, L. Penet, Emile
Pessard, Hector Pessard, Pontsévrez, Gustave Poulain, Jules Printemps,
Roland Richebé, Léon Richet, Jules Scalbert, B. Schadet, Emile Truffot,
Albert Wallet, J.-J. Weerts.

*
* *

La Société des *Amis des Arts*, à Amiens, dont l'honorable M. de Wailly
est le président, organise, pour la fin de mai, dans cette ville, une exposition. Nous engageons vivement tous les artistes septentrionaux à prendre
part à ce Salon qui se tiendra dans une des splendides salles du musée de
Picardie.

*
* *

C'est avec le plus grand plaisir que nous voyons le musée de Péronne
s'agrandir et s'embellir. Ajoutons que c'est à M. Tournière, un amateur
aussi distingué que généreux donateur, que la petite cité picarde doit cette
heureuse transformation.

ENVOIS AU SALON

F. Tattegrain : *Pêcheur à la fouenne.*
Gambart : *Mendiants.*
Fossé : *Buste d'Alizard* (marbre).
Fontaine : *A l'Assaut !* (Statue bronze).

SALON MEISSONNIER

Ed. Sain : *Tarentelle*, tableau.
—   *Mascart*, portrait.
Léonard : *Mignon.*
—   *Marchande de Poissons.*

SALON DES CHAMPS-ÉLYSÉES

Jules Lefebvre : *Lady Godina.*
—   *Portrait d'homme.*
P. Duthoit : *Sainte Radegonde au monastère de Poitiers*, tableau.
E. Deully : *Après le Péché*, tableau.
H. Lemaire : *Du Guesclin*, statue bronze.
—   *Vénus*, groupe.
G. Mascart : *Paysage*, étude.
G. Deully : *Fantaisie*, tableau.
A. Pèenne : *Diane*, statuette bronze.
M. Leliepvre : *La Loire*, tableau.
A. Gremain : *Ile en Champagne.*
—   *Un Ruisseau.*
Léon Richet : *Le Dormoir de Morel*, forêt de Fontainebleau.
L. Penet : Gravure d'après Emile Clous. *Matinée de Septembre.*
Aristide Croisy : *Méhul*, statue bronze.
—   *Portrait de M*^me^ *N...*, buste, marbre.

*
* *

Depuis une quarantaine d'années, il existe sur la place principale de Givet un buste en marbre de Méhul. Ce buste, très mauvais, est perché sur un socle ridicule. Comme les fortifications de Givet vont être rasées, des boulevards et des rues nouvelles seront créés sur ces emplacements.

C'est sur une nouvelle place, faisant face à la gare, que sera érigée la statue en bronze du grand musicien. La statue mesure 2 mètres 80 de hauteur. Elle est l'œuvre de M. A. Croisy.

Le Gérant : ALCIUS LEDIEU.

Abbeville, Imprimerie du *Pilote*, FOURDRINIER ET Cⁱᵉ.

REVUE DU NORD DE LA FRANCE

CHOSES DE PICARDIE

I

APRÈS UNE LECTURE D'OUVRAGES HISTORIQUES

Quelle province fut plus exposée que celle-ci aux désastres des luttes entre peuples ? Bien avant les évangélisations des Riquier, des Valery, des Firmin, des Quentin, des Blimont, les aborigènes subiront les unions de vive force avec le vainqueur venu de l'autre côté des Alpes et adultérant la race pure. De ces fédérations de familles, de tribus, n'ayant pour nous d'autre personnalité appréciable que la personnalité gauloise, les Romains vont pour quelques siècles créer la nation gallo-romaine... Fut-ce sans coup férir ?... Ces taureaux encore ensauvagés furent-ils aisément courbés sous l'aiguillon du soldat régulier ? Demandez-le à ce qui subsiste des souvenirs des envahis, dont les noms demeurent à jamais masqués pour nous sous la latinité victorieuse : cet autre joug. Interrogez les antiques chaussées prenant le pays en écharpe et à demi effacées sous les cultures d'œillette, de colza ou de betterave. Parcourez les « camps de César » de Champlieu, de Tirancourt, de l'Étoile, de Liercourt, tant d'autres, commandant un plateau, dominant le cours d'un fleuve...

Mais voici que le tempétueux torrent des Francs se précipite de là-haut, de par delà la Gaule-Belgique. Il refoule, il balaie tout devant lui. Le légionnaire césarien se voit impuissant à barrer le passage aux bandes avides. Le Picard, de qui, même l'appellation première est douteuse, — à moins de se contenter d'un jeu de mots inspiré par son habileté à manier la pique, — ne résiste pas davantage. Il se perd dans ce flot septentrional. Il devient Frank-Picard. — Franc, par la suite, formera l'épithète, le qualificatif, le désignant parmi les gens de France.

Encore quelquefois cent ans et les abbayes, déjà riches, appâteront d'autres barbares affamés. Les Normands abordent dans leurs nefs de pilleurs. La mer, qui éclabousse d'écume blanche les remparts d'Abbeville, les amène au cœur du futur Ponthieu. Louis III les vaincra à Saucourt... Puis se font jour, plantes vivaces, malgré tout, — malgré la lourde pierre de la féodalité les écrasant aux trois quarts, — les qualités de ténacité de la race celtique, de généreux emportement infusé par les manieurs de francisques ; et ces Picards à la tête près du bonnet se mettent à revendiquer, ouvrant la voie, les franchises communales. Peu s'en faut qu'ensuite, au xiv⁰ siècle, ils se joignent aux Jacques et sortent des souterrains de guerre, des *creutes* où la crainte du seigneur, commencement de sapience pour les vilains, tient blottis leurs vieux, leurs femelles et leurs jeunes.

Un matin d'été, après un orage, le canon, — foudre plus à craindre que l'autre pour les gens de Philippe VI, — avait embrumé le bourg de Crécy d'un nuage empesté. Et le monarque ennemi avait contemplé l'étonnante débandade d'impétuosité chevaleresque se ruant à l'assaut d'une faible hauteur défendue par des troupes disciplinées et méthodiquement lâchées en avant...

Pauvre Picardie ! — Français et Anglais vont longtemps, longtemps, se la disputer. Elle ouvre la porte de cette France, si petite encore, où l'unité à venir se prépare... Seuil de la maison où se rencontrent les larrons étrangers convoitant la fille... Misère, peste, champs incultivés, ruines : tout le cortège de la Guerre !

Le Téméraire et l'Astucieux en viennent aux prises. Tant pis pour les manants ! A la fin, le prince coiffé de saintes vierges en plomb l'emporte. — Il a montré à ses successeurs, depuis le jour de Montlhéry, comment faire une nation en soudant l'un à l'autre les duchés, les comtés, groupés autour de son île centrale. Les fossés, sa politique cauteleuse les avait comblés de têtes de grands vassaux disparus. — A la longue, ainsi, dans la suite des temps infinis, se remplissent les marécages des tourbières par l'apport de nouveaux éléments végétaux s'agglomérant, pour refaire la terre ferme, autour d'un premier bouquet de roseaux. Cette fois-là, entre Charles et Louis, l'enjeu, c'est la province qui devient France. Une perle de plus à la couronne ! — La Paix entr'ouvrira-t-elle, à présent, ses ailes endormeuses des maux anciens sur le Vimeu et l'Amiénois, sur le Vermandois et le Santerre ? — Non. — Il y aura la Ligue. Il y aura, surtout, la guerre de Trente ans. Les Espagnols brûleront les villages, feront sièges sur sièges, les reîtres de Jean de Wœrth, dont le souvenir n'est pas encore effacé dans les traditions populaires, quoiqu'il se défigure dans celui de tant d'autres bourreaux du pauvre monde, voleront, violeront, contraindront l'homme des champs à manger au râtelier de ses bêtes absentes... Au lendemain, sous la Fronde, même chose. Seulement, cette fois, les robeurs, ce seront les sergents de bataille de M. le Prince et de M. de Turenne...

C'est trop triste ! Passons. Franchissons règnes et événements. — Ne faudra-t-il pas que, de nos jours, la plaie se rouvre pour l'éternelle blessée ? — Alors, sous l'ordre du fils du petit boutiquier lillois, de Faidherbe, intact d'honneur, les descendants des primitifs joueurs de pique, presque aussi sommairement armés que ceux-là, les mobiles au ventre creux, nourris de pain gelé, pour tout potage, aux festins de Noël et du jour de l'an terrible, tiendront en échec les uhlans bottés et gavés, retarderont l'heure où Péronne cessera d'être pucelle. Et dans cette ultime invasion, Pont-Noyelles et Bapaume paraîtront des victoires parmi l'anéantissement général.

Léon Duvauchel.

LE MARIAGE DE LAMOUR

Pasquille inédite

Quand j'ai l' temps, et qu'on y marie,
J' vas passer eune heure à l' Mair'rie,
Certain d'y trouver d' l'agrémint,
Car on y vo', ordinair'mint,
Des comédi's vraimint fort drôles.
Et, l'nez, in deux mots quat' paroles,
J' racont'rai chin qu' j'ai vu l'aut' jour.

Un marchand d' rue, app'lé Lamour,
Quoiqu'i' n'a point l' moindre r'semblance,
Ni pon' l' biauté, ni pon' l' prestance,
Avé ch' marmouzet du mêm' nom,
Qu'on appelle aussi Cupidon,
A mis, pour li, l'amour in tiète,
A l' fill' d'un carbonnier.
                              — Thrinette,
Ch'est l' nom d' cheull' fill', volot s' marier.
Mais min drôl' de particulier

Qui, d'puis six mo' étot d' promesse,
Dijo' incor : N'y-a rien qui presse,
Quand i' n'avot point sin pleumet;
In ribote, il étot tout prêt.

Par un jour qu'il étot pompette,
Je l' vos v'nir avé l' brav' **Thrinette**,
Sin père et s' mèr', des parints, des témoins,
Des amis. — Eun' vingtaine au moins. —
— « Mettez-vous! » di' un valet d' ville.
Chacun s'assit, reste tranquille,
Comm' de juste, excepté l' mariant
Qui parlot tout haut, in riant,
Comme un cinnochint porot l' faire.
Quand Thrinett' li dijot de s' taire,
I' répondot : « T'es sott', moumour!
Un jour de noc' fair' tair' Lamour!
Au contrair'!... Tiens, faut que j' t'imbrasse! »

Tout l' mond' voyant ch' mariant cocasse,
Sans pus d' raison qu'un nouviau-né,
Rio' à vint' déboutonné.

Mais l' Maire arrive. On cri' : Silence!...
V'là min sot qui fai' un pas d' danse!
Un garde, alorss, veut l' fair' sortir.
Sin père et s' mère, et s' femme à v'nir,
Tout l' noce, infin, pour li, d'mand' grâce,
Promettant qu'i' n' f'ra pus l' payasse,
      Et qu'i' s' taira
Jusqu'au moumint qu'on l' mariera.

Ch'est conv'nu. Mais va l' fair' lanlaire,
Qu'i' r'tiendra s' lang'!...
      Quand monsieu l' Maire,
Pou' l' marier, fait sin p'tit discours,
I' débite un tas d' calembours
Qui n'ont ni queu', ni patt's, ni tiête...

Monsieu l' Mair' li dit : « *Malhonnête!*
     Sortez!... vous r'viendrez
     Quand vous s'rez en sang-frais!

« Par pitié, dit Thrinette au Maire,

Vous n' f'rez point cheull' vilaine affaire !
Ch'est mi seul'mint, Monsieu, qu'ell' porot contrarier,
Car li, n'étant point soûl, i' n' vodrot pus s' marier ! »

Réjoui par cheull' biell' parole,
Monsieu l' Maire a fini sin rôle
In les mariant
Tout in riant.

A. Desrousseaux.

COURRIER ARTISTIQUE

LE SALON DES CHAMPS-ÉLYSÉES

La scission qui s'est accomplie parmi les artistes et qui le groupe désormais en deux sociétés rivales, nous avait un instant laissé l'espoir que l'Art gagnerait à cette division. Eh bien ! hâtons-nous de le dire, à cet égard, l'exposition du Palais de l'Industrie ne répond pas absolument à notre attente. Toutefois, il est nécessaire d'admettre que ce n'est pas en un temps aussi court, alors que la séparation fut si brusque, qu'une orientation nouvelle peut se produire et qu'une évolution est appréciable. Il faudra au moins deux ou trois années, c'est-à-dire la durée indispensable à l'éclosion de nouveaux talents ou à l'affirmation des jeunes, pour savoir si nous avons eu raison de penser que la peinture et la sculpture contemporaines ont à gagner à une décentralisation multipliée.

Quant au Salon de l'an de grâce 1890, s'il ne vaut pas plus que ses aînés, il ne vaut certes pas moins, malgré des absences très regrettables et des départs qui laissent des vides. Nous croyons même que le philosophe qui jugerait, sans enthousiasme exagéré, ou encore sans être imbu de théories à la Schopenhauër, la société française, non d'après l'Art qui a pu en être l'expression depuis un demi-siècle, mais seulement au point de vue des expositions qui se sont succédé dans ces vingt dernières années, celui-là, disons-nous, en arriverait à peu près à cette conclusion que tout n'est pas pour le plus mal dans ce monde sublunaire.

Il est en effet un fait indiscutable qui se dégage au moindre examen, c'est que la plupart des peintres et des sculpteurs, rompant avec la vieille tradition, avec la routine, s'efforcent de prendre dans la vie de chaque jour les sujets de leurs compositions. On remarque également que la conception est, en général, plus large, l'idéal moins terre à terre, la forme plus châtiée ; qu'il y a plus de réflexion et moins d'improvisation. On voit surtout que les Dianes et les Vénus, interprétées à la manière étroite de l'école mythologique, passent de plus en plus de mode ; que la correcte ligne classique, non sans beauté, mais froide, bonne fille grecque ou latine sélectionnée chez nous, s'étiole dans l'esthétique savante de M. Guillaume ; que des artistes jeunes et vigoureux, dédaigneux des sentiers battus, s'essaient dans des voies nouvelles et qu'enfin l'heure semble proche où, au lieu d'un meli-melo de moderne et d'antique, nous aurons un art purement et essentiellement français.

Espérons et... en attendant, examinons rapidement, sans classement, au hasard des rencontres, les œuvres des artistes du Nord.

NOS PEINTRES

Voici d'abord M. Jules Lefebvre avec une toile en tous points remarquable : *Lady Godiva*. Le sujet vaut la peine d'être conté.

La comtesse de Coventry était timide comme un agneau et douce comme une colombe, d'une chasteté sans tache et d'une pudeur scrupuleuse. Or, un jour que les habitants du pays suppliaient le comte de lever des impôts accablants qui les plongeaient dans la plus noire misère, elle intercéda pour eux auprès de son dur mari. Celui-ci ne consentit à remettre les impôts qu'à la condition que la comtesse allât se promener à cheval, toute nue, par les rues de la ville. Il espérait par là émettre une condition impossible. Mais Lady Godiva accepta et le comte, très fâché, ordonna, au jour de l'épreuve, qu'on ne mit pas le pied dans la rue et qu'aucun œil indiscret ne s'y abaissât. Telle est la donnée qui a inspiré M. Jules Lefebvre et c'est plaisir à voir avec quelle délicatesse de touche, quelle élégance d'allure, quelle science de composition et quelle connaissance profonde du nu il s'est acquitté de sa tâche. Je signale aussi de lui le *Portrait de M. F... G...* qui est d'une correction et d'un fini qu'il n'est pas facile d'égaler.

Le *Soir d'Été* de M. Masure est une chose suave qui donne au mieux l'impression de la poésie qui se dégage de nos campagnes d'Artois, vues en certaine saison. Cela porte au rêve délicieux.

M. Jules Breton a mis de la lumière gaie et des tons chauds dans les *Dernières fleurs*. Quel admirable artiste est M. Jules Breton ! C'est une peinture crépusculaire, même nocturne, que le *Soir* de M. Emile Breton. Un croissant de lune jaunâtre, un moulin qui dresse ses ailes dans la campagne endormie, un village qui se profile là-bas. C'est tout, mais combien charmant !

Le *Général Tramont* est une figure très étudiée de M. CRAUK dont la réputation est depuis longtemps bien assise.

M. HARPIGNIES a des accointances mystérieuses avec le pur plein air. Il lui arrache tous ses secrets ; aussi nous adorons son *Crépuscule*.

Avec de la persévérance et un peu plus d'audace, M. BOISLE-COMTE pourra nous intéresser. Sa *Collation* n'est qu'une promesse.

Si vous aimez les chairs vigoureusement peintes, les attaches fines, la femme aux reins cambrés, au torse superbe, vous vous arrêterez devant le *Réveil* de M. DELACROIX.

L'*Hiver* de M. BILLET est plein de qualités d'observation et d'exécution. Nous ne regrettons, dans cette page exquise, que l'abus de violet dans l'atmosphère du fond.

M. DEULLY a peut-être un peu trop poussé au noir son *Après le Péché*. C'est du drame sombre. Trop de bitume.

Dans une note terne et trop uniforme, M. COMERRE a brossé une symphonie presque orientale qu'il intitule : *Bain de l'Alhambra*. M. Comerre est homme à prendre sa revanche.

Sur la grève, les vieilles paysannes sont groupées, les regards anxieusement fixés vers la haute mer où des barques sont ballo-tées. C'est l'*Attente !* de M. DENNEULIN, une toile qui n'est pas banale du tout.

M. MAILLARD expose une marine, *A la Côte*, d'une fort bonne facture.

Les vagues déferlent, la houle monte et le ciel est gros d'orage. Au large, un vapeur est prêt à couler. Une frêle barque s'en va au secours des passagers. Les marins prennent leurs précautions contre les traîtrises de la mer perfide qui les guette, toute disposée à les engloutir. Cet épisode, sans complication aucune, est rendu très sobrement.

Les *Mendiants* de M. GAMBART attendent à la porte de l'église la sortie des fidèles. Ce tableau est traduit avec un amour profond de la vérité et exempt des arrangements ordinaires qui visent à constituer un spectacle à effet. Après examen, on se plaît à dire : « C'est bien cela ! » rien de plus. N'est-ce pas le meilleur compli-ment ?

M. COQUELET est très en progrès dans le *Portrait de M⁰ᵉ M...*, un tableautin très original.

M⁰ᵉ B... a mis sa belle robe noire décolletée, toute garnie de dentelles et est venue poser son gentil minois devant M. JACQUET, qui l'a fixé pour l'agrément de nos yeux. Au total, un des portraits de femme les plus complets du Salon.

M. Carlos-Lefebvre a un coloris très personnel dans *Autour d'une mare,* un coin de nature ravissant.

Le *Marché* de M. Berne-Bellecour montre un réalisme qui dénote un œil pénétrant et une main rudement habile. C'est fait et très bien fait.

A la fenêtre, au jour tombant, une paysanne coud. Son profil se détache avec bonheur dans la buée du soir. Le tout est nuancé délicatement et M. Berteaux appelle cela la *Fin de la Journée.*

Près de l'Atre est une toile de valeur de M. Caille. Cette vieille femme qui regarde les tisons et cette jeune fille qui s'appuie sur son épaule sont deux figures très expressives qui se meuvent au milieu d'accessoires qui rappellent, par la couleur, la manière chère à certains maîtres flamands.

A ceux qui prisent l'éclat de la palette, l'art savant du modelé et l'originalité partout, nous recommandons le *Pêcheur à la Foène* du robuste maître Francis Tattegrain.

La *Vaccination* de M. Scalbert est un morceau de haute valeur, qui ne laissera pas le jury indifférent.

M. Saintin a une touche fine et élégante. Sa *Miss B...* et sa *Rêverie* sont à ravir.

On pourrait faire quelques reproches à la *Prière* de M. Chigot ; mais, en revanche, les qualités y sont si nombreuses que nous ne pouvons nous décider qu'à louer.

Citons encore, parmi les peintres septentrionaux, MM. Courboin, Doyen, Pille, Pluchart, Dudicourt, de Winter, Moreau-Deschanvres, Franqueville, Tisseron, dont les envois sont à remarquer, à des titres divers.

NOS SCULPTEURS

Nous ne sachons pas qu'il y ait, dans le domaine si vaste de l'art, rien de plus ardu et de plus ingrat que la statuaire. Dans ce genre, l'artiste n'a pas pour lui toutes les subtilités de métier, tous les trucs de trompe-l'œil, toutes les roueries photographiques dont le peintre peut disposer à loisir. La peinture a des châtoiements qui captivent et font aisément oublier, sinon disparaître, les difficultés mal vaincues. Elle ne donne prise à la critique que sur une surface. La sculpture, au contraire, offre tous les côtés du sujet à notre examen et reste, par là même, un art aride, souvent énigmatique pour les profanes. Il faut en effet avoir vécu dans l'intimité de la forme, avoir pénétré tous les secrets du modelé, être initié à l'harmonie des lignes pour comprendre quel degré de science et de métier est indispensable à tout sculpteur qui cherche à rendre une figure seulement passable. Cependant ces difficultés ne sont pas une entrave au développement de notre école moderne. Certainement il y a encore aujourd'hui beaucoup d'appelés, soit par faveur, soit par commisération, peu d'élus en l'honneur du grand art, mais il y a aussi, il y a surtout, une moyenne de talents très appréciés qui vont, sans bruit et sans réclame, s'élevant, se perfectionnant et assurant ainsi une bonne place dans l'histoire à notre école moderne. Voyons les nôtres. — La femme aux chairs frémissantes que M. H. LEMAIRE appelle *Vénus,* a de quoi satisfaire la critique la plus difficile. Ici la grâce le dispute à la vigueur.

Il y a beaucoup d'entrain et de mouvement dans la *Satyre et Bacchante* de M. GAUQUIÉ et son *Brennus* est superbement campé. En somme, un jeune qui s'affirme.

M. A. CROISY a prodigué son beau talent dans la statue de *Méhul,* pour laquelle l'auteur n'a droit qu'à des compliments.

Une scène dramatique des *Travailleurs de la Mer* a captivé M. CARLIER, *Gilliatt saisi par la pieuvre.* Il faut reconnaître qu'il y a dans ce groupe beaucoup d'art dépensé.

La statuette de M. LÉONARD, *Mignon,* montre l'homme de goût qu'est cet artiste. A cela nous aurions pourtant préféré un simple buste — rappelez-vous *Ophélie* — tiré du marbre par le ciseau de cet incomparable tailleur de marbre qui est bien le premier du temps présent.

M. DE MONCOURT a modelé une *Diane* qui n'a rien de vulgaire. C'est un progrès.

A citer aussi les bustes de MM. FAGEL, FOSSÉ, DOUBLEMARD, LAVUST, FRÈRE, HOUSSIN et les médaillons de MM. HIOLIN, LEFÈBRE et ROSE.

FERNAND BERTAUX.

ESSAI SUR LE FOLK-LORE DU SANTERRE

Dans ces dernières années, on s'est occupé, sur différents points de la France, de relever les usages locaux tombés en désuétude ou toujours persistants. Les modifications profondes de la vie sociale et familiale rendent ces recherches fort difficiles et toujours incomplètes; il arrivera même, dans un temps plus ou moins éloigné, qu'elles ne donneront plus aucun résultat, tant le souvenir s'en efface vite.

J'ai voulu apporter mon faible et bien modeste tribut au recueil général qui devrait embrasser notre patrie tout entière. Cette œuvre, qui offrirait plus qu'un intérêt de curiosité, pourrait suggérer les rapprochements les plus précieux et ouvrir à la pensée de nouveaux horizons sur la permanence ou la longue durée et la similitude des coutumes locales. Mais il n'y a point de temps à perdre, car les vieillards disparaissent, et c'est par leur témoignage que l'on peut reconstituer la physionomie d'une époque si différente de la nôtre.

Des recherches similaires ont été entreprises par nos voisins; les Anglais, les Allemands, les Italiens et les Espagnols ont publié différents travaux de même nature; les premiers prétendent nous avoir devancés; ce qui semblerait le faire croire, c'est l'adoption par toutes les langues européennes de l'expression anglo-saxonne folk-lore. *Mais, avant même la création de ce mot, un Français, un académicien illustre, M. Xavier Marmier, recueillait les traditions populaires sous toutes les latitudes, surtout dans le nord de l'Europe, et publiait le fruit de ses recherches en 1841 et 1845. En réalité, c'est donc lui l'un des véritables précurseurs de nos folk-loristes d'aujourd'hui.* [1]

Mon champ d'investigation se borne à l'étude, faite sur place, du folk-lore d'un ancien bourg important de la Picardie, situé sur les frontières de l'Amiénois et du Santerre. C'est à Démuin, où se sont écoulées les premières années de mon existence, que j'ai recueilli les éléments de cette étude.

J'ai eu surtout un auxiliaire précieux : une heureuse mémoire. J'ai conservé un fidèle souvenir des années de mon jeune âge :

---

1. Parmi les recueils modernes de folk-lore, il convient de citer en première ligne l'excellent ouvrage — modèle du genre — de notre sympathique collaborateur à la *Revue du Nord*, M. Desrousseaux, *Mœurs populaires de la Flandre française* (Lille, 1889, 2 vol. in-8°); il serait à souhaiter qu'un travail semblable fût entrepris pour la Picardie et pour chacune de nos anciennes provinces.

> *Du jour heureux de mon enfance,*
> *Oh ! que j'ai douce souvenance !*

Cette aide m'était d'autant plus précieuse que, lorsque j'ai fait appel à la plupart des habitants pour en obtenir des renseignements oraux, ils me riaient presque au nez, en me disant avec un air de profond dédain : « Tout ça, ce sont des babluches (*babioles*); *adressez-vous aux vieux radoteurs. » Je le fis, et, par eux, j'appris ce que je voulais savoir.*

Mon aïeul maternel, mort nonagénaire à l'époque où j'étais à peine adolescent, prenait plaisir, comme tous les vieillards, à revivre dans le passé; aussi, que de faits, que d'anecdotes concernant l'autre siècle ne m'a-t-il racontés, et dont j'ai gardé le souvenir !

Je me suis bien des fois rappelé ces deux beaux vers de Béranger :

> *On rajeunit aux souvenirs d'enfance,*
> *Comme on renaît au souffle du printemps.*

Puisse cette étude, que j'essaierai peut-être un jour de rendre plus complète, être accueillie par mes compatriotes comme un nouveau gage de ma profonde affection pour eux.

Je n'oublierai jamais ces vers de Chateaubriand :

> *Combien j'ai douce souvenance*
> *Du joli lieu de ma naissance !*

I

JEUX ET DIVERTISSEMENTS DES ADULTES

Le peuple des campagnes d'autrefois a toujours conservé au milieu de ses souffrances — si fréquentes alors — la plus heureuse insouciance et la plus franche gaieté. Un romancier anglais, vivant au siècle dernier, Goldsmith, raconte que les paysans français les plus pauvres étaient les plus gais, et que leur allégresse était toujours en raison directe de leurs besoins.

Au reste, ces besoins étaient fort modérés, et le paysan se contentait de peu pour les satisfaire :

> Dans la disette il chante ; il danse avec ses fers.

Les occasions de réjouissances étaient jadis fort nombreuses ; comme le fait dire la Fontaine à son savetier :

> . . . . On nous ruine en fêtes :
> L'une fait tort à l'autre, et monsieur le Curé
> De quelque nouveau saint charge toujours son prône.

Les jeunes filles fêtaient la Sainte-Catherine, les femmes la Sainte-Barbe, les garçons la Saint-Nicolas, les cultivateurs la Saint-Éloi, etc. Outre ces fêtes religieuses, les pèlerinages et les processions, qui donnaient ensuite lieu à des divertissements profanes, il y avait d'autres jours dans l'année qui servaient de prétextes aux réjouissances, tels que le dernier dimanche gras, le mardi gras, la plantation du mai, etc., sans parler des mariages ni des baptêmes. Mais les principales fêtes étaient la fête patronale et la fête locale qui avait lieu le dimanche suivant.

A la suite d'un dîner d'une durée interminable, aux mets plus abondants que succulents, et où l'on servait en dernier lieu des *flans* immenses, aux bords aussi durs qu'épais, les convives se rendaient sur la place publique ; c'est là que les divertissements avaient lieu dans l'après-midi pour se terminer à l'heure où ils commencent aujourd'hui.

Au-dessous de deux gravures de le Bas, représentant la fête de village, on lit sur l'une :

> Quelle fou'e d'objets à mes yeux vient s'offrir !
> Ici la brillante jeunesse,
> Les femmes, les enfants et même la vieillesse,
> Inspirent la gaîté qu'on leur voit ressentir.
>
> On y danse, on y boit, on y rit, on y chante,
> Et, plein d'une erreur qui enchante,
> Je crois d'un seul coup d'œil goûter tout à la fois
> Ces plaisirs dispersés en différents endroits.

Si, au début de la fête, régnait la plus franche gaieté, il n'en était point de même à la fin, où l'on avait souvent des rixes à

déplorer, comme on le voit par l'inscription de la seconde
gravure de le Bas :

> Quand du dieu des festins les utiles présents
> Vous sont offerts en abondance,
> Et que tous les plaisirs viennent flatter vos sens,
> Pourquoi n'en pas user avec prudence ?

> Quelle fureur ! Je vois de criminels couteaux
> Se tirer avec violence !
> Toujours l'homme insensé changera-t-il en maux
> Les biens qu'en sa faveur répand la Providence ?

Un poète, s'adressant aux tilleuls séculaires sous lesquels
se divertissaient les paysans, s'écriait au siècle dernier :

> Autour de vous une troupe champêtre,
> Aux jours de fête et de repos,
> Par sa gaîté bruyante éveille les échos
> Que mes vers endorment peut-être.
> Tandis qu'au cabaret voisin
> Les uns savent noyer les soins du lendemain
> Et la prévoyance importune ;
> D'autres, assis sur le bord du chemin,
> A leurs jeux innocents appellent la fortune,
> Et la nuit les surprend les cartes à la main.
> A la gêne de l'étiquette,
> Ce groupe n'est point asservi ;
> On y voit paraître à l'envi
> Avec la vieille et la fillette,
> Des mamans qui, pour plaire aux notables du lieu,
> Se souviennent encor comme il faut qu'on se pare.
> La jeunesse autour d'eux danse, chante et s'égare
> Sur un large gazon qui s'étend au milieu.

« Les fêtes, disait-on, sont, dans l'année, sauf respect,
comme l'avoine à midi dans la journée d'un cheval... Elles
réveillent, réunissent la jeunesse, mais sous les yeux des
parents, font naître les unions de convenance, les propositions
de mariage, rappellent les souvenirs d'antique fraternité et
parenté. »

Dans toutes ces réunions publiques, le principal divertissement était la danse. Jeunes et vieux, tous y prenaient part ;
le seigneur lui-même se joignait aux garçons du village :

> C'est là qu'enfin sous un antique ormeau
> L'on va former une champêtre danse.
> Avec Cloé, le bon seigneur commence.

Un ménétrier, debout sur un tonneau, formait tout l'orchestre ; aux premiers sons de son instrument, il réunissait autour de lui une foule nombreuse ; son répertoire n'était guère varié, mais il en savait assez pour faire danser la gigue, la *bourrée*, la *matelotte* ou le *ballet*. Au moindre prétexte, on allait chercher le *violoneux,* qui ne se faisait jamais prier. Les musiciens de ce genre formaient de véritables types à part. Le dernier représentant à Démuin est mort il y a environ quinze ans et n'est pas remplacé.

Parmi les jeux pratiqués par nos pères, il en est bien peu qui subsistent encore aujourd'hui. Les jeux de longue paume, de balle, de ballon, de crochon, d'arbalète, après avoir été abandonnés aux enfants, sont tombés en désuétude. Parfois, à de longs intervalles, des tentatives sont faites pour rétablir l'un de ces jeux d'autrefois, mais ces tentatives demeurent sans succès. Toutefois, un jeu a survécu à ce naufrage, c'est le jeu de boule, qui, s'il n'offre plus la même animation que jadis, n'en fait pas moins encore l'objet des distractions des grandes personnes d'aujourd'hui.

Nous allons passer en revue quelques-uns de ces exercices qui, pendant plusieurs siècles, ont fait les délices des générations qui ont précédé la nôtre.

I. — JEU DE BOULE.

L'emplacement destiné à ce jeu à Démuin consiste en un rectangle de 30 mètres de long sur 3^m50 de large, appelé *bouloire*. A chaque extrémité se trouve un fossé transversal de 30 cent. de profondeur nommé *jatte,* et large d'un mètre.

La *bouloire* est située sur l'un des côtés de la place communale, près du mur de l'ancien château ; elle est toujours soigneusement entretenue et présente une surface bien unie ; sa forme est concave.

Le but se trouve près de chaque fossé transversal, à une distance de 80 centimètres environ et au centre de la bouloire ; il consiste en une marque visible, mais non saillante : c'est un pieu enfoncé jusqu'au raz du sol, à l'extrémité supérieure duquel on a frappé un clou à large tête. Au moment de commencer, on plante près du but une plume très flexible.

Les boules dont on se sert pèsent de deux à quatre kilos, et mesurent de quinze à vingt centimètres de diamètre ; elles sont en bois dur et légèrement aplaties.

Chaque boule est rendue plus lourde d'un côté au moyen d'un gros clou ; c'est ce que l'on appelle le *trait*, et c'est sur ce côté qu'elle retombe lorsqu'elle cesse de rouler. Sur l'autre côté, on a pratiqué un trou de vrille jusqu'au centre de la boule pour la rendre plus légère de ce côté. Que de soins prennent les amateurs pour que leur boule roule bien ! Ils ôtent du bois d'un côté et augmentent le poids de l'autre côté en mettant un trait plus fort....

Les joueurs de boule sont souvent nombreux : douze, quinze, vingt, vingt-cinq contre un nombre égal ; dans un camp sont les *vieux*, et, dans l'autre, les *jeunes*.

Ce jeu, qui paraît fort simple en apparence, présente cependant bien des difficultés en réalité ; c'est, du reste, ce qui en fait tout le charme. Aussi, celui qui s'adonne de bonne heure à ce jeu y trouve un plaisir tel qu'il joue toute sa vie.

La partie commence en se plaçant à l'une des extrémités de la bouloire, d'où les boules sont successivement lancées à la main vers le but de l'autre extrémité. Les joueurs du parti opposé cherchent à déplacer les boules de leurs adversaires, car ce sont ceux qui comptent le plus grand nombre de boules près du but qui obtiennent le plus de points.

Il est parfois curieux lorsque deux boules, appartenant aux deux camps opposés, paraissent être à une distance égale du but de voir mesurer cette distance à l'aide d'un pan de blouse, d'un mouchoir ou d'un brin de paille. — Les boules tombées dans la jatte sont nulles.

A la suite du premier jeu, on recommence à jouer de l'extrémité où sont les boules vers le but de l'autre extrémité, en alternant ainsi jusqu'à la fin de la partie.

Il serait trop long d'énumérer les difficultés qui se présentent à chaque instant dans l'exercice de ce jeu. Les habiles savent de quel côté doit être le trait ; ils font décrire à leur boule le nombre de courbes nécessaires pour la faire arriver le plus près possible du but. Les zigzags opérés par la boule sur les deux côtés de la bouloire constituent toujours l'une des péripéties les plus curieuses du jeu.

Autrefois, ce divertissement comptait à Démuin un très grand nombre d'adeptes ; certains d'entre eux le pratiquaient depuis plus d'un demi-siècle. Il n'était pas rare alors de voir ces joueurs se rendre dans l'un des villages voisins, engager une partie après défi ou par suite d'invitation.

Le jeu de boule, moins en honneur que par le passé, est assurément celui qui a été le mieux conservé jusqu'à ce jour, et tout fait prévoir qu'il subsistera encore longtemps.

Un poète a publié dans le *Journal de Douai* du 22 novembre 1885, une longue pièce de vers sur le jeu de boule ; j'en détacherai les dernières lignes rapportées par M. A. Desrousseaux.

> C'est ainsi qu'en vidant force pintes de bière,
> Attendant, boule en main, la fin de leur carrière,
> Ces bons fils de *Gayant*, [1] sans peine, sans souci,
> Se livrent *chaque jour* à leur jeu favori.
> O trop heureux mortels ! puissiez-vous sur la terre
> Goûter encor longtemps le plaisir salutaire
> De jouer à la boule, et, joyeux et contents,
> Être les *professeurs* de vos petits-enfants !

Le jeu de boule n'était connu ni des Grecs ni des Romains, cependant il est d'une origine assez ancienne en France. On sait que le roi Charles V l'interdit en même temps que le jeu de *quilles*, le *petit palet* et la *paume*, parce que ses sujets perdaient beaucoup d'argent à ces différents jeux.

Alcius Ledieu.

(*A suivre*).

---

(1) Gayant, pris ici comme synonyme de Douai, est le nom de la fête communale de cette ville ; *revenir de Gayant* signifie qu'on revient de cette fête.

CHANSONS POPULAIRES DU NORD DE LA FRANCE

II

LA CHANSON DE MAGALI EN PICARDIE

Notre collaborateur, Jean d'Arras, me permettra de lui indiquer, s'il ne la connaît déjà, une chanson populaire picarde qui vient bien à l'appui de sa thèse. Le poème provençal de *Mirèio* (Mireille) contient une chanson charmante qui est pour beaucoup dans le succès de l'œuvre de Mistral. C'est la chanson de *Magali*. « Délicieuse ballade, dit M. Eugène Garin, dans *Les Français du Nord et du Midi*, elle représente un jeune homme poursuivant une jouvencelle qu'il aime; celle-ci, — indifférence ou coquetterie, — pour échapper, se métamorphose de mille manières; mais le jouvenceau, pour l'atteindre, prend mille formes aussi, tant enfin que la jeune fille se rend, vaincue par tant d'amour. » Voici quelques couplets de la chanson de *Magali*. L'amoureux est venu lui donner une aubade. Elle lui répond :

« Pas plus que du murmure des branches, — de ton aubade je fais cas! — Mais je m'en vais dans la mer blonde — me faire anguille de rocher.

— O Magali, si tu te fais — le poisson de l'onde, — moi, le pêcheur je me ferai, — je te pêcherai!

— Oh! mais si tu te fais pêcheur, — quand tu jetteras tes verveux, — je me ferai l'oiseau qui vole, — je m'envolerai dans les landes.

— O Magali, si tu te fais — l'oiseau de l'air, — je me ferai, moi, le chasseur, — je te chasserai.

— Aux perdreaux, aux becs fins, — si tu viens tendre tes lacets, — je me ferai, moi, l'herbe fleurie, — et me cacherai dans les prés vastes.

— O Magali, si tu te fais — la marguerite, — je me ferai, moi, l'eau limpide, — je t'arroserai.

— Va, poursuivant, cours, cours! — jamais, jamais tu ne m'atteindras... — Je me ferai blanche nonnette — du monastère du grand saint Blaise!

« — O Magali, si tu te fais — nonnette blanche, — moi, prêtre, je confesserai — et t'entendrai !

— Si du couvent tu passes les portes, — tu trouveras toutes les nonnes — autour de moi errantes, — car en suaire tu me verras !

— O Magali, si tu te fais — la pauvre morte, — adoncques je me ferai la terre, — là je t'aurai !

— Maintenant je commence enfin à croire — que tu ne me parles pas en riant. — Voilà mon annelet de verre — pour souvenir, beau jouvenceau !

— O Magali, tu me fais du bien !... — Mais, dès qu'elles t'ont vue, — ô Magali, vois les étoiles, — comme elles ont pâli ! »

Telle est la chanson de *Magali.* Beaucoup ne connaissent *Miréio* que par *Magali,* et les esprits supérieurs ont été enchantés par cette ballade. « Oh ! s'écriait un jour M. Mignet, en causant du poëme, il y a là un vrai chef-d'œuvre : *Magali !* » Dans un de ses livres (*la Femme*), Michelet lui fait l'honneur d'une mention ; enfin, après l'avoir citée, Lamartine a écrit : « Et vous, lecteur, que dites-vous de ce chant ? Y a-t-il dans les ballades de Schiller ou de Gœthe une parabole d'amour comparable par sa candeur et sa gaieté à cette parabole villageoise du berger et du poëte de Maillane ?... Chantons-nous ainsi dans nos villes ? »

Non, non ! l'on n'y chante pas ainsi, mais c'est ainsi qu'on chante dans nos campagnes ; car cette ballade, Mistral l'a empruntée au peuple. Elle était vieille, là. Et la croyez-vous spéciale à la Provence ? Point du tout. Elle existe dans le Dauphiné ; on la chante en Bourgogne ; les paysans de Touraine la redisent, et la voici, telle qu'on la trouve en Picardie, dans sa rusticité première : C'est le même amoureux poursuivant la même belle, qui fuit et qui répond :

Je me renderai rose
  Sur un rosier ;
Tu n'auras ni de moi
  Ni d'amitié !

— Ah ! si tu te rends rose
  Sur un rosier,
Je me rendrai jardinier
  Pour t'y cueiller ;

Je t'y cueillerai, la belle,
  Par amitié.

— Si tu te rends jardinier
  Pour m'y cueiller,
Je me renderai carpe
  Dans un rivier,
Tu n'auras ni de moi
  Ni d'amitié.

— Ah ! si tu te rends carpe
  Dans un rivier,
Je me rendrai pêcheur
  Pour t'y pêcher ;
Je t'y pêcherai, la belle,
  Par amitié.

— Si tu te rends pêcheur
  Pour m'y pêcher,
Je me renderai biche
  Courant les champs,
Tu n'auras ni de moi
  Ni d'agrément.

— Ah ! si tu te rends biche
  Courant les champs,
Je me rendrai chasseur
  Pour t'y chasser ;
Je t'y chasserai, la belle,
  Par amitié.

— Si tu te rends chasseur
  Pour m'y chasser,
Je ferai la morte au lit
  Pour un moment ;
Tu n'auras ni de moi
  Ni d'agrément.

— Ah ! si tu fais la morte
  Pour un moment,
Je me rendrai saint Pierre
  Du Paradis ;
J'en ouvrirai les portes
  A mes amis.

— Si tu te rends saint Pierre
  Du Paradis,
Je me rendrai étoile
  Du firmament.
Je donnerai mon cœur
  A mon amant.

On le voit, ces deux poésies, l'une, diamant brut, l'autre diamant taillé et serti avec art, n'ont entre elles que la différence de facture, due pour la première au talent affiné de Mistral. Elles furent, au reste, publiées en même temps. La chanson de *Magali* est datée de *Maillane (Bouches-du-Rhône)* *le beau jour de la Chandeleur, de l'année* 1859. La version du Nord a été publiée par M. Alfred Delvau, le 27 janvier 1859, dans le recueil *les Amis du Peuple,* p. 708.

Jacques Bonhomme.

LA FIN D'UN HÉROS

Beaudoin Van Osmont, le brasseur de Torquemmes, au pays de Flandre, m'est toujours apparu comme un de ces héros prodigieux de l'antique Hellade dont les actions surhumaines ont si bien mérité d'étonner les contemporains et de passer, à l'état de légendes, dans la mémoire des générations successives. Aux temps héroïques, Beaudoin Van Osmont eût marché de pair avec Héraclès et Poséidon, et il eût rendu des points à ce Milon de Crotone qui pouvait, paraît-il, porter un bœuf sur ses épaules, l'assommer d'un seul coup de son poing vigoureux, et le manger pour son dîner.

Beaudoin le brasseur, avait été bâti pour cela, au reste. Le magister de Torquemmes avait dit plus d'une fois :

« Maître Van Osmont est un colosse égyptien ; c'est un contemporain des Pyramides et du Sphinx de Gizeh ! »

Pédantisme à part, le maître d'école avait raison.

Grand comme un tambour-major de jadis, large des épaules, le ventre majestueux, la tête puissante attachée sur une encolure de taureau, les bras aux biceps énormes : tel il était, maître Beaudoin le brasseur. Cette carrure d'athlète, servie par une force prodigieuse, était bien faite pour en imposer aux dignes concitoyens de Van Osmont qui ne se faisaient pas faute d'en tirer grand orgueil pour leur cité natale, et, partant, pour le pays de Flandre tout entier.

Maître Beaudoin avait accompli des exploits que l'on serait tenté de rejeter au rang des fables. Si quelque jour vous passez par Torquemmes, interrogez le premier venu. Et vous entendrez des histoires extraordinaires renouvelées des prodiges de Jean de l'Ours, l'Hercule gaulois. Ah ! il fallait le voir, maître Beaudoin, lorsqu'il soulevait un cheval ou un bœuf sur ses larges épaules, ou bien lorsqu'il faisait tournoyer, en l'enlevant par le talon, un de ces batailleurs qui, après boire, se jettent chopes et tabourets à la tête !

« Grâce, monsieur Van Osmont ! Grâce ! Vous abusez de votre force ! criait le malheureux. »

Eh ! que non, Beaudoin n'en abusait pas, fort heureusement pour les gens de Torquemmes et des alentours. On frémit en songeant à ce que cet homme eût pu faire dans une de ces batailles ! il eût culbuté un village tout entier ! Cela lui arriva dans sa jeunesse, avec les gars de Wazignies, un jour de kermesse. Il avait brisé quelques douzaines de bras et de jambes et défoncé autant de côtes, et il était revenu victorieux !

« Si je n'avais pas cogné ferme, disait-il parfois, les gars de Wazignies m'auraient bel et bien assommé ! »

Mais le digne brasseur était la bonté faite homme. Et quel joyeux gaillard, malgré qu'il frisât la cinquantaine ! Partout où l'on s'amuse, on trouvait toujours le brasseur de Torquemmes, que ce fût le dimanche au jeu de quilles, de boules ou d'arc, ou les jours de fêtes et de foires, aux combats de coqs, aux cabarets en plein vent, aux bals dans les guinguettes et dans la cour des estaminets. En sa qualité de célibataire endurci, grand ami des jolies filles et des femmes point bégueules, il était le boute-en-train des parties où l'on rit et où l'on s'amuse. Ce grand diable adorait toutes les femmes et il ne le leur envoyait pas dire... par d'autres. Ah ! si les mauvaises langues avaient osé !

Ce n'était là qu'un côté du caractère de Beaudoin Van Osmont. Encore, à la femme, il préférait la bonne chère, la bonne bière et la bonne pipe. Il se faisait fort « de manger comme Gargantua, de boire comme dix Polonais, et de fumer comme cent Turcs. » Et cependant, c'es là qu'il trouva sa fin.

*
* *

Un soir de l'été dernier, maître Van Osmont était avec quelques amis à boire chez les vieux Hans, à l'enseigne des *Bottes d'Isaac Laquedem*, lorsque le médecin de Torquemmes fit son entrée dans l'estaminet.

« Vous arrivez à point, docteur, s'écria le notaire Van Linden.

— Charmé, mon cher tabellion.

— Maître Beaudoin prétend que les expériences du jeûneur italien dont parlent les gazettes ne sont que des tours de passe-passe et que Succi est un charlatan.

— Hum ! hum ! Après tout, ce n'est pas impossible.

— De quelle façon l'entendez-vous ?

— De toutes les façons.... Et tenez, un Allemand se propose de faire l'expérience inverse ; il mangera je ne sais quelle prodigieuse quantité de jambon, de saucisses et de choucroute en quarante jours.

Le brasseur se leva.

« Mes amis, dit-il, c'est une honte ! une honte qu'un Prussien nous surpasse en quelque chose.

— C'est vrai !

— Aussi je veux accomplir un prodige si merveilleux que jamais au monde personne ne le renouvellera.

— Lequel ?

— Je boirai une rondelle de bière du lever au coucher du soleil. »

Les buveurs se regardèrent stupéfaits.

« Une rondelle...? bégaya le notaire abasourdi.

— Oui, une rondelle, j'ai bien dit ce que je voulais dire.

— Mais, Van Osmont, c'est impossible !

— En tenez-vous le pari? Tenez, un simple billet de mille francs pour les pauvres de Torquemmes.

— Accepté.

— Dimanche, jour de la kermesse, j'arriverai au point du jour avec une rondelle de bière sur le dos et je ferai l'expérience sur la place publique. Prévenez le crieur et faites annoncer le pari au son du tambour de ville. »

Le lendemain, tout Torquemmes commentait le pari.

Et les avis étaient partagés.

« Van Osmont ne viendra jamais à bout d'une rondelle.

— Il en viendra à bout, vous dis-je ! Un pari ?

— Parions ! »

Et, avec ce goût du jeu que les Flamands doivent tenir de la longue occupation espagnole, les paris s'engageaient.

Le fameux dimanche arriva. Tout Torquemmes, dès cinq heures du matin, se trouva assemblé sur la Grand'Place.... Maître Beaudoin n'arrivait pas... Il était six heures, maintenant. Les tenants du brasseur s'impatientaient ; leurs adversaires ne pouvaient plus retenir leur joie qui se manifestait par des plaisanteries à l'adresse de Van Osmont.

Un des parieurs courut à la brasserie et entra dans la chambre de Van Osmont, qui dormait du sommeil du juste.

« Et votre pari ? dit le Torquemmois.

— Laissez-moi dormir ! répondit le brasseur. »

Enfin, vers sept heures, un cri d'enthousiasme s'éleva de toutes les poitrines des braves Flamands. Maître Beaudoin, droit comme un I, arrivait sur la place, et, sur le dos, il portait une immense barrique, la fameuse rondelle !

« Hourra ! hourra ! Vive Van Osmont, hurla la foule.

— Paix, les enfants, dit le brasseur en déposant la rondelle. Ce soir, vous crierez : Vive la France ! et vivent les Flandres ! lorsque j'aurai vidé cette barrique. »

Maître Beaudoin se fit apporter un grand vase de grès qu'il remplit et qu'il avala.

« Un pot ! deux pots ! trois pots !... dix pots !... vingt pots ! comptaient les dignes Flamands. »

Ah ! comme le brave brasseur de Torquemmes, assis sur la rondelle de bière rouge, et buvant à larges traits dans le pot de terre émaillée, comme il ressemblait à Gambrinus d'illustre mémoire !

Vers midi, la barrique était à moitié vide.

« Qu'on m'apporte un jambon et deux douzaines d'œufs durs ! cria Van Osmont d'une voix retentissante qui acheva d'atterrer certains parieurs. »

Et, le déjeuner achevé, maître Beaudoin se remit à boire.

« Ne voyez-vous pas comme le brasseur rougit ? remarquèrent quelques assistants.

— Non, il bleuit... il est violet... Il n'ira pas au bout ! »

Ceux qui tenaient contre le buveur se remettaient à espérer.

« Le soleil va se coucher, maître Van Osmont ! dit le maire de Torquemmes.

— Aussi voilà le dernier pot ! répondit le brasseur. »

Se levant ferme comme un peuplier, tenant en main le dernier pot, maître Beaudoin dit :

« Je bois à la Flandre ! Je bois au roi Gambrinus ! Je bois au triomphe de la France ! »

Et d'un trait il avala ce qui restait de bière rouge.

Le dernier rayon du soleil couchant enveloppa le brasseur dans une teinte d'incendie. L'homme leva la main et voulut crier : « Vive la France !... » Mais sa voix s'arrêta net dans sa gorge. Le brasseur de Torquemmes s'abattit avec un bruit de chêne qui roule. Maître Van Osmont était mort. Et ce furent les gens de Torquemmes qui achevèrent sa dernière pensée par ce cri de triomphe :

« Vive la France ! Vivent les Flandres ! »

HENRY CARNOY.

SOMMES-NOUS FRANÇAIS ?

Il me semblait avoir lu dans les *Commentaires* de César, ou ailleurs, que la nationalité gauloise, fuyant l'invasion romaine, s'était réfugiée en masse dans la région d'Amiens.

Mais voilà qu'un médecin m'apprend que nous ne sommes pas Français !...

Oyez plutôt, chers lecteurs, ce passage tiré du *Précis des principaux objets en cire qui composent le Muséum de Bertrand-Rival* :

« Les véritables Français se trouvent essentiellement depuis Montélimar jusqu'à Amiens et depuis Poitiers jusqu'à Besançon ; les autres participent plus ou moins des nations limitrophes. »

L'ouvrage dont il s'agit a été publié à Paris en 1801, — le siècle avait un an ! — et j'en recommande la lecture à ceux qui aiment qu'on mette les points sur les *i* quand on parle de ce que la décence ne permet pas de nommer : ils seront amplement satisfaits.

Heureusement, un fabliau de la Bibliothèque nationale (Ms 7,218), va nous prouver que la gaîté, et, par conséquent, la nation française, a des limites plus étendues :

<table>
<tr><td>Bien savez fere le çoilart,</td><td>Et si n'a plus mestre houlier [1]</td></tr>
<tr><td>Le beguin et le papelart ;</td><td>D'Arras jusqu'à Montpellier.</td></tr>
</table>

Ses limites extrêmes étaient donc déjà autrefois ARRAS et MONTPELLIER.

VICTOR ADVIELLE.

NOS ENQUÊTES

II

Enquête sur les Pèlerinages du Nord de la France.

1. — Quels sont les pèlerinages connus de nos lecteurs ?
2. — Origine des pèlerinages ?
3. — A quelle occasion ils furent établis ?
4. — Légendes se rattachant à ces pèlerinages ?
5. — Dans quel but se fait le pèlerinage ?
6. — Dévotions particulières ?
7. — Rites à observer ?
8. — Existe-t-il des fêtes populaires à l'occasion de ces pèlerinages ?

H. C.

1. Maître ribaud.

LES BRANDONS DANS LES ARDENNES

Le terme de *Bures* était très usité en Champagne, pays de la Gaule-Belgique, où l'on observait scrupuleusement les cérémonies et les coutumes que les Germains y introduisirent lors de leur première irruption dans les Gaules. Le mot de *Buires* prévalut plus tard. On disait *faire des Buires*, c'est-à-dire allumer des feux dans les rues ou faire des brandons. Ces mots sont synonymes. *Bure* ou *buire* dérive du mot *urere, comburere*, comme brandon, qui est ancien dans la langue, vient du mot allemand *Brant*, qui signifie, selon MÉNAGE, *tison, incendie*. On dit *brando* dans la basse latinité, pour signifier un flambeau, un tison. Il se trouve dans les lois palatines de Jacques de Majorque ; en un mot, on entend par brandon un flambeau de paille qui sert aux villageois à s'éclairer pendant la nuit.

Le dimanche des *Bures* ou *Brandons* est le premier dimanche du carême ; il existe des commissions de Saint-Louis et de Rodolphe, légat du Saint-Siège, pour terminer un différend entre l'Église et les habitants de Lyon, qui sont datées du vendredi d'avant les Brandons.

Ce mot vient, suivant le P. MÉNESTRIER, de ce que, par un reste d'idolâtrie, quelques paysans grossiers vont la nuit de ce jour, parcourant les arbres de leurs jardins et les apostrophant les uns après les autres, les menaçant, s'ils ne portent du fruit cette année, de les couper par les pieds et de les brûler. C'est un reste des coutumes du paganisme, que les anciens pratiquaient au mois de février. Ce mois fut nommé *februarius, à februando*, parce que les payeurs, pendant douze jours de ce même mois, le dernier de leur année solaire, couraient durant toutes les nuits avec des flambeaux allumés pour se purifier et pour procurer le repos aux mânes de leurs parents et de leurs amis, ce que les villageois ont retenu pour leurs arbres, peut-être parce qu'on le pratiquait aux approches du printemps pour purger les arbres des chenilles, dont les œufs commencent à éclore aux premiers rayons du soleil. Cet usage aura dégénéré insensiblement en superstition.

ED. SÉNEMAUD.

(*A suivre*).

LA TRINITÉ DANS LES FLANDRES

Nous ne saurions laisser passer ce jour sans nous rappeler le sire de Marlborough, d'immortelle mémoire, lequel partit en guerre, comme chacun sait; et, la chanson aux lèvres, nous fredonnons machinalement les strophes de la complainte :

> ... Il reviendra z'à Pâques,
> Miron ton ton ton mirontaine !
> Il reviendra z'à Pâques
> Ou à la Trinité.

Hélas! c'est le sort de toutes nos illusions : il en est de même de tous nos bonheurs partis! longtemps nous les attendons, espérant les revoir encore...

> La Trinité se passe,
> Ils ne reviennent pas !

Ceux qui voyagent à cette époque-ci dans le gras pays franco-flamand peuvent, s'ils le veulent, aller banqueter à la kermesse de Bergues, la ville au bon beurre; ils y entendront le carillon sonner clair dans le hardi beffroi, édifice plus solide qu'il n'en a l'air, car on raconte qu'à sa sortie de la ville, l'architecte qui l'avait construit, doutant de la durée de son œuvre, se retourna plus d'une fois avec inquiétude pour s'assurer qu'elle était encore debout. Ils pourront, dis-je, aller chopiner, tirer à la perche, danser avec quelques fillettes joufflues, là-bas, sur l'herbe du Groonemberg ou Mont Vert; mais ils n'y verront plus, sauf quelques ruines, la grande abbaye de Saint-Winocq, dont les hautes tours, éclairées la nuit, servaient autrefois de phare aux navires en mer. Ils n'y verront plus, enfin, la kermesse telle qu'on la célébrait autrefois, avec son originale procession.

Au temps jadis, l'enfant d'un homme riche étant allé hors de la ville, sur les bords de la rivière la Colme, et étant tombé dans l'eau, s'y est noyé; les parans de l'enfant, après l'avoir fait chercher longtemps et ne l'ayant pu trouver dans l'eau ny mort ny vivant, ont prié les abbés et religieux de l'abbaye de Saint-Winocq de laisser porter les reliques de ce saint dans la dite rivière, lesquelles ayant été menées processionnellement et en grande dévotion au même endroit où l'enfant était noyé, à peine y furent-elles entrées que l'enfant mort vint se mettre vivant sur les reliques du saint et aborda avec elles à terre et vécut longtemps après en cette ville... »

Or, en mémoire de ce miracle, comme il appert d'une relation des anciens magistrats de Bergues, au jour de la Trinité de chaque année, qui est aussi celui de la kermesse ou fête de la ville, il s'y faisait une procession avec les reliques de Saint-Winocq, à laquelle assistaient les corps de métiers, les confréries et les magistrats en robes.

La procession arrivée à une certaine distance des portes hors la ville, elle s'y arrêtait. On procédait alors à la cérémonie du bain. Onze confrères conduisaient les reliques à un certain endroit préparé pour la circonstance sur le bord de la rivière et les descendaient dans l'eau; après quoi, ces confrères recevaient les enfants malades et autres qu'on leur présentait, enfants des deux sexes et de tout âge, même de douze, treize et quatorze ans, *nus en chemise,* et les plongeaient par trois fois dans l'eau en prononçant des paroles de bénédiction.

L'abreuvoir aux chevaux de la porte de Bierne, puis plus tard celui de la porte de Dunkerque, fermés par des estacades pendant la neuvaine de la fête, ont tour à tour été le lieu du bain sacré. La veille du jour de la Trinité, deux religieux allaient bénir l'eau, qu'ils retournaient profaner par le jet d'une pierre à l'expiration de la neuvaine; cela fait, on ôtait les estacades et la piscine redevenait simple abreuvoir à bêtes comme devant.

On devine qu'une cérémonie de cette nature n'était pas sans présenter aux yeux des fidèles, comme le remarquent les écrivains du temps, des *objets de nudité.* En effet, la chemise des personnes baignées, trempée par ces immersions réitérées, se collant et serrant le corps, en moulait les formes, *joint que n'y ayant là point de couvert ni de maisons à portée, il était indispensable de les changer de chemise et ce à l'aspect de tout le monde.* Ce qui fit appeler tout crûment la solennité par nos naïfs et naturalistes aïeux : *La fête des Culs nus.*

Plonger par trois fois dans l'eau froide des enfants malades, nus, sous un climat presque toujours rude, paraissait devoir plutôt leur procurer la mort que la guérison; c'est d'ailleurs ce qu'une funeste expérience ne démontra que trop souvent. En conséquence de quoi, le 12 mai 1647, sur l'avis motivé des magistrats de la ville, cette cérémonie fut supprimée par mandement de l'évêque d'Ypres, estimant *qu'à cause d'abus et d'indécences, il convenait de la défendre et abolir, la dévotion à Saint-Winocq n'en devant être que plus épurée et plus solide, d'autant mieux que pendant ces ablutions, qui duraient une heure, plus ou moins, selon le nombre*

*de personnes à baigner, les assistants s'écartaient de côté et
d'autre, soit pour aller déjeuner, boire ou autrement.*

Adieu donc, naïves croyances et vieilles coutumes; du bon vieux
temps on ne peut même plus dire ce que l'on disait de monsieur
Marlborough :

> Il reviendra z'à Pâques,
> Ou à la Trinité.

A. CAPON.

LE PATOIS PICARD

MONSIEUR LE RÉDACTEUR,

Votre jeune *Revue du Nord de la France* accueille avec faveur
la proposition que lui fait un de ses collaborateurs, M. Émile
Ozenfant, professeur au Lycée Louis-le-Grand, de s'occuper des
patois de la région.

C'est assurément une bonne pensée ; et, comme prélude, ses
rédacteurs insèrent dans leur première livraison une chanson du
moderne trouvère de Lille, M. A. Desrousseaux. Ils ne pouvaient
mieux choisir. M. Desrousseaux a fait ses preuves : Comme inspiration, comme verve populaire et comme langue, c'est un maître.

Mais, au début de ces études, permettez-moi de vous soumettre
quelques observations.

Les patois de la France sont des langues, — je pourrais dire
sont une langue ; car, malgré de profondes différences d'articu-
lation, ils renferment presque tous, au moins pour la région du
Nord, un fonds uniforme de mots de semblable ossature.

Malheureusement, la prononciation diffère ; mais la prononciation n'est qu'une enveloppe, à laquelle on a le tort de trop
s'arrêter.

Comme ce sont des langues parlées, chacun les écrit à sa mode,
suivant les facultés de son oreille et l'impression qu'il en reçoit,
sans souci de l'origine étymologique. De là, pour ainsi dire, autant
de patois et de mots différents qu'il y a d'écrivains qui s'efforcent
d'en peindre les sons. L'orthographe de M. A. Desrousseaux, de
Lille, comme celle de M. Dechristé, de Douai, diffère essentiellement de celle de M. Watteuwe, de Tourcoing; et cependant Lille,
Douai et Tourcoing sont des villes qui parlent sensiblement le
même langage.

Cela tient à ce que, pour noter les intonations du patois, on manque d'une règle uniforme. On s'attache à représenter, comme on peut, les nuances locales de la phonétique, sans s'inquiéter de l'étymologie; et l'on arrive à produire ainsi, au point de vue scientifique, le plus indigeste *charabia* qu'il soit possible d'imaginer. Autant vaudrait prendre un phonographe Edison, au lieu d'une page de typographie !

Appliqué à quelque langue que ce soit, ce procédé est anti-scientifique, au premier chef.

Je sais bien que la réforme de l'orthographe française, tout étymologique, a ses partisans, qui voudraient la remplacer par *l'ortograf fonétic;* mais, en attendant que nous soyons arrivés à ce résultat, qui est une chimère irréalisable, il nous faut, si nous voulons faire quelque chose de sérieux en fait de linguistique, il nous faut, et il en est grand temps, réformer notre manière d'agir à l'égard des patois.

Pour faire apprécier le vice du systène adopté jusqu'ici, je relève dans l'orthographe de M. A. Desrousseaux, — moins imparfaite, j'ai hâte de le dire, que celle de la plupart de ses confrères — la manière dont il use pour représenter le son de l'*e* nasal.

Par *e* nasal, j'entends le son de la syllable *en*, telle qu'on la prononce en France dans le corps des mots latins, comme *dentis*, *ventris*, etc., et comme la langue française le donne à faire dans les mots *examen*, *hymen*, *européen*, *bien*, *rien*, et même, ce que beaucoup de personnes ignorent, dans le nom des villes d'*Agen*, de *Mende*, etc.

Or, M. A. Desrousseaux, comme l'universalité de ceux qui se mêlent d'écrire du patois, remplacent arbitrairement cette syllabe par celle de l'*i* nasal, *in*. Ainsi *(Revue du Nord*, p. 5*), min frère*, *vint'* (ventre), *j'in sus certain*, *ch' moumin*, et (p. 6) *tin iour*, *sin cœur*, *dins l' nid*, *complimints*, *gaîmint*, *vio' mint*, etc.

Je ne saurais trop sérieusement dénoncer ce procédé comme irrégulier.

D'abord, le patois a déjà, pour d'autres catégories de mots, le son *in*, qu'il prononce différemment. Écoutez le paysan dire *vingt* (chiffre numéral), et vous vous convaincrez que *vint'* (ventre) n'aura pas, dans sa bouche, le même son. Notez attentivement, et s'il le faut, faites-lui dire dans le phonographe, *vin* (liqueur) et *vint* (le vent qui souffle), *q' min* (chemin) et le pronom que vous écrivez *min*, le prénom *Célestin* et le pronom *tin*, et vous reconnaîtrez qu'en vous servant de la même forme orthographique pour exprimer l'un et l'autre, vous commettez une flagrante inexactitude en matière de phonétique.

Pour rendre avec fidélité les sons que votre oreille aurait entendus, si elle avait bien voulu y faire une plus profonde attention, il
vous aurait fallu écrire, comme on le faisait à l'époque romane,
comme quelques rares patoisants l'ont fait de nos jours : *men
frère, vent', j'en sus certain, ch' moumen, ten tour, sen cœur, den
l' nid, complimen* (les noms patois ne varient pas au pluriel),
gaîmen, vic' men (les adverbes patois n'ont pas de *t* final) etc.

Si l'on ne sort pas de la routine, si l'on n'écrit pas ces langues
en se conformant aux règles orthographiques des idiomes connus
avec lesquels elles ont la plus frappante analogie, — au lieu de
faire une œuvre de science, utile au progrès des connaissances
humaines en matière de linguistique, on n'arrivera qu'à reprendre
en sous-œuvre la confusion de l'antique Babel, et vraiment ce
n'est pas la peine!

Si vous croyez, monsieur le Rédacteur, que ces observations
puissent être goûtées de vos lecteurs, je pourrai y donner suite
dans un de vos prochains numéros.

Veuillez agréer, etc.

D. HAIGNERÉ.

BIBLIOGRAPHIE

SOUVENIRS DU VIEUX DÉMUIN. — SOBRIQUETS ET NOMS PATRONY-
MIQUES, par Alcius Ledieu. — Paris, A. Picard, éditeur.

Cette petite plaquette, tirée à 24 exemplaires, a valu à l'auteur,
de la part de l'un des rares privilégiés la lettre suivante, accompagnée d'une très jolie pièce de vers :

A Monsieur Alcius Ledieu,

Vous m'avez gracieusement offert votre gentil petit bijou,
Sobriquets et noms patronymiques. Je ne sais vraiment comment
vous en remercier. Il me faudrait pouvoir vous offrir en échange
à mon tour quelque livre; mais, hélas! si j'en ai quelquefois
vendu, je n'ai jamais su en faire. Et pourtant, vous le savez bien
mieux que beaucoup d'autres,

C'est toujours si joli quand on en a fait un,

en vous appliquant ce que le poète disait de toute autre chose.

Permettez-moi d'oser vous soumettre pour une prochaine édition ma modeste préface. Elle n'aura de valeur que si vous la faites précéder vos *Souvenirs du vieux Démuin.*

P. P..., *ex-bibliopole.*

AU PUBLIC

Je suis petit, mais tout couleur de rose ;
Mon caractère est beau, rien de morose :
Du bleu du ciel il offre les reflets,
L'œil est bien net, les espaces complets.
Pour l'Amateur suis je simple plaquette ?
Il avoûra qu'on me fit gentillette.
Winckler m'a mis un frais encadrement
Où court partout, en gracieux ornement,
Une arabesque où se pose en famille
Maint oiseau grave, hardi, léger, tranquille,
Prêt à siffler tout *le jargon picard*
Sur l'air connu *Des quatr' lang's ed Domart.*
M'agréez-vous ? Si j'ai votre suffrage,
Succès brillant deviendra mon partage.

P. P...

LE MOUVEMENT LITTÉRAIRE, SCIENTIFIQUE et ARTISTIQUE

M. Albert Meyrac, rédacteur en chef du *Petit Ardennais* de Charleville, va faire paraître très prochainement un superbe volume illustré par M. Colle, consacré aux *Traditions populaires des Ardennes.*

* *

Le 15 avril, au dîner des *Enfants du Nord*, M. A. Desrousseaux, le célèbre chansonnier lillois, venu tout exprès à Paris, a obtenu un grand succès auprès de nos compatriotes par ses chansons et ses pasquilles.

* *

Les dîners des Originaires du Nord de la France prennent un grand développement à Paris. Nous en sommes très heureux. L'esprit de solidarité des écrivains et des artistes du Nord ne peut que profiter à tous. Citons parmi ces dîners ceux des. *Enfants du Nord,* du *Flippe,* de la *Betterave* et le *Dîner ardennais.* Nous avons l'intention de consacrer une chronique spéciale à chacune de ces aimables réunions.

*
* *

M. Magniez, sénateur de la Somme, est mort dernièrement. C'est une perte fort sensible pour nos compatriotes picards.

*
* *

Prochainement paraîtra le volume de M. Alcius Ledieu : *Les Vilains dans les Œuvres des Trouvères*. Ce volume formera le tome VII de la *Collection internationale de la Tradition*, dirigée et éditée par M. Henry Carnoy. Les souscripteurs recevront cet ouvrage au prix de 2 francs (au lieu de 3 fr. 50.)

*
* *

Quand nous avons choisi le titre de *Revue du Nord de la France*, nous ignorions qu'un journal du même titre avait été publié autrefois à Lille. C'est ce que nous apprend M. Quarré-Reybourbon, l'éminent bibliophile et érudit lillois. M. Quarré-Reybourbon était alors l'éditeur de cette revue qui eut une très longue existence.

*
* *

Les Originaires de la Picardie se réunissent à la salle Grüber, 15 *bis*, boulevard Saint-Denis, où ils ont formé le *Cercle des Francs-Picards*. Le Président du Cercle est M. Félix Fabart, publiciste, 91, avenue d'Orléans, et le Secrétaire M. Elie Moyen, 78, rue de Varennes. Le bureau est composé également de MM. Albert Carette, ancien député, et Alphonse Bouvret, directeur du *Journal des Artistes*, Vice-Présidents ; — L. Maillard et Henri Morelle, Secrétaires-Adjoints ; — Félix Lefèvre, Trésorier, — J. Quillart, Trésorier-Adjoint ; — Antonin Lupy, Archiviste. — La Commission de contrôle est formée par MM. Sosthène Lemaître, Gustave Vaillant et Edouard Delasenne.

*
* *

Dans notre prochain numéro, nous rendrons compte de l'Exposition des *Amis des Arts*, qui s'ouvrira à Amiens le 30 mai.

*
* *

M. F. Tattegrain travaille en ce moment à une grande composition historique : *Entrée de Louis XI à Paris*, pour la décoration de l'Hôtel de Ville.

*
* *

Nous publierons dans le numéro de juin une étude de M. Thiéry sur le poète populaire Crinon.

Le Gérant : Alcius LEDIEU.

Abbeville, imp. du *Pilote de la Somme*, Fourdrinier et Cⁱᵉ.

REVUE DU NORD DE LA FRANCE

NOS POÈTES DE TERROIR

I

HECTOR CRINON

La Picardie, depuis ses trouvères, sauf quelques rares exceptions, n'a guère brillé par ses poètes. Il semble que son froid climat, ses plaines monotones, malgré leur beauté rustique, sont peu propres à développer chez ses écrivains l'inspiration poétique.

Cependant, il y a une trentaine d'années, le Vermandois produisit un poète de terroir et de tempérament, Hector Crinon, qui a laissé un volume de poésies, les *Satires picardes*, d'une grande originalité. Ces satires, écrites en patois picard — celui des environs de Péronne — se distinguent par une verve incisive, une ironie amère, une profonde philosophie.

Né à Vraignes, en 1814, il exerça dans cette commune la profession de laboureur, ainsi qu'il s'appelle modestement lui-même : « Je suis, dit-il, ce qu'on nomme dans notre pays un *haricotier*, c'est-à-dire un petit cultivateur. » Les rares loisirs dont il pouvait disposer, il les consacrait à la poésie. Crinon fut donc un ouvrier comme Jasmin et Reboul. N'ayant reçu qu'une instruction très élémentaire, il parvint, à force de travail, à compléter ses connaissances, apprit seul les règles de la versification, et, plus tard, étudia ses auteurs, qu'il se plaît parfois à citer.

La muse de Crinon est restreinte. Cette particularité est due au milieu dans lequel il vécut. Les joies et les tristesses, les alternatives d'angoisses et d'espérances, de rires et de pleurs dont est faite la destinée de chaque créature humaine, et ces innombrables aventures de la vie privée qui, sans cesse, au jour le jour, agitent un cœur de mille réflexions, de mille mouvements contraires, tous ces troubles, nés de causes particulières, lui offrirent pourtant une ample matière.

Il ne faut pas davantage lui demander de grandes envolées lyriques. L'humilité de sa condition, les dures nécessités d'une vie précaire le tenaient comme cloué au sol du pays. La réalité le dominait, le pressait, l'assiégeait de tous côtés et forçait son esprit à rester sur la terre.

Interprète des sensations de ses semblables, Crinon les traduisit en vers au rythme sonore, qui, pour n'être pas exempts de toute imperfection, sont empreints d'un goût de terroir, d'une saveur campagnarde qui les place en dehors de la banalité courante.

Que de rêves durent hanter le cerveau de ce poète laboureur pendant qu'il dirigeait sa charrue ou qu'il maniait sa faux! Sous la pluie, au soleil, interrompant son travail, il crayonnait à la hâte quelques vers de ses *Satires* qui, parues d'abord dans le *Journal de Péronne,* furent ensuite réunies en volume.

Dans une langue forte et rude, qui est la caractéristique du patois picard, Crinon a décrit les travers et les ridicules de ses contemporains.

Son talent de satirique s'accommoda à merveille de son idiome natal qui, comme toutes les langues du Nord, présente cette netteté grâce à laquelle les mots se joignent comme les anneaux d'une chaîne, formant un tout qu'on s'étonnerait de ne point voir ainsi serti, tant ils s'adaptent justement l'un à l'autre.

Son tempérament d'artiste, car il fut en même temps que poète un sculpteur sur bois remarqué des connaisseurs, le servit avantageusement dans la poésie. Il y a en Crinon un peintre de la nature, et il est avant tout réaliste. Ses poésies de mœurs sont émaillées de tableaux champêtres empreints de couleur locale, d'une grande délicatesse de touche, d'une vérité étonnante. Quoi de plus charmant que ces vers :

> Ech bieu busson d' crinquet,
> Q' tout d'puis dix ans i tcheint lieu ed luquet
> A nou mason qu'i frème et qu'il imbaume !

Et ceux-ci :

> Et chés poumiers q' j'ai plantés dins m' jounesse
> Pou m' régaler d'einn' poume dins m' vieillesse,
> Qui sont couverts ed boutons oujourd'hui.

Crinon fut tout à fait personnel ; il sut être neuf tout en traitant des sujets pris dans la vie commune.

Il a fouillé au fond du cœur du paysan picard pour y découvrir ce qui s'y passait. Vivant de sa vie, il en connut les aspirations, les espérances, les souffrances, les luttes, les déceptions. Il nous fait pénétrer dans les intérieurs campagnards pour nous montrer,

> Ch' qu'in muche el miux, sin misère et ses loques.

Profond observateur, il regarde autour de lui, en curieux, les petites choses humaines. En causant avec ses voisins, il en apprend plus sur le mouvement des âmes et la réalité des choses, que s'il avait compulsé des volumes de documents et écouté beaucoup de savantes conversations.

Il ignore le doute philosophique et tranche nettement les questions qu'il aborde. Il résume cette franchise proverbiale, qui est l'un des caractères distinctifs du Picard, en disant la vérité toute dépouillée d'une rhétorique inutile.

Chez Crinon, la rime est riche autant que le permet une orthographe difficile ; des images fortes et saisissantes, le pittoresque de l'inspiration joint à un sentiment profond, donnent à ses satires un éclat particulier.

Certains vers tiennent de la sentence ; témoin le début du poème sur le *Bonheur* :

> L' bonheur eq l'homme i cherche in vain sus s'route
> Est à ses pieds qui l' ravise passer.

Et plus loin :

> Qu'importe ech bien si nou honneur est seuve !

Ailleurs il exalte les sentiments les plus élevés, les instincts les plus nobles de la nature humaine.

Egger a dit en parlant de Crinon : *Il a exprimé dans un naïf patois les joies et les douleurs de la famille, et son talent et son honnêteté lui ont fait beaucoup d'amis.*

Il suffit, pour se convaincre de la vérité de ce jugement, d'ouvrir son livre et de lire le *Luxe*, l'*Ivrognerie*, l'*Avarice*, l'*Orgueil*, les *Femmes*, *Restons au Village*, les *Partages anticipés*, poésies remplies d'une morale excellente et indiquant chez l'auteur une grande élévation d'âme, en même temps qu'une rare droiture d'esprit.

Il s'occupa peu de politique, et c'est à peine si de loin en loin on surprend une courte allusion.

Fille des champs, sa poésie tient de la terre sa beauté agreste ; elle a du villageois l'allure pesante et le geste lourd, mais elle en a aussi la bonhomie. Cette muse en sabots et en cotillon court, est l'emblème même de la contrée, le fertile Vermandois. L'œuvre de Crinon est comme le reflet du caractère des habitants.

On peut reprocher à Crinon des négligences de prosodie, des impropriétés d'expression, des vices d'orthographe; ses études incomplètes, les nécessités impérieuses de la vie ne lui ont point permis de laisser son œuvre aussi parfaite qu'on eût pu le souhaiter.

Homme simple et bon, excellent père de famille, véritable philosophe, il a laissé dans le pays le souvenir d'un homme de bien, d'un vrai sage. Le dimanche, fuyant les réunions bruyantes, il allait méditer dans sa *Vallée perdue* ou demander aux ombrages des bois le repos et l'inspiration.

Fidèle à sa province qu'il aimait par dessus tout, il ne put se résoudre à aller occuper dans le département d'Eure-et-Loir un poste de commissaire de police que lui avaient fait obtenir des amis dévoués, admirateurs de son talent. Reconnaissant envers ceux qui lui vinrent en aide, surtout vers la fin de sa vie, où la maladie le cloua au lit pendant dix longues années, il ne cessa de les remercier dans ses poésies, montrant le grand cœur qui existait chez le poète.

La Picardie peut s'honorer à juste titre de Crinon qu'on a surnommé sans trop d'exagération le Juvénal picard. Il a contribué, pour une large part, à sauver de l'oubli l'idiome de nos pères que les progrès toujours croissants de la civilisation tendent de jour en jour à faire disparaître.

Maurice Thiéry.

COURRIER ARTISTIQUE

LE SALON DU CHAMP DE MARS

Nous devons à nos lecteurs, nous nous devons à nous-même, de reconnaître que nous avons eu le plus grand tort de croire que l'exposition MEISSONIER ne constituerait en quelque sorte que la suite de l'exposition BOUGUEREAU, et qu'il ne nous serait pas possible d'apprécier, avant quelques années tout au moins, les bienfaits qui nous semblaient devoir résulter de l'existence de deux sociétés rivales. Faisons donc bien vite amende honorable et constatons que le salon numéro deux éclipse et écrase le salon numéro un, tant par la valeur des œuvres que par la diversité des talents.

Jamais ensemble n'a mieux proclamé en effet le triomphe de la personnalité, de l'individualisme. Ici, pas de redites, pas de formules étroites ; chacun produit au gré de ses inspirations, de ses tendances, de ses caprices même; l'artiste se livre tout entier, à ses risques et périls, sans nulle arrière-pensée de conquérir une médaille, de rechercher la trompeuse consécration d'un jury officiel. Tous ont visiblement horreur de la routine et apportent, avec plus ou moins de succès ou d'autorité, une donnée d'art, une note, une manière. Aussi pressent-on qu'au prix de ces recherches et de ces efforts, une transformation se prépare dans notre école artistique, basée particulièrement sur deux courants très opposés : le Réalisme et l'Idéalisme, c'est-à-dire la Vie et le Rêve. Notre devoir est d'y applaudir.

*
* *

Parcourons maintenant les galeries de l'exposition de la *Société nationale* et examinons les envois des septentrionaux. Sans doute ils ne sont pas accourus en grand nombre, mais ceux qui sont venus, quittant par cela même un champ de succès assuré pour aller à l'inconnu, n'en ont que plus de mérite.

Le premier des nôtres que nous trouvons au livret, est M. AGACHE dont la *Vanité* est d'une allégorie pas trop énigmatique. Il y a là un arrangement sobre, bien compris, autant qu'une vigoureuse exécution. La jeune femme, quoique un peu grêle, a une physionomie d'une expression maladive qui exhale un charme tout spécial. Toile goûtée.

Jamais nous n'avions eu la bonne fortune, même à la Décennale,

de rencontrer un pareil ensemble d'œuvres ayant pour auteur
M. CAROLUS-DURAN et permettant mieux de préciser le genre de
ce richissime coloriste. Quelle outrance et quel éclat dans la
palette ! Quel éblouissement ! Élégance de pose, distinction de
manières, heureux arrangement, tout cela est dans les quatre
figures de grandes dames que ce remarquable metteur en scène a
exposées. Il y a là des contrastes supérieurement réussis, des tons
de chairs en opposition avec des étoffes aux chaudes couleurs qui
captivent les yeux. Comme on devine que le peintre est ici dans
son sujet de prédilection. Il aime le luxe, l'apparat, la magnifi-
cence ; il lui faut de précieuses draperies, des joyaux, des femmes
somptueusement parées, jeunes souvent, belles toujours. Il apporte
dans le portrait une telle variété, une si surprenante facilité de
faire en même temps qu'une si solide facture, qu'il étonne le
spectateur le plus prévenu.

Mais ce qui nous paraît surtout dominer chez cet homme à qui
la nature a prodigué ses dons, c'est ce goût très sûr qu'il met dans
tout ce que son pinceau a touché. Incontestablement, par toutes
ces qualités, il est le premier portraitiste de notre époque et un
des artistes qui font le plus d'honneur à notre région du Nord.

C'est l'*Été*. On entend le murmure d'un ruisselet qui va tarir ; la
prairie est tout émaillée de fleurettes, un susurrement d'insectes
invisibles se balance sur les ailes de la brise, un chaud rayon de
soleil s'étale sur le paysage. Dans un lac aux eaux limpides des
Calypsos vagabondes, blondes comme Vénus et nues comme Ève,
prennent leur bain. On dirait qu'elles fouillent du regard les char-
milles environnantes, espérant y voir sans doute les Ulysses de
leurs rêves. On dit que M. CAZIN n'a pas la spécialité des Ulysses.
Quel dommage, ce serait drôle !

J'aime beaucoup, chez ce maître artésien, ses tons atténués, ses
transparences lumineuses, ses perspectives sans fin, si savantes,
si nettes, sa façon de rendre ces nuances multiples qu'un œil
vulgaire ne discernerait pas — voyez les *Voyageurs* —, son réalisme tempéré, ainsi que l'indique la *Moisson*, un pur chef-d'œuvre.

Qui donc nous affirmait un jour, le plus sérieusement du monde,
que M. CAZIN ne peint la nature que d'après des esquisses, ou de
souvenirs, selon la théorie des réminiscences de Platon ?

Nous n'avons pas une très grande admiration pour la *Jeune fille
passant un ruisseau*, de M. COLIN. Trop maniéré et trop joli.

Nous nous arrêtons devant le portrait de *M*ᵐᵉ *D.*, fort largement
brossé et pas dépourvu de caractère. Rien d'étonnant, il est signé
de M. CROSS, un malin qui est né habile.

M. Plançon, de l'Opéra, est un homme bien découplé et à la tête très énergique. Il a eu le très grand bonheur de trouver en M. Delécluze un peintre qui l'a portraicturé avec maëstria.

Il n'est pas besoin d'être grand clerc pour s'apercevoir que M. Duthoit est très épris de son art, et qu'il vise surtout à la sincérité. C'est du moins ce que crie à tous les visiteurs une petite toile intitulée : *Solitude.*

Si nous avons des loisirs cet été notre intention est d'aller courir les plaines de Flandre et d'Artois. Nous ne manquerons pas de rendre visite aux *Restes du camp de Boulogne* auxquels M. Leroy Saint-Aubert nous a vivement intéressé par la reproduction qu'il en a faite.

Nous avons pour les paysages de Lhermitte la plus vive admiration. Certainement le *Sainte-Claire Deville* est une page de haute valeur ; mais cela ne vaut pas ses fortes études sur les paysans. Il y a dans *les Foins,* la *Soif,* une poésie d'une intensité difficile à surpasser.

La nature avant tout, la nature avec ses variétés de monts, de pentes, de vallées, ses lointains embrumés, sa chaude atmosphère, voilà ce que célèbre Lhermitte. Puis il met des campagnards dans le paysage ; il observe leurs attitudes, leurs gestes, leurs physionomies et fixe le tout par larges masses, en valeurs accentuées, sans aucune crudité dans le réel, avec des ondées de lumière et d'ombre.

Lhermitte est le peintre qui chante avec le plus de brio nos laboureurs, nos terriens, ceux qui peinent et qui souffrent.

La touche délicate et fine de M. Mottez se révèle toute dans l'interprétation d'un effet du soir pris sur les bords de la *Scarpe.*

L'ardente jeunesse et les vives couleurs se jouent dans la *Tarentelle* de M. Edouard Sain. Ce sujet, composé avec talent, rappelle un certain Léopold Robert qui n'était pas le premier venu.

M. Sain expose aussi un très bon portrait de M. Mascart, de l'Institut. La tête est bien construite, très vivante.

Et c'est tout pour les peintres de nos provinces, présents au Champ de Mars.

Si les sculpteurs ne brillent pas par le nombre, la qualité y est. Un seul des nôtres a rompu avec l'ancienne société pour aller grossir cette vaillante petite phalange qui compte des maîtres, comme Dalou, si fécond, si prodigieusement habile, comme Rodin, si puissant, à l'inspiration shakespearienne, comme Baffier, si simple et si pénétrant, si robuste dans ses études de paysans, et cet audacieux septentrional est un Lillois, M. Cordonnier.

Félicitons-le sans réserve pour son groupe, *Obsession,* d'un heureux arrangement, d'une impression singulière et d'une très belle venue ; félicitons-le surtout relativement au buste de femme qu'il intitule : *XVIe Siècle,* et qui est sûrement une des figures les plus originales et les plus adorables que nous ayons vues dans ce genre si ondoyant et si divers.

Certainement que d'autres compatriotes, tentés par le légitime succès qu'obtient le Salon Meissonier, se joindront l'an prochain à M. Cordonnier et nous obligeront à une revue plus complète. Tant mieux pour les caprices de notre plume !

Qu'ils viennent en foule, avec des œuvres fortes et vécues, donnant ainsi raison, une fois de plus, à ce beau vers de Charles Frémine :

La France est le pays des grands tailleurs de pierre.

Fernand Bertaux.

CHANSONS POPULAIRES DU NORD DE LA FRANCE

III

LES CHANSONS DU VALOIS

Un des chapitres les plus intéressants des *Filles du Feu* [1] de Gérard de Nerval, est consacré aux chansons et aux légendes du pays de Valois, appartenant à l'ancien gouvernement de Picardie, et correspondant à l'est de l'Oise et au sud de l'Aisne.

« Chaque fois, dit cet écrivain, chaque fois que ma pensée se reporte aux souvenirs de cette province du Valois, je me rappelle avec ravissement les chants et les récits qui ont bercé mon enfance. La maison de mon oncle était toute pleine de voix mélodieuses, et celles des servantes qui nous avaient suivis à Paris chantaient tout le jour les ballades joyeuses de leur jeunesse, dont malheureusement je ne puis citer les airs. Aujourd'hui, je ne puis arriver à les compléter, car tout cela est profondément oublié ; le secret en est demeuré dans la tombe des aïeules... »

1. Gérard de Nerval, *Les Filles du Feu*; 1 vol. Paris. Michel Lévy.

Gérard de Nerval se plaint ensuite de ce qu'on recueille des chansons de Bretagne ou d'Aquitaine alors qu'on dédaigne les chants des vieilles provinces où s'est toujours parlé la vieille langue française.

« C'est qu'on n'a jamais voulu admettre dans les livres des vers composés sans souci de la rime, de la prosodie et de la syntaxe ; la langue du berger, du marinier, du charretier qui passe, est bien la nôtre, à quelques élisions près, avec des tournures douteuses, des mots hasardés, des terminaisons et des liaisons de fantaisie, mais elle porte un cachet d'ignorance qui révolte l'homme du monde, bien plus que ne fait le patois. Pourtant, ce langage a ses règles, ou du moins ses habitudes régulières, et il est fâcheux que des couplets tels que ceux de la célèbre romance : *Si j'étais hirondelle,* soient abandonnés, pour deux ou trois consonnes singulièrement placées, au répertoire des concierges et des cuisinières.

« Quoi de plus gracieux et de plus poétique pourtant !

« Si j'étais hirondelle !
Que je puisse voler,

Sur votre sein la belle,
J'irais me reposer.... »

« Il faut continuer, il est vrai, par : *J'ai z'un coquin de frère,* ou risquer un hiatus terrible ; mais pourquoi aussi la langue a-t-elle repoussé ce *z* si commode, si liant, si séduisant, qui faisait tout le charme du langage de l'ancien Arlequin, et que la jeunesse dorée du Directoire a tenté en vain de faire passer dans le langage des salons ?

« Ce ne serait rien encore, et de légères corrections rendraient à notre poésie légère, si pauvre, si peu inspirée, ces charmantes et naïves productions de poètes modernes ; mais la rime, cette sévère rime française, comment s'arrangerait-elle du couplet suivant :

« La fleur de l'olivier
Que vous avez aimé,
Charmante beauté !

Et vos beaux yeux charmants,
Que mon cœur aime tant,
Les faudra-t-il quitter ? »

« La musique de cette chanson se prête admirablement à ces hardiesses ingénues, et trouve dans ces assonances, ménagées suffisamment d'ailleurs, toutes les ressources que la poésie doit lui offrir. »

Ces deux chansons ont comme un parfum de la Bible. Malheureusement la plupart des couplets sont perdus « parce que personne n'a jamais osé les écrire ou les imprimer. »

Bien joli aussi, ce couplet :

« Enfin vous voilà donc,   A votre époux liée,
Ma belle, mariée,   Avec un long fil d'or
Enfin vous voilà donc,   Qui ne rompt qu'à la mort. »

Les chansons des soldats et des marins offrent un genre particulier, dit Gérard de Nerval. Il n'y est question que d'amours merveilleuses dont les héroïnes ne sont rien moins que des sultanes, des princesses de renom, des filles de roi, des présidentes, comme dans cette ballade :

« C'est dans la ville de Bordeaux,   C'est une dame de Bordeaux,
Qu'il est arrivé trois vaisseaux ;   Qu'est amoureuse d'un matelot.
Les matelots qui sont dedans,   —Va, ma servante, va me chercher
Vrai Dieu ! sont de jolis galants.   Un matelot pour m'amuser. »

G. de Nerval ne cite que les deux premiers vers de cette chanson. La suite de l'histoire est plaisante. La servante ramène un matelot, que la dame, la présidente, fait monter dans son salon. Ils y font une *collation* qui *trois jours, trois nuits a bien duré*. Mais au bout de ce temps, le matelot est repris par son amour de la mer et *demande son congé*. La présidente, pour s'assurer son silence, lui donne *cent écus comptés*. Et le matelot joyeux s'en va en *chantant des airs nouvelles*. L'histoire finit par une bonne saillie gauloise :

« Le matelot en s'en allant,   Le président, il lui répond :
A fait rencontre du président.   — Ce que tu dis, beau matelot ?
— Beau président, beau président, — Je dis, Monsieur le président,
Tu es c... j'ai ton argent !   Qu'il fait beau sur la mer voguant ! »

Maintenant, voici une autre chanson du Valois, une perle, un bijou exquis, la ballade du *Joli Tambour*, si populaire par toute la France :

« Un joli tambour
S'en allait à la guerre... »

Quelque tambour des gardes françaises, sans doute, capable de faire vibrer aux roulements sonores de son tambourin, les cœurs des guerriers et les cœurs des belles !

Voici que l'armée défile devant le roi.

« Fille du roi était à sa fenêtre... »

Notre joli tambour la demande incontinent en mariage! Au
pays des chansons, les amoureux ont de ces audaces! Mais le
roi, plus pratique, s'écrie :

> « Joli tambour, tu n'es pas assez riche! »

Et le tambour des gardes françaises de répondre :

> « J'ai trois vaisseaux dessus la mer gentille,
> L'un chargé d'or, l'autre de perles fines,
> Et le troisième pour promener ma mie! »

Le roi reste songeur. Puis, au bout d'un instant — Gérard
de Nerval n'indique pas ce détail :

> « Joli tambour, dis-moi quel est ton père?
> — Mon père, beau sire, est le roi d'Angleterre! »

Le mariage va se faire. Non point. Vous ne connaissez pas
encore notre joli tambour. Au roi qui lui offre sa fille, il
répond par un refus :

> « Dans mon pays, il en est d' plus gentilles!
> Sire le roi, gardez donc votre fille. »

Et il s'en va fièrement, laissant sans doute la princesse se
mourir d'amour!... Il est vrai que la version du Valois est
différente. Le roi refuse de donner sa fille. Mais le beau tambour répond :

« Tant pis! j'en trouverai de plus gentilles! »

(*A suivre.*)   JACQUES BONHOMME.

LE MARQUIS DE LA MISÈRE

Il y a deux ans, je me trouvais — par un hasard d'excur-
sions — sur les confins de l'Oise et de la Somme, chez un de mes
excellents amis, le paysagiste Charles Maurille, qui vit là, depuis
son mariage, au milieu de ces jolis coins de forêt que son pinceau
sait rendre avec tant de délicatesse et de poésie.

« Si tu le veux bien, me dit un soir Maurille, nous irons demain
à la première heure, visiter le mont volcanique que tu peux apercevoir d'ici, sur la droite de Montdidier.

— Volcanique ? Allons, tu plaisantes ! Des volcans en Picardie ?

— Non pas des volcans, mais un volcan, éteint, au reste ! Le mont Soufflard. Tu en seras convaincu dès demain. »

Le lendemain, après le déjeuner, nous étions en route par un sentier en pleins champs que bordaient les éteules fraîchement coupées, et les échiquiers des luzernes et des sainfoins où quelques vaches rouges ruminaient, paresseusement étendues au soleil.

Nous marchions depuis une heure, et nous étions bien près du mont Soufflard, lorsqu'un homme de haute taille, vêtu d'une casaque de peau de bique, coiffé d'un large chapeau de paille et botté, déboucha devant nous au tournant du sentier.

« Tiens ! le marquis de la Misère ! me dit mon ami. C'est grand dommage qu'il soit sorti de son château des Mille-Trous ; notre promenade eût été plus intéressante. »

Celui que Charles venait de me désigner sous le nom de marquis de la Misère, était arrivé jusqu'à nous.

« Bonjour, monsieur le marquis ! dit Maurille en le saluant.

— Bonjour, messieurs. Une belle journée, n'est-ce pas ? Je gage que vous allez au mont Soufflard !

— En effet, monsieur le marquis.

— J'étais sorti pour tuer quelques grives dans le Val-Duchesse, mais ce sera partie remise, car j'espère que vous me ferez l'honneur de visiter mon manoir des Mille-Trous, le bien nommé, hélas ! J'ai à dire un mot au père Colas, le bûcheron. Vous me retrouverez au château. A tout à l'heure ! »

Et le marquis de la Misère continua son chemin en sifflottant un air de chasse.

« Quel est ce marquis de la Misère, ce châtelain du romantique manoir des Mille-Trous ? demandai-je à Maurille. N'a-t-il pas quelque parenté avec un certain Robinson Crusoé, seigneur d'une île déserte de l'archipel des Caraïbes ?

— Par le costume, oui ; peut-être aussi par sa vie solitaire au fond de son manoir des Mille-Trous. Apprenez, monsieur, que vous venez de rencontrer le marquis Beaudoin-Honorat de Rocquencourt, le dernier descendant — par les femmes — de l'illustre maison des Coucy. Et pour passer le temps jusqu'au mont Soufflard, je veux bien vous dire ce que je sais du marquis de la Misère !

— Je suis tout oreilles.

— Alors, allumons un cigare. Je commence mon récit. »

*
* *

« D'après la légende qui se dit aux veillées, reprit Maurille, les sires de Coucy [1] étaient les ennemis jurés des seigneurs de Lameth, une famille noble de Picardie dont le nom revient souvent dans l'histoire de la Révolution. A la suite de duels successifs, le dernier des Lameth avait été tué par un des Coucy. Seulement, la veuve était enceinte lorsque lui arriva la nouvelle de la mort tragique du marquis. Six mois plus tard, un enfant naquit ; c'était un garçon. La jeune femme l'éleva avec les plus grands soins, et, lorsqu'il fut en âge de porter une épée, elle lui donna comme professeur l'Italien Bersezio, le plus habile maître d'armes de l'époque.

A telle école, le marquis fit des progrès remarquables. Si bien qu'à vingt ans, il était de la force de Bersezio. C'était le moment qu'attendait la marquise.

Le jour anniversaire de la mort de son mari, la veuve conduisit son fils dans son oratoire, et, ouvrant un meuble de chêne, elle en tira une chemise ensanglantée.

« Mon fils, dit-elle, voici la chemise que portait votre père lorsqu'il fut tué en duel par le sire de Coucy. Vous êtes le dernier des Lameth : allez et ne rentrez au château qu'après avoir vengé votre père et tous les vôtres. »

Le jeune marquis embrassa sa mère et partit.

Deux ans après, il revenait. Mais son père était vengé, il avait tué en duel les quatorze chefs de la maison ennemie. Des Coucy, il ne restait qu'une fille qui, plus tard, épousa le marquis de Rocquencourt. Ce dernier, grand seigneur comme il ne s'en trouve plus, dissipa l'immense fortune de sa femme, et ne laissa à son fils, Guillaume, que ce vieux château à demi ruiné dont tu vois là-bas les tours se profilant sur le ciel. Guillaume de Rocquencourt se maria sur le tard à une jeune fille noble, mais pauvre. Le château ne fut pas réparé, le donjon se lézarda, les murailles se crevassèrent, les pierres une à une se détachèrent des tours et roulèrent dans les fossés. Enfin, le châtelain et sa femme trépassèrent à quelques jours d'intervalle et leur fils, Beaudoin-Honorat, celui-là même que nous avons rencontré, hérita du manoir des Mille-Trous et mérita le nom de marquis de la Misère que lui donnent les bonnes gens des alentours.

1. D'aucuns disent les Montmorency. A Warloy-Baillon (Somme), la légende rapporte que le duel eut lieu entre le dernier — d'alors — des Lameth et les sires de Montmorency. L'illustre famille des Lameth habite toujours le château d'Hénencourt. Mme la marquise douairière de Lameth habite le château de Baizieux.

— Un original que ton marquis ! Mais quelle existence mène-t-il dans ce castel délabré ?

— La vie d'un gentilhomme campagnard. Levé le matin à la première heure, il endosse sa veste de peau de bique, prend son fusil, siffle ses chiens et s'enfonce sous bois. Il fait une guerre incessante aux lièvres et aux lapins de garenne qui foisonnent dans les broussaillis. Puis, le carnier rempli, il rentre au château, déjeune du produit de la chasse de la veille, fait la sieste, et s'en va jouer sa partie de bésigue ou de piquet avec l'aubergiste du *Rendez-Vous des Postillons,* sur la route de Montdidier à Breteuil. L'auberge était fort bien achalandée jadis, mais le chemin de fer lui a enlevé toute sa clientèle de rouliers et de voyageurs; l'hôtelier se console dans la compagnie du marquis de la Misère !

— Ne reste-t-il rien au marquis de l'ancienne fortune de sa famille ?

— Le manoir des Mille-Trous, puis les bois qui avoisinent le mont Soufflard, et quelques centaines d'hectares de prairies.

— C'est encore une fortune.

— Pas pour lui. Le marquis de la Misère n'a jamais permis la moindre coupe dans son domaine; il prétend que ce serait déroger que de se mettre marchand de bois! Quant à ses champs et à ses prairies, je ne sais s'ils lui rapportent mille écus l'an ; les fermiers trouvent toujours quelque prétexte pour se faire remettre les arrérages de leurs baux; on sait si bien quelle bonne pâte d'homme et quel grand seigneur est le marquis de la Misère ! »

*
* *

Tout en devisant, nous étions parvenus à nous frayer un passage au travers des ronces et des fougères jusqu'au sommet du mont Soufflard. A n'en pas douter, nous étions sur un sol volcanique.

« Tu avais raison, Charles, dis-je à mon ami. Il y a des volcans en Picardie, seulement, je ne le répéterai jamais par crainte de voir les gens me rire au nez... Allons au château des Mille-Trous.

— Allons! »

Le vieux manoir offrait l'image de la désolation la plus complète, avec ses fossés envahis par les églantiers et les épines noires, ses murs branlants, ses tours écornées et sa grande cour silencieuse, jonchée de pierres. Un chien jappa, un bruit traînant de pas résonna dans un corridor, et un vieux serviteur en livrée jaunie, s'avança au devant de nous.

« M. le marquis vous attend, » nous dit-il.

Et, nous précédant, il nous conduisit dans une immense pièce qui servait de salon au maître de céans. Le marquis de la Misère nous reçut avec courtoisie et nous fit visiter son manoir des Mille-Trous.

« Je serais heureux ici, nous dit-il, sans ces colleteurs et ces maudits braconniers qui se sont installés dans mes bois et qui me fusillent sans merci mes lapins et mes lièvres. Encore si je ne les entendais pas, si je n'étais point réveillé dix fois la nuit par des coups de feu incessants!... C'est fort ennuyeux, allez! J'ai beau les surveiller, passer mon temps à m'embusquer dans les fossés, me faire mouiller, m'enrhumer, je ne puis en surprendre un seul! Tenez, messieurs, rien que d'y songer, j'enrage! Ah! si j'avais un garde! Mais, bah! le châtelain des Mille-Trous est trop pauvre pour se permettre cette fantaisie! »

*
* *

Nous prîmes congé du marquis de la Misère et nous rentrâmes à Senaincourt.

Le lendemain, nous apprenions que notre hôte du vieux manoir avait enfin surpris un braconnier. Il y avait eu lutte; grâce à sa vigueur exceptionnelle, le gentilhomme avait eu le dessus. Par hasard, des gendarmes en tournée avaient entendu du bruit et étaient accourus. Procès-verbal avait été dressé, et cette nuit le marquis avait pu dormir tranquille.

A la première heure, le vieux domestique entra dans la chambre de son maître.

« Monsieur le marquis, dit-il, il y a ici une jeune fille qui veut vous parler.

— Qu'est-ce encore? La connais-tu?

— Non, monsieur le marquis.

— Allons, je vais me lever. »

Et, tout en maugréant, le gentilhomme campagnard sauta à bas du lit et s'habilla.

En entrant dans le grand salon, le marquis de la Misère s'arrêta stupéfait. Une jeune fille de dix-huit ans, peut-être, pauvrement mise, mais jolie à ravir, était là occupée à verser toutes les larmes de ses jolis yeux bleus. La colère de Baudoin-Honorat s'évanouit.

« Mademoiselle, vous avez témoigné le désir de me parler?

— Oui, monsieur le marquis. Je suis la fille de François le Hûcher, l'homme que vous avez arrêté cette nuit dans le bois. On dit que vous êtes bon, et je suis venue vous demander de pardonner à mon père. Nous sommes si malheureux, monsieur! Le père n'avait pas de travail et il est allé braconner. Le ferez-vous à cause de cela condamner à un mois de prison ? »

De braconnage et de prison, c'était bien à quoi songeait le brave gentilhomme!... La jolie fille, tubleu!... la belle enfant!..

« Allons, mademoiselle, reprit le marquis en souriant, ne versez pas toutes les larmes de vos jolis yeux qui ne demandent qu'à sourire! Votre père n'ira pas en prison. Les choses s'arrangeront. Le châtelain des Mille-Trous est pauvre, mais il ne vous laissera pas dans la misère. Dites à Le Hûcher de venir me trouver ! »

*
* *

Deux ans se sont passés depuis. Le manoir des Mille-Trous est restauré; la forêt est mise en coupe réglée; les champs et les prairies des alentours ne sont plus loués et donnent de superbes récoltes. François Le Hûcher dirige la ferme du château, et... le gentilhomme campagnard a dérogé : le dernier descendant des Coucy a épousé la fille du braconnier!

HENRY CARNOY.

ESSAI SUR LE FOLK-LORE DU SANTERRE

(Suite)

I. — JEU DE BOULE.

Le cliché de la figure que nous reproduisons ci-dessous nous est arrivé trop tard pour trouver place dans le n° 2 de la *Revue du nord de la France*.

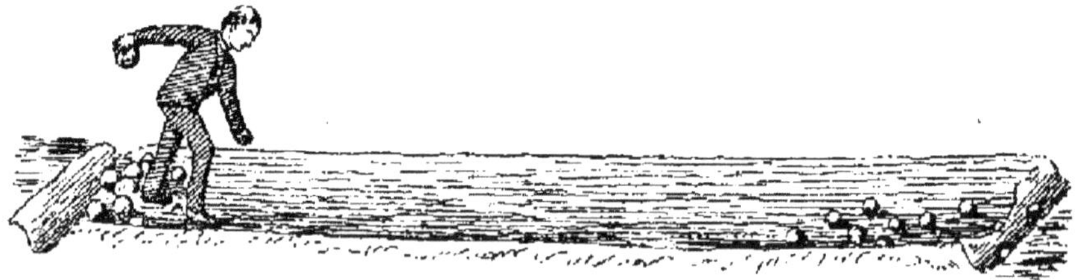

FIG. 1. — Bouloire.

II. — Le Crochon.

Le jeu de la *choule,* ou de la *cholle,* était très répandu en Picardie dès le XIII° siècle. Il consistait à placer une espèce de ballon rempli de son sur la limite de deux villages ; les habitants des deux localités le poussaient à coups de pied. La victoire demeurait à ceux qui parvenaient à le conserver sur leur territoire.

Ce jeu, encore en usage, notamment à Beuvraignes et à Longpré-les-Corps-Saints, occasionnait des rixes fréquentes.

Aux environs d'Arras, on appelle *choule* le jeu désigné à Démuin sous le nom de *croche* ou *crochon.* Ce jeu était fort goûté autrefois dans le Santerre, aux environs de Roye et de Montdidier. Il consiste à chasser à l'aide d'un maillet de bois, nommé *croche* ou *crochon,* pourvu d'un manche flexible mesurant environ 80 centimètres, une petite boule en bois dur nommée *galet.* On joue un contre un, deux contre deux, ou davantage. Un parti s'engage à toucher un but quelconque, tel qu'un arbre, une borne, une grange, en dix *eincrochures ;* chaque eincrochure se compose d'une série de trois coups. Les adversaires proposent d'y aller en neuf eincrochures ; les premiers offrent de jouer en huit séries ; si les autres n'osent pas risquer d'y arriver en sept eincrochures, la partie commence.

Le premier joueur place le galet sur un *einbelle,* petite motte de terre soigneusement faite à la main. A l'aide d'un coup violent frappé par l'un des deux côtés du crochon, le galet est lancé le plus loin possible. Le deuxième et le troisième coup sont frappés avec la pointe du crochon, mais le galet n'est plus jamais dès lors posé sur un einbelle, car il ne peut être déplacé de l'endroit où il s'est arrêté.

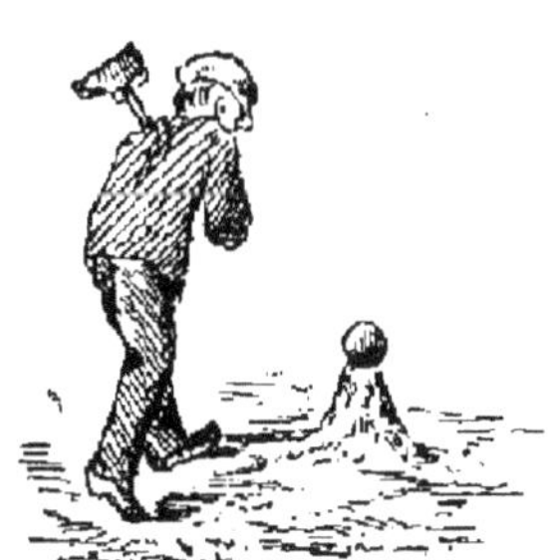

Fig. 2. — Crochon et galet sur ein einbelle

Après la première eincrochure, l'un des joueurs du parti opposé a le droit de jouer un coup, soit pour renvoyer le galet en arrière, soit pour le lancer dans un trou, afin qu'il soit difficile, sinon impossible, de le saisir avec le plat du crochon.

La deuxième eincrochure est jouée par le deuxième joueur partenaire du premier; puis le deuxième joueur du parti adverse ayant droit à un seul coup, essaie, comme son partenaire, de lancer le galet dans un mauvais endroit pour qu'il soit difficile de l'en faire sortir. On alterne ainsi jusqu'à ce que le but soit touché ou que le nombre d'eincrochures soit joué. Pour gagner, il faut, naturellement, avoir touché le but avec le galet dans le nombre d'eincrochures demandé ou avec un nombre inférieur.

Tous les efforts des joueurs du parti opposé consistant à augmenter les obstacles, il arrivait parfois qu'une partie était perdue par suite des difficultés éprouvées pour faire sortir le galet d'un pli de terrain ou d'une rigole où il avait été lancé. Les joueurs piétinaient ainsi sur place.

Lorsque le but était éloigné, et que la nuit arrivait avant la fin de la partie, elle était continuée le dimanche suivant, et le galet était repris à l'endroit où il avait roulé au dernier coup.

Ce jeu, très usité en Picardie dès 1381, [1] avait lieu à Démuin dans la prairie et dans le marais communal pendant l'hiver et le carême.

A propos du galet, je ferai observer que ceux qui étaient faits au couteau, c'est-à-dire fabriqués à la main, avaient bien plus de prix que les galets confectionnés au tour.

Le jeu de crochon, qui comptait d'habiles et de nombreux adeptes à Démuin, prit fin il y a une trentaine d'années.

Les enfants, qui se livraient aussi à ce jeu dans les rues du village ou sur la place publique, l'abandonnèrent quelques années plus tard; de sorte que la jeunesse d'aujourd'hui ignore complètement ce jeu et les règles qui le concernent.

Parmi les enfants, il se produisait souvent de graves accidents, dont les moindres étaient des vitres brisées, un œil poché ou quelques dents cassées.

Il est resté plusieurs locutions auxquelles le jeu de crochon a donné lieu :

> Ch'est comme au ju de croche;
> Qui s'y boute *(met)* s'y loche *(loge)*,

pour signifier que celui qui entre en ménage y demeure.

1. Dom Grenier, *Introduction à l'Histoire de Picardie*, p. 114.

On dit aussi d'une personne dont la tête est jointe au corps par un cou allongé : « *Ch'est conme ein galet sur ein einbelle.* »

III. — Jeu de Mangnier

Le jeu de *mangnier* (meunier) est un amusement particulier aux jeunes gens des deux sexes, qui se rendent à cet effet sur la lisière du bois pendant la bonne saison.

Les filles se placent sur une ligne et les garçons sur une autre ligne parallèle à la première. Un certain nombre de couples établissent le jeu en se plaçant entre ces deux rangées. Au bout d'un instant d'une sorte de conciliabule, les garçons désignent à haute voix ceux de leurs camarades qui doivent les remplacer pendant que les jeunes filles appellent celles de leurs compagnes qui doivent accompagner les jeunes gens désignés.

A l'appel de leurs noms, ceux et celles qui ont été désignés se sauvent et ne viennent se placer au milieu des deux lignes qu'après qu'ils ont été touchés par ceux et celles qui les ont appelés.

Ce jeu innocent, abandonné maintenant, a été souvent l'origine de bien des mariages, en fournissant aux jeunes gens qui ne pouvaient se rencontrer l'occasion de se faire connaître leurs sentiments. Bien des raccommodements avaient aussi lieu de la même manière.

IV. — La Platiule.

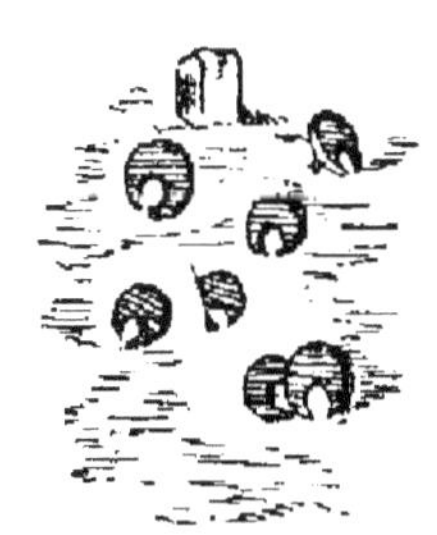

Fig. 3. — Platiule.

D'un endroit qu'un joueur marquait sur le sol avec la pointe du pied, il lançait à une distance de cinq à huit mètres environ un caillou ou un morceau de brique désigné sous le nom *d'èche pou* (le pot), puis il jetait vers ce but une *platiule,* morceau de fer en forme de croissant dont les deux pointes étaient fort rapprochées.

Les autres joueurs opéraient de la même manière; celui qui avait placé sa platiule le plus près du but gagnait le jeu. C'était à lui qu'appartenait le droit de prendre le but et de le lancer à l'endroit qui lui convenait pour recommencer un autre jeu.

Les divers jeux qui viennent d'être décrits étaient pratiqués par les adultes et par les personnes d'un certain âge, qui se livraient en outre à d'autres jeux, que je citerai seulement pour mémoire : les quilles, le billard, les cartes, le jeu d'assiettes, le jeu de tonneau, etc.

Le billard a fait sa première apparition à Démuin vers 1820 ; pendant très longtemps, il n'y en eut qu'un seul ; aujourd'hui, chaque débitant a un billard.

Les cartes donnent lieu à différentes sortes de jeux ; l'un de ceux qui est le plus pratiqué est le jeu de piquet. Il n'était pas rare autrefois de rencontrer plusieurs parties de piquet composées des mêmes joueurs depuis vingt, vingt-cinq ou trente ans, et même davantage.

II

JEUX ENFANTINS

La plupart des jeux qui vont être passés en revue dans les chapitres suivants sont aujourd'hui tombés en désuétude. De toutes parts, on entend dire : « Les enfants ne savent plus se jouer. » Rien n'est plus vrai ; ils ignorent complètement en quoi consistaient les jeux qui ont fait les délices de leurs pères. C'est donc faire œuvre utile que d'en conserver le souvenir.

I. — LE BILLON.

Ce jeu, appelé dans d'autres villages de la Picardie *fique ein cul, flincul* ou *inflque,* est un jeu de pieux. Son nom de *billon* vient de *bille,* branche d'arbre. Cet amusement, très simple et très ancien, était autrefois l'un des meilleurs divertissements des enfants dès la fin de l'hiver et au printemps.

Chaque joueur, dont le nombre n'est pas limité, devait être muni d'un bâton d'une longueur variant de quarante à soixante centimètres et d'une grosseur proportionnée à la force du joueur. Une extrémité du billon était effilée.

Le jeu de billon avait lieu le plus souvent sur le gazon de la place publique. On choisissait un terrain qui ne fût ni trop mou ni trop dur ; dans le premier cas, les billons s'enfonçaient trop profondément ; dans le second, ils s'émoussaient puis se fendaient trop rapidement.

Les joueurs étaient quelquefois partagés en deux camps,

mais, le plus souvent, ils jouaient chacun pour leur compte.

Pour ouvrir la partie, chaque joueur enfonçait successivement son billon dans le sol le plus profondément possible. A ce premier tour seul, un billon mal enfoncé donnait le droit à son possesseur de recommencer trois fois.

Pour le second tour, le joueur qui avait commencé reprenait son billon, et, en le lançant de nouveau, il s'efforçait de renverser l'un de ceux de ses camarades. Après lui, les autres joueurs agissaient de même, essayant, en lançant leur billon, d'abattre celui qui paraissait moins bien enfoncé que les autres. Lorsqu'un joueur avait réussi à déplanter un billon, il s'en servait jusqu'à la fin de la partie; celui qui l'avait perdu se bornait alors à regarder.

Quand un joueur faisait tomber un billon, si le sien n'était pas enfoncé dans le sol, le coup était nul et les deux billons devaient demeurer à terre. Pour les conquérir, les autres joueurs devaient les toucher en fichant leur billon; mais, tant qu'ils n'étaient point touchés, ils appartenaient toujours à leurs joueurs, qui les ramassaient lorsque leur tour était venu de les enfoncer. Pour qu'un billon fût gagné, il fallait que l'extrémité effilée sortît complètement hors du sol.

Si les joueurs étaient divisés en deux camps et que l'un d'eux, manquant son coup, avait enfoncé peu profondément son billon, un joueur de son camp essayait, quand son tour était venu, de ficher le sien parallèlement à celui de son partenaire pour le défendre. Si l'on jouait chacun pour son compte, et que l'un des joueurs avait gagné un ou deux billons, il les enfonçait près du premier si celui-ci ne tenait que fort peu au sol.

Lorsqu'un camp demeurait maître de tous les billons, il était déclaré vainqueur. Les billons des perdants étaient jetés au loin en les éparpillant. Après avoir été ramassés par leurs possesseurs, une autre partie recommençait. Si, au contraire, chacun avait joué pour son compte, le gagnant, s'emparant de tous les billons, les remettait successivement à chacun de ses camarades en les poussant avec la pointe du billon, qu'il appuyait sur le derrière des perdants, d'où est venue sans aucun doute l'expression de *fique ein cul* appliquée à ce jeu.

(*A suivre*).   ALCIUS LEDIEU.

LA CHANSON DE GAYANT A DOUAI

Notre éminent collaborateur, M. A. Desrousseaux, a publié en 1887, dans la revue *La Tradition* (T. I, livraison de mai) une étude très complète sur *Gayant*.

Nous donnons ci-après le texte et la mélodie de cette chanson si curieuse.

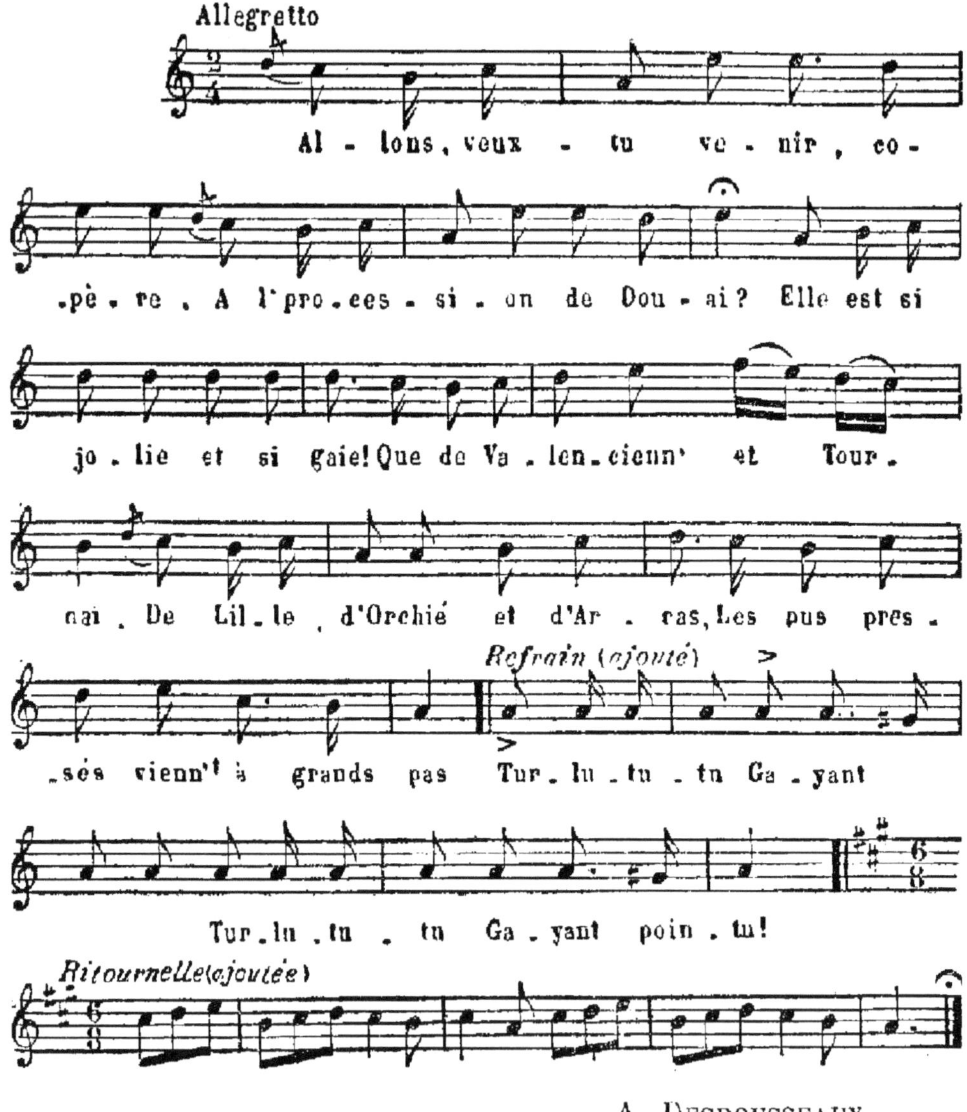

A. DESROUSSEAUX.

LE NORD DE LA FRANCE

Au Congrès des Sociétés Savantes et des Sociétés des Beaux-Arts.

———

Cette année, le nombre des délégués était d'environ 700 ; voici ceux qui représentaient notre région, avec l'indication des travaux qu'ils ont fournis aux diverses sections :

ADVIELLE (Victor), d'Arras. — Notes sur les Bibliothèques communales ; — Réformes à introduire dans les actes de l'État civil ; — La Rage à Paris au XVIII siècle ; — Notices sur Guillaume Arrode, orfèvre, et Gillebin, d'Abbeville, clerc de la Chambre aux joyaux du roi Charles VI.

COUARD-LUYS, à Versailles. — La maison dite des Trois-Piliers à Beauvais.

DEHAISNES (Mgr), à Lille. — Recherches sur la vie et l'œuvre du peintre Simon Marmion.

DELIGNIÈRES (Emile), à Abbeville. — Notice sur des tableaux d'Ingres et de David au château de Moreuil, en Picardie.

DOUMER (Emm.), professeur à la Faculté de médecine de Lille. — Note sur la résistance électrique du corps humain.

DURIEUX (A.), à Cambrai. — Le Jubé de l'église Saint-Aubert à Cambrai.

FINOT (Jules), archiviste départemental du Nord. — Les Subventions scientifiques et littéraires dans les Pays-Bas au XVII siècle ; — Les Subventions accordées au XIX siècle par les gouverneurs des Pays-Bas aux peintres, sculpteurs, etc.

FLAMMERMONT, professeur à la Faculté des lettres de Lille. — Sur les fonctions des Procureurs du Roi auprès des autorités locales d'ordre municipal ; — Le monopole de l'alcool à Lille et dans la Flandre wallonne à la fin de l'ancien régime.

FOUCART (Paul), à Valenciennes. — L'origine de la famille Dumont (artistes).

LAMBLING (E.), professeur à la Faculté de médecine de Lille. — Sur le dosage de l'albumine dans les urines.

LESCŒUR, professeur à la même Faculté. — Sur la dissociation des bicarbonates alcalins.

MARGRET et MULLER, du Comité archéologique de Senlis. — Un ligueur reclus, Pierre Séguin, étudié dans sa vie et sa correspondance.

Morel (abbé), de la Société historique de Compiègne. — Sur les vieilles liturgies des églises de France.

Painlevé, professeur à la Faculté des sciences de Lille. — Sur un théorème de la théorie des fonctions doublement périodiques.

Petot, professeur à la même Faculté. — Sur la détermination des lignes géodésiques.

Pilloy (J.) de la Société académique de Saint-Quentin. — La question franque au Congrès de Charleroi.

Prarond, de la Société d'émulation d'Abbeville. — Sur la substitution du latin aux idiomes vulgaires. — Les anciens ateliers typographiques.

Quarré-Reybourbon, à Lille. — Les miniatures et la reliure artistique d'un cartulaire.

Swarte (Victor de), à Melun. — Les Financiers amateurs d'art.

Thibaut, professeur à la Faculté de médecine de Lille. — Des eaux résiduelles industrielles et de leur épuration.

Tourneux, professeur à la même Faculté. — Sur le développement du périnée et sur le mode de formation de l'anus chez l'embryon du mouton.

Voilà le contingent de notre région ; il vaut celui du Midi de la France.

A l'ouverture du Congrès des Sociétés des Beaux-Arts, le hasard voulut qu'un groupe de gens du Nord se trouvât réuni au milieu de la salle et qu'un de nos compatriotes, s'approchant de nous, nous dit, avec un geste superbe : *Tout le Nord !*

Notre cher confrère ne pouvait être mieux inspiré ; nous étions en effet, une fois encore, tous fidèles au rendez-vous.

Victor Advielle.

DES LIMITES DE L'ANCIENNE PICARDIE

La division administrative de la France en départements a fait perdre la notion exacte des limites de nos anciennes provinces. Voici, pour l'une de nos provinces, la Picardie, quelles étaient ses subdivisions avant la Révolution.

HAUTE-PICARDIE	*Amiénois* (Amiens.) *Santerre* (Péronne.) *Vermandois* (Saint-Quentin.) *Thiérache* (La Fère.)
PAYS RÉUNIS A **L'ILE DE FRANCE**	*Laonnais* (Laon.) *Noyonnais* (Noyon.) *Beauvoisis* (Beauvais.) *Valois* (Compiègne.) *Soissonnais* (Soissons.)
BASSE-PICARDIE	*Pays reconquis* (Calais.) *Boulonnais* (Boulogne.) *Ponthieu* (Abbeville.) *Vimeu* (Saint-Valery.)

Les Francs-Picards sont loin d'appartenir tous à la Somme.

C. DE WARLOY.

LE PREMIER LIVRE IMPRIMÉ A ABBEVILLE

Le 12 mai dernier a été acheté à la vente du baron H. Sellière au prix de 350 francs, par M. Cohn, de Berlin, le tome Ier d'un ouvrage que l'on regarde comme le premier livre imprimé à Abbeville. A cet exemplaire il manquait un feuillet. En voici l'indication bibliographique :

Saint Augustin. Cy apres cõmence le p̃mier liure (I-X) de aurelie augusti de la cite de dieu cõtre les payens (trad. en françois par Raoul de Presles). — *Cy fine ce present colume ouquel sõt contenus les dix premiers liures de monseigneur saint augustin de la cite de dieu, fait et imprime en la ville dabbeuille par iehan du pre et pierre gerard marchans libraires : Et fut acheue le . XXIIII . iour de nouembre. Lan mil quatre cens quatre vingz et six* (1486), in-fol. de 339 ff., à 2 col., caract. goth., fig. sur bois, mar. rouge jans., dent. int., tr. dor. (Chambolle-Duru.) [1]

HENRI MENU.

1. V. *l'Imprimerie et la Librairie à Abbeville,* lecture faite le 11 juin 1887 au Congrès de la Société des Antiquaires de Picardie, par Alcius Ledieu. Abbeville, 1887, in-8°.

LES MONUMENTS PRÉHISTORIQUES [1]

II

La Pierre de Gargantua. — Non loin du village de Doingt, à gauche de la route de Péronne à Saint-Quentin, il y a un grès énorme de 3 m. 1/2 de hauteur sur 3 mètres de circonférence. Certains historiens disent que ce grès est une ancienne borne destinée jadis à marquer les limites du Vermandois et du Santerre. Les gens des alentours disent que ce menhir était une pierre que le fameux Gargantua tira de sa chaussure, où elle s'était glissée et l'incommodait fort, un jour qu'il voyageait dans le pays. Il la lança au loin; depuis le moment de sa chute, elle n'a fait que gagner chaque année en longueur et épaisseur. (J.-P. FABER, *Les Bords de la Somme,* p. 48; Tournai, 1861.)

La Pierre d'Aubrycamp. La pierre d'Aubrycamp se trouve à environ 15 kilomètres à l'est d'Amiens, sur une hauteur avoisinant les villages de Bavelincourt et Contay (Somme). Elle a près de 3 mètres de hauteur sur 1 m. 50 de largeur. C'est bien une de ces pierres mégalithiques désignées à tort par les celtomanes sous le nom de *pierres druidiques.* A cinquante mètres de la pierre, en se basant sur des récits transmis par la tradition populaire, M. Gourdin, conseiller général de la Somme, retrouva un puits très profond qu'il fit déblayer il y a une dizaine d'années. M. Gourdin découvrit une foule d'objets curieux dans ce puits évidemment très antique : ossements d'hommes, de chevaux, défenses de sangliers, fragments de poteries, idoles en grès, etc. Nous croyons que ces objets sont encore dans l'une des salles du château de Montigny, propriété de M. Gourdin. M. Gourdin a-t-il fait examiner ces vestiges par un archéologue?

Le Tumulus de Laviéville. — A un kilomètre du village d'Hénencourt (Somme), berceau de la famille des d'Hénencourt et des de Lameth, à l'entrée du village de Laviéville, existait encore, il y a une dizaine d'années, un tumulus gazonné sous lequel, d'après la tradition locale, étaient enterrés des soldats. Nous ferons une enquête locale minutieuse sur ce tumulus. — H. C.

(A Suivre) C. DE WARLOY.

1. V. *La Revue du Nord de la France,* n° I, p. 4.

BIBLIOGRAPHIE

Henri Cons. — *Le Nord pittoresque de la France*, 1 vol. in-4°
de 320 p., illustré par E. Sadoux. — Paris, Lecène et Oudin.

Le volume de M. H. Cons est une excellente monographie départementale remplie de documents et d'aperçus intéressants. C'est le département du Nord étudié sous tous ses aspects : Histoire, Géographie, Géologie, Topographie, Agriculture, Industrie, Commerce, Usages, Coutumes, Lettres, Beaux-Arts. Le volume s'ouvre par une belle introduction de M. Moy, doyen de la Faculté des Lettres de Lille. Certains chapitres nous ont particulièrement intéressé. Nous avouerons que ce sont ceux de la troisième partie de l'ouvrage. Les Usages, les Coutumes, les Fêtes du Nord ont des côtés si curieux! M. Desrousseaux a traité ces questions plus longuement dans la *Tradition* et dans ses *Mœurs populaires du pays de Lille*. M. Cons a rendu hommage à la brillante école artistique du Nord, à Harpignies, Carolus-Duran. Nous regrettons qu'il n'ait pas dit un mot des jeunes *Enfants du Nord* qui marchent si dignement dans la voie de leurs aînés.

L. Quarré-Reybourbon. — *Épisodes de la Vie de Garnison à Lille*. (1743-1750). — Broch. in-8° de 32 p. — Lille, 1890;
L. Quarré.

M. Quarré-Reybourbon a été bien inspiré en publiant ces épisodes d'histoire locale. La vie militaire dans la seconde moitié du xviii° siècle offre des côtés curieux qu'il est bon de mettre en lumière. M. Quarré-Reybourbon, à propos de l'assassinat du capitaine irlandais O'Brien du régiment d'*Auvergne* (1743), raconte d'une façon charmante l'esprit de corps qui animait alors les régiments français. L'*histoire,* sous la plume de l'éminent érudit lillois, se lit avec le plaisir et la curiosité qu'on éprouve à parcourir un roman. Nous recommandons les *Épisodes de la Vie de Garnison,* non seulement aux érudits, mais encore à nos écrivains militaires.

JULES LEMOINE. — *Le Folklore au pays wallon,* 1 vol. in-8°,
illustré, de 48 p. — Mons, 1890; H. Manceaux.

M. Jules Lemoine est bien connu dans le pays wallon par ses
études de traditionnisme. Il collabore activement à divers journaux belges et à la revue française *La Tradition.* Pour développer
le goût des études traditionnelles en Belgique, M. Jules Lemoine
vient d'écrire une sorte de *Manuel* dans lequel, après avoir exposé
le but du Folklore, il donne des conseils pour la recollection des
contes, des légendes, des chansons et des usages du pays wallon.
De sorte que son livre, sous son apparence modeste, est un guide
sûr pour les amateurs, de jour en jour plus nombreux, qui se
prennent de belle passion pour les recherches traditionnistes.
Nous félicitons sincèrement M. Jules Lemoine de son joli travail
qui pourra être utile à nos compatriotes du Nord, le Pays wallon
n'étant, somme toute, que la continuation linguistique du pays
picard, artésien, rouchi, flamand et thiérachois.

———

JEAN THOREL. — *La Complainte humaine,* 1 vol. in-8° de 110 p. —
Paris, 1889; Léon Vanier.

Le volume de notre compatriote Jean Thorel débute par des
Citations! débutant elles-mêmes par cette phrase : *Ont été re-
transcrites aux premières pages de ce poème les lignes suivantes*
d'ANATOLE FRANCE...., etc. L'auteur appartient donc à *l'école
décadente!* Eh, que non! quoi que veuille nous en conter M. Thorel! Malgré quelques bizarreries de style, un certain heurt *voulu*
de pensées et d'idées, un choix ardu de mots et de tournures
archaïques, on sent que cette forme n'est que superficielle et n'est
pas destinée à masquer ce vide d'idées par lequel s'est jusqu'ici
uniquement distinguée l'école décadente. Je me demande vraiment
comment il se peut faire qu'un esprit aussi bien doué — le volume
est là pour l'attester — se soit laissé attirer par les théories
creuses des décadents. Mais — nous en avons le ferme espoir —
M. Thorel en est encore à chercher sa voie. Avant peu, il renon-
cera à... Mallarmé et à ses œuvres. Le *décadisme* n'a donné jusqu'ici qu'un poète de valeur, Verlaine, auquel on pourrait ajouter
Moréas. Que M. Thorel se fasse naturiste, impressionniste, ou
philosophe, comme Bourget avec lequel il semble avoir de secrètes
affinités, et il nous donnera prochainement une œuvre de valeur.

HENRY CARNOY.

LE MOUVEMENT LITTÉRAIRE, ARTISTIQUE et SCIENTIFIQUE

Le samedi 17 mai a eu lieu au restaurant Philippe, galerie de Valois, le dîner mensuel des *Enfants du Nord*, si bien organisé par le peintre Duthoit. Aux côtés du président, M. Carolus-Duran, chaudement félicité pour le succès au Salon du Champ-de-Mars, se pressaient près de soixante artistes, écrivains, journalistes, artistes dramatiques de la région du Nord. M. Nadaud, toujours vert, a dit ses chansons les plus jolies : *Le Marchand de peaux, Si la Garonne avait voulu*, etc. Grand succès pour l'illustre chansonnier. On a beaucoup regretté l'absence de M. A. Desrousseaux. Nous nous permettrons de présenter une observation au maître Carolus-Duran. Pourquoi le dîner n'admet-il que les originaires du Nord et du Pas-de-Calais? La Picardie devrait y être représentée. Les trois provinces de Flandre, d'Artois et de Picardie ont la même langue, la même histoire, les mêmes intérêts. Que l'on se décide à inviter les artistes et les écrivains picards : Jean Richepin, Léon Duvauchel, Puvis de Chavannes, Tattegrain, A. Croisy, Gambart, Thiéry, A. Ledieu, de Lignerolles, F. Bertaux, etc.... Il me paraît que signaler ce fait, c'est résoudre la question. — H. C.

Dès que les *Salons* seront achevés, nous publierons des biographies anecdotiques des hommes du Nord. Nous commencerons la série par MM. Carolus-Duran, Desrousseaux, Nadaud, Sain, Richepin, Croisy, Duvauchel, Scalbert, Tattegrain, etc.

Les travaux d'édification du monument de l'amiral Courbet à Abbeville sont poussés avec une grande activité; on peut être assuré que l'œuvre de Falguière sera inaugurée pour l'époque indiquée, c'est-à-dire le 17 août prochain.

M. Fernand Bertaux nous donnera en juillet des chansons inédites de CRINON, dues à l'obligeance du peintre Tattegrain.

Notre compatriote, M. Jean Richepin, termine en ce moment un drame en vers destiné à la Comédie Française et dont l'action se passe en Italie au moyen-âge. Nos meilleurs vœux pour la réussite de la nouvelle œuvre du grand poète.

*
* *

L'État vient d'acheter le groupe si remarqué de M. Carlier, *Gilliatt saisi par la Pieuvre*. Un bon point à l'Administration des Beaux-Arts.

*
* *

Une bonne nouvelle pour les archéologues du Nord. La Municipalité de Warloy-Baillon, sur la proposition de M. Pavie, maire, a décidé de faire ouvrir les souterrains si curieux de la commune et d'en permettre la visite aux amateurs. Ces souterrains s'étendent sur une longueur de plusieurs kilomètres. Nos félicitations à la Municipalité de Warloy-Baillon.

*
* *

Le Flippe, Société littéraire et artistique picarde. Dîner mensuel au restaurant du Rocher de Cancale, 78, rue Montorgueil. Se faire inscrire chez le Secrétaire flippiste MAURICE THIÉRY, *21, rue Mouton-Duvernet, Paris*.

Membres adhérents : MM. LÉON AMYE, FERNAND BERTAUX, BOUVRET, HENRY CARNOY, LÉON DUVAUCHEL, FONTAINE, FOSSÉ, GAMBART, AD. LE PAILLEUR, PAUL PETIT, EMILE OZENFANT, GASTON SEVRETTE, F. TATTEGRAIN, MAURICE THIÉRY, JEAN THOREL, etc., etc.

*
* *

Voici la liste des *Artistes du Nord* récompensés au *Salon des Champs-Élysées* :

PEINTURE. — *Médailles de 2e classe.* — MM. Le Liepvre, Eugène Chigot, Aymar Pezant.

Médaille de 3e classe. — M. J.-Ch. Boquet.

Mentions honorables. — MM. Ed.-P. Mérite, F. Berne-Bellecour.

SCULPTURE. — *Médaille de 2e classe.* — M. H.-D. Gauquié.

Médaille de 3e classe. — M. B. Caniez.

Mentions honorables. — MM. G.-R. Fouace, Jamain, Henri de Moncourt, Tharel, Edm. de La Heuderie.

ARCHITECTURE. — *Médaille de 3e classe.* — M. L.-M. Cordonnier.

Mentions honorables. — MM. F.-A.-A. Dupuis, Tellier.

GRAVURE. — *Médaille de 3e classe.* — M. Aug.-L. Hermant.

Mention honorable. — M. Anatole Bernast.

*
* *

Un grand Concours de gymnastique organisé par les deux Sociétés d'Amiens, l'*Amiénoise* et la *Picarde*, vient d'avoir lieu dans cette ville, à l'occasion du Concours agricole.

Cette intéressante fête, à laquelle ont pris part vingt-sept sociétés venues de toute la région du Nord, était présidée par M. Frédéric Petit, sénateur et maire d'Amiens.

*
* *

Le 1er juin dernier, M. Yves Guyot, ministre des Travaux publics, a inauguré le canal de l'Oise à l'Aisne.

*
* *

L'Exposition de la *Société des Amis des Arts* a été inaugurée très brillamment, le 30 mai dernier, au Musée de Picardie, à Amiens.

A cette occasion, M. Dewailly, le dévoué président, a prononcé un excellent discours dont nous citons avec plaisir le passage suivant :

« La culture des Arts n'est plus seulement le fait de Paris et de quelques villes privilégiées, elle est maintenant répandue dans tous nos départements. C'est par elle que la France s'est attirée l'admiration et la sympathie des nations qui, à son exemple, cherchent à développer les esprits, les intelligences, par les modèles du Beau et du Bien. C'est pourquoi toute idée élevée, toute pensée généreuse, toute création artistique, contribuant à la grandeur du pays, mérite la sympathie et les encouragements de tous : administrations comme administrés. En parcourant ces salles, Mesdames et Messieurs, vous reconnaîtrez dans l'ensemble de nos œuvres des efforts sérieux, des résultats heureux ; puis du goût et du talent, ces deux qualités principales de l'artiste, car c'est le goût qui le protège contre les exagérations et les invraisemblances ; et c'est le talent qui lui permet de réaliser sous une forme sensible, l'idéal qu'il cherche dans la nature et qu'il ne trouve souvent que dans son imagination. Le but de notre Société est de développer le goût de nos visiteurs et le talent de nos exposants.

*
* *

La *Betterave* (Association amicale des Enfants du Nord et du Pas-de-Calais) a clos brillamment la première série de ses réunions mensuelles. Les salons du Grand Véfour ont servi successivement au banquet et au concert. Les quatre-vingts convives, réunis sous la présidence de M. Boucher-Cadart, ont formé un auditoire d'élite qui a applaudi l'admirable et toujours jeune Gustave Nadaud, son jeune émule Xanroff, différence de genre à part ; Mlle Madeleine Jaeger, une virtuose du piano, qui fait chanter l'instrument en véritable artiste ; le jeune violoniste Durieux, dont le talent atteint déjà la perfection, et M. Bacquié, de l'Ambigu, qui a également plu à l'assemblée, dans le récit tragique et dans les bluettes légères. M. Claeys, l'excellent baryton de l'Opéra, n'a pas obtenu moins de succès : son éloge n'est plus à faire. Remarqués parmi les assistants : MM. Dislère, conseiller d'État ; le général L'Hérillier, le colonel Castel, le conseiller Dupont, les députés Dubois et Adrien Lecomte, M. Castel, secrétaire général du chemin de fer du Nord ; Hatte, de Swarte, trésorier-payeur général de Seine-et-Marne ; le peintre Weerts, les sculpteurs Carlier, Ganzini, les graveurs Deturck, Perret, le docteur Duvert, nos confrères Miguez, Pontsevrez, Mairesse, Lefranc, Hudeleit, Vandewalle, avoué près le tribunal de la Seine, etc., etc.

La *Betterave* s'est ajournée au premier mardi de novembre, et tout fait prévoir que les réunions nouvelles attireront encore un plus grand nombre d'adhérents.

*
* *

Pour passer le 10 juin au théâtre libre de M. Antoine, *Viviane*, pièce en un acte de Jean Lorrain, avec musique de M. Paul de Wailly.

*
* *

Le Musée d'Arras vient de s'enrichir d'une œuvre importante — et splendide — le mot n'a rien d'exagéré — de Dutilleux, généreusement offerte par « M. le docteur Filleau, en souvenir de Monsieur son père, ancien principal du collège d'Arras. » Elle y tiendra d'autant mieux sa place, que comme paysagiste, le maître n'y était représenté que par une étude *Dessous de bois à Fontainebleau.*

*
* *

Le dimanche 8 juin a eu lieu l'inauguration officielle mais privée du grand salon carré du Musée d'Amiens. MM. Larroumet, directeur au ministère des beaux-arts, Puvis de Chavannes et le Conservateur du Musée des arts décoratifs ont été reçus par la Commission du Musée de Picardie et la Municipalité d'Amiens. Le nom de Puvis de Chavannes a été donné à cette partie du Musée et le buste du maître ornera bientôt le grand salon.

*
* *

Service des Paquebots à vapeur sur la Seine entre Rouen et le Havre. — On nous écrit de Rouen que les paquebots à vapeur *entre Rouen, Honfleur* et le *Havre* ont commencé leur service d'été à partir du 1er juin.

Nous sommes heureux d'en informer les nombreux lecteurs de la *Revue du Nord*, et nous les engageons à ne pas manquer de faire cette année cette magnifique excursion pour visiter les bords si pittoresques de la Seine entre Rouen et le Havre.

Ils verront *Duclair*, renommé par ses canards, *Jumièges*, ruines d'une abbaye des plus célèbres. *La Mailleraye*, joli château. *Caudebec en Caux*, jolie ville de l'arrondissement d'Yvetot. Eglise remarquable par l'architecture de son portail et celle de son clocher. *Villequier*, patrie du célèbre musicien et chanteur Poultier. C'est en vue de Villequier que périt dans un naufrage, en 1843, Mme Vacquerie, fille de Victor Hugo; le mari de cette jeune dame et deux autres membres de la famille y subirent le même sort. *Quillebeuf*, arrondissement de Pont-Audemer (Eure), pays de mariniers. *Honfleur*, chef-lieu de canton du Calvados où l'on peut descendre pour aller à Trouville. Bains de mer très fréquentés.

Le Gérant : Alcius LEDIEU.

Abbeville, imp. du Pilote de la Somme, Fourdrinier et Cᵉ.

REVUE DU NORD DE LA FRANCE

LES HOMMES DU NORD

I

Jules Breton, peintre et poète.

L'un des buts que nous nous sommes proposés en fondant la *Revue du Nord de la France*, a été de montrer que le Nord n'avait rien à envier au Midi, que nos artistes, nos écrivains, nos érudits, nos hommes d'étude formaient une pléiade magnifique de talents hors de pair arrivés tous par la seule force de l'intelligence, de l'obstination et du travail. Dans cet ordre d'idées, nous publierons une série de notes, plutôt que d'études, destinées à faire connaître, à apprécier les hommes du Nord qui font l'illustration de nos chères provinces septentrionales. Le pays des grands peintres flamands, des architectes comme Robert de Luzarches, des trouvères, des érudits comme Du Cange, dom Grenier et tant d'autres, ne pouvait péricliter. Nos compatriotes ont de qui tenir. Ils sont restés dignes de leurs ancêtres illustres.

Nous commencerons la série des *Hommes du Nord* par M. Jules Breton, le peintre-poète et le poète-artiste dont le nouveau volume fait en ce moment le régal de tous les amoureux des lettres.

Rappelons en quelques lignes la carrière artistique de Jules Breton. Le grand peintre artésien est né en 1827 à Courrières (Pas-de-Calais). Il a donc 63 ans. Élève de Félix de Vigne et de Drölling, il se fit remarquer au Salon de 1855, où il obtint sa première récompense. En 1867, il eut une première médaille à l'Exposition, et, en 1872, le jury lui décerna la médaille d'honneur. Jules Breton fut élu membre de l'Institut en 1886. En 1889, il fut fait commandeur de la Légion d'Honneur. On peut citer parmi ses meilleurs tableaux : les *Glaneuses*, le

Lendemain de la Saint-Sébastien, Petites paysannes consultant les épis (1855) ; la *Bénédiction des blés* (1857) ; le *Soir*, les *Sarcleuses* (1861) ; la *Fin de la journée* (1867) ; *Femmes récoltant des pommes de terre* (1868) ; la *Falaise* (1874) ; la *Glaneuse* (1877), etc., etc. Cette année, M. Jules Breton exposait : *Les dernières Fleurs* et *La Lavandière.*

Dans Jules Breton, il y a deux hommes, le poète et l'artiste, mais si intimement fondus qu'ils procèdent de l'un et de l'autre. Leur inspiration comme leur procédé sont les mêmes et produisent des sensations identiques.

En poésie, comme en art, on a classé Breton parmi les paysagistes. C'est à tort, croyons-nous. Le maître appartient plutôt à cette école naturiste — et non naturaliste — qui, en littérature, compte des hommes comme André Theuriet, Achille Millien, Émile Pouvillon, Léon Duvauchel. Le paysage, pour les naturistes, est plus qu'un décor, c'est une seconde enveloppe de l'homme des champs, du paysan, du forestier, du pêcheur. Le paysage et l'homme ne font qu'un, se pénètrent, s'harmonisent d'une façon si intime que la nature devient vivante et agissante, que l'homme reflète la haute poésie du milieu dans lequel il est jeté.

Un poète seul peut dégager d'un coin de nature cette poésie mystérieuse, troublante, qui est la caractéristique des œuvres de Jules Breton. Et Breton est ce poète. Chacun a lu ces beaux vers d'une sereine envolée et d'une forme pure qu'il publia en 1876 dans son volume : *Les Champs et la Mer.* Cet ouvrage le classa aussitôt parmi nos meilleurs poètes.

Aujourd'hui, trop souvent, hélas ! le poète est tout ce que l'on veut, excepté poète. Les rimeurs sont des philosophes austères épris des antiques doctrines ou affolés de pessimisme ; ils sont aussi des censeurs ou des satiriques, ou encore des sertisseurs de vers plus ou moins longs, riches de mots archaïques, sonores, pauvres d'idée, vides presque toujours. Que nous importe ! qu'ils soient poètes avant tout ! qu'ils nous fassent oublier pour un instant les tristesses, les mesquineries de la vie ! qu'ils nous emportent à leur suite dans des cieux imaginaires où le rêve est la vie, la réalité, dans ces contrées merveilleuses où les oiseaux chantent toujours, où les fleurs embaument des paysages éternellement verts ! La Muse a quitté le blanc péplos des Athéniennes pour prendre le corsage des filles bohêmes. La fille des dieux n'est plus qu'un ange déchu ! Breton, lui, est demeuré le poète épris de la franche, saine et simple poésie qui se dégage de la nature, mais que les sensitifs et les initiés seuls peuvent surprendre. C'est là le grand charme des *Champs et la Mer*.

Une magnifique introduction, écrite pour l'exposition posthume de son ami Feyen-Perrin, rappela dernièrement aux lettrés le nom de Jules Breton. Son dernier volume, *La Vie d'un Artiste*, vient couronner dignement l'œuvre littéraire du maître artésien. Nous en publierons un extrait dans l'un des prochains numéros de la *Revue*.

Si nous nous sommes étendu sur Breton poète, c'est que, comme artiste, il est plus universellement connu. Au reste, nos observations peuvent également s'appliquer à l'œuvre du peintre. Les paysages de Jules Breton ont cette personnalité qui est le propre des grands artistes de race. On a copié Corot ; on n'imitera jamais le maître de Courrières. Les toiles de Breton sont des paysages et des scènes rustiques tout à la fois. Le paysage, comme nous le disions plus haut, n'est qu'un cadre, un prétexte destiné à montrer l'homme de la plaine ou le pêcheur, attardé à son labeur familier, enveloppé dans la poésie reposante de la nature, à ces heures où l'être le moins cultivé, pense et médite.

On a dit de Jules Breton que ses paysans se rapprochaient des villageois de George Sand. Est-ce bien exact ? Certes, ils sont loin, bien loin, des rustres de Zola. Mais ces derniers sont-ils plus vrais ? Nous avons vécu, nous vivons presque tous au milieu de nos paysans du Nord, et nous pouvons affirmer que l'homme des champs peint par Zola est une exception. Si le village décrit par le maître de Médan, dans *La Terre,* existait, il faudrait le brûler avec ses habitants et semer du sel sur ses ruines.

M. Breton, au reste, avait ce droit que possède tout homme de talent de choisir le type qui lui paraissait rentrer le mieux dans les conditions de son art comme dans la conception esthétique qu'il s'en est faite. Il a su tirer du type gracieux et robuste auquel il s'est attaché les effets les plus sobres, les plus poétiques et les plus touchants. L'art ancien n'avait point d'autres principes, témoin le type de l'Androgyne s'épanouissant dans une œuvre sublime, la *Vénus de Milo*.

Et maintenant, fidède au pays natal, Jules Breton jouit dans sa maison de Courrières, auprès d'une famille où chacun est artiste, d'une vie toute de probité et de labeur dominée par l'amour suprême de l'art. De tels hommes honorent nos provinces du Nord et font la gloire de la grande Patrie.

HENRY CARNOY.

UN LIVRE A FAIRE

LES TROUVÈRES PICARDS

II

JEAN DE BOVES. — Dans son fabliau de *Brunain la vache au Prestre,* Jean de Boves a voulu faire voir l'avidité du paysan picard.

Un vilain s'étant rendu avec sa femme à l'église le jour d'une fête de la Vierge, entendit le curé Constant prononcer un sermon sur la charité; il avançait entre autres choses que Dieu rendait le double de ce que l'on donnait.

Ce raisonnement frappa tellement le vilain, qu'en retournant chez lui, après la messe, il ne put s'empêcher de dire à sa femme : « As-tu entendu ce qu'a dit le curé? Celui qui donne au nom de Dieu, en reçoit au delà de ses dons. Je suis d'avis d'offrir au prêtre, pour l'amour de Dieu, notre vache qui, du reste, ne rend que très peu de lait. — Je le veux bien ! » répliqua la femme.

Rentré chez lui, le paysan, sans perdre de temps, se rendit à son étable, y détacha sa vache et la conduisit par la corde chez le curé : « Beau sire, dit-il en joignant les mains, pour l'amour de Dieu, je vous donne Blerain. » Et, en prononçant ces paroles, il mit la corde entre les mains du prêtre, qui ne put s'empêcher de féliciter la charité de son paroissien et de souhaiter qu'il eût beaucoup d'imitateurs.

Le paysan, ayant quitté le presbytère, dom Constant chargea son clerc de mener la nouvelle vache dans son jardin et de l'attacher par les cornes avec sa propre vache, appelée Brunain, afin qu'elles pussent s'habituer ensemble.

Après le départ du clerc, Blerain, la vache du paysan, fit tant qu'elle entraîna Brunain jusqu'à la porte de son étable. A cette vue, le paysan appela sa femme et lui dit : « Vraiment, Dieu rend le double, puisque Blerain nous amène une grande vache brune, mais notre étable sera trop petite pour deux bêtes. »

L'auteur, terminant par ce proverbe,

Tels cuide avancier, qui recule,

a le tort de se ranger du parti du vilain contre le curé, qui aime trop à prendre.

Ce fabliau a joui d'une très grande popularité en Picardie, puisqu'il nous est parvenu par la tradition presque sous la même forme. Longtemps avant que de le lire dans le recueil de Barbazan, je l'ai entendu raconter sur différents points de notre département par des paysans peu lettrés.

Mais, à force d'être récité, ce conte s'est trouvé considérablement augmenté. Dans cette seconde partie — bien supérieure à la première — le vilain fait preuve d'une très grande présence d'esprit; voici cette suite.

Le curé alla réclamer Brunain à son paroissien, mais celui-ci refusa de la lui rendre, en lui rappelant les paroles de son sermon.

Dom Constant se retira, mais il fit assigner son paroissien devant le juge. Au reçu de l'assignation, le vilain se rendit au presbytère et dit au curé, qu'il savait excellent homme : « Je suis bien mal habillé pour me présenter devant le juge. Pourriez-vous me prêter un chapeau, un habit, une culotte et des souliers? — Volontiers ! » répliqua le bon pasteur. Et il remit en effet au paysan tous les vêtements dont il avait besoin. Ainsi habillé des pieds à la tête, ce dernier comparut devant le juge.

Après que le curé eut exposé le fait, la parole fut donnée à son adversaire, qui s'exprima en ces termes :

« M. le Curé est un saint homme, mais il se figure que tout ce que je possède lui appartient; ainsi, voici un chapeau, il va dire qu'il est à lui.

— Oui, c'est à moi! répliqua le curé.

— Voici un habit, un pantalon, des souliers, continua le paysan en montrant successivement chacune de ces pièces d'habillement, eh bien, monsieur le Juge, vous allez entendre M. le Curé vous dire que ces vêtements sont à lui.

— Certainement, ils m'appartiennent, repartit le curé avec animation.

— Vous êtes témoin, monsieur le Juge, des prétentions bizarres de M. le Curé; il en est de même pour la vache qu'il me réclame..! »

Le juge refusa d'en entendre davantage : son opinion était faite; il débouta le curé des fins de sa demande.

Alcius Ledieu.

CHOSES DE PICARDIE

II

SOIR DE TOUTE PETITE VILLE

Sa seule raison d'être, à celle-ci, c'est son château historique. Elle en vit. — Oh! très modestement, du reste, en vieille personne honnête, montrant ses joyaux anciens à quelques rares visiteurs, qualifiés touristes par les affiches de chemin de fer. Moi, nouveau venu, — quoique j'aie déjà, aux quatre points cardinaux, gravi des milliers de marches branlantes de donjons, arpenté un certain nombre de courtines démantelées et de souterrains à légendes, croqué maintes portes ogivales et maintes cheminées Renaissance, jeté des tombereaux de cailloux dans les puits insondables et enflammé des collections de journaux précipités dans de soi-disant oubliettes pour en scruter les profondes terreurs, parcouru des cloîtres, exploré des cryptes, mesuré des nefs d'églises abbatiales et autres, — j'ai subi vaillamment l'ascension de la tour, cherché les restes de peintures murales de la salle des preux, effectué le trajet du chemin de ronde, et surtout, chose essentielle, versé, ainsi que le Joanne vous y convie, un pourboire raisonnable ès-mains du portier vendeur de photographies.

Harassé, après la promenade obligée sur la motte seigneuriale, à l'extérieur des ruines juchées à une cinquantaine de mètres du fond de la vallée, pour jouir du coup d'œil des villages et des bois à tous les plans, et des villes à l'horizon, plutôt devinées que distinguées réellement dans la buée tiède, me voici affalé sur un banc, après le dîner solitaire, près de l'entrée de l'hôtellerie choisie au hasard.

La calme, la bonne petite ville ! — Le doux repos auquel elle vous invite ! Le bourg est fortifié de tous côtés. Sa ceinture de remparts convertis en jardinets suspendus l'éloigne, le protège du reste du monde. Et c'est curieux, ces constructions défensives d'un autre âge, inutilisées, dédaignées du nôtre, qui ne semblent plus tenir en respect que les gens turbulents : les trop actifs ingénieurs, les ouvriers d'usines, les effrontés discoureurs politiques, et enserrent jalousement un peuple de paisibles bourgeois casaniers et gentiment cancaniers.

Décidément, je reste ici. J'oublie l'heure du dernier train, à la grande et légitime surprise du conducteur de la voiture si souvent vide, qui comptait me mener cette fois-ci à la station. Je veux profiter de ça, au moins une journée encore, goûter demain une soirée sœur de celle-ci, que me promet la pureté du ciel de juin.

Devant moi s'étale la place spacieuse, pavée selon les bons principes de la province, pour laquelle la symétrie des surfaces planes, l'alignement au cordeau sont fâcheuses, où toute la population se remuerait à l'aise, où, cela se devine, même le marché hebdomadaire doit se tenir sans fracas, sans discussions vives entre ménagères économes et paysannes vendeuses de beurre et d'œufs. Les maisons qui forment bordure, — les plus récentes, édifiées depuis le démantèlement de la ferté avec des moellons empruntés à ses pans de murs croulants, — étendent sur leur unique étage de grands toits de tuiles ou d'ardoises, presque aussi hauts qu'elles-mêmes. Et, mode bien du Nord, qui vient de Flandre et de Hollande, qui sied aux chaumières ainsi qu'aux plus fières bâtisses, coutume que propagea jadis la crainte des incendies, les pignons sont presque généralement munis de ces marches, — des *écrénaux*, en langue rustique, — de ces étagères faisant désirer des pots de fleurs sur chacune d'elles. Un puits dresse à l'un des angles du grand quadrilatère irrégulier son support de fer ouvragé. La margelle n'est ni plus ni moins qu'une clé de voûte à jour d'une des salles du castel. Par cet orifice passaient à travers le plafond les provisions de bouche et de guerre.

Neuf heures tombent du clocher carré de l'hôtel de ville, à l'extrémité opposée de celle où je me plais à me laisser envahir d'un agréable assoupissement songeur. Mais si lentement, si lentement, le marteau de l'horloge frappe le timbre, qu'on y sent comme une crainte de troubler le silence. A regret, il dit les heures tout haut, le chronomètre de la maison commune. Il a le son de voix de ceux des couvents. Il sait bien que le soleil règle la vie des habitants, qu'ils se fient à l'astre pour le signal du coucher et que la résonnance du métal leur peut être une importunité.

Cependant les quelques personnes qui causaient doucement sur les seuils sont rentrées. Le bourrelier d'en face place les barres sur les volets de sa devanture, sans qu'on s'en aperçoive autrement qu'à la vue. Le puits banal s'est tû ainsi que tout le reste, après un dernier grincement sous les bras lourds d'une tireuse d'eau. L'absence de la moindre brise laisse tranquilles les girouettes au sommet de ces logis datant du xiiie ou du xive siècle, l'époque de l'édification et des agrandissements de la forteresse fameuse, aux maîtres puissants, dédaigneux du titre et des prérogatives du roi. Une unique hirondelle zigzague. On la prendrait volontiers pour une chauve-souris, n'était son petit cri faible, demi-mort.

Or, voici que d'une rue voisine, à une sorte de carrefour, partent des rires d'enfants et des chants de jeunes filles enchaînées en ronde. Leur gaîté, à ces belles de la cité dormante, se traduit par une de ces anciennes compositions populaires, aux interminables couplets dont les audaces n'effarouchent pas leurs simples esprits. Là se lient, en ces soirs empreints de sérénité familiale, les amitiés de voisinage, dès la toute jeunesse enjouée. Des parents, sortis les uns de chez les autres, s'évertuent à faire rentrer danseurs et danseuses. Et j'en vois qui, à la dérobée, dirigent un regard intrigué vers le personnage inconnu, — probablement un Anglais! — qui s'obstine à s'arrêter au *Pommier d'or,* ce que ne font que rarement les commis-voyageurs eux-mêmes.

Il est de fait que pour les petits et les grands, le marchand de sable est passé. L'ombre envahit le ciel. Une faible lueur brille au dessus de la porte du marchand de nouveautés, une autre à celle du chapelier-coiffeur, une troisième dans la boutique du marchand de vin à la superbe enseigne où des feuilles forgées s'enroulent artistement sous la potence. On croirait des lumières perçant des lointains de forêt, ainsi qu'en un conte. C'est à imaginer un couvre-feu qui va sonner et les faire disparaître une à une, tandis que les portes trouant la fortification au passage des routes se cloront sur les citadins.

La torpeur qui envahit les gens me saisit aussi. Je suis tenté d'éteindre, par crainte d'infraction à quelque arrêté municipal, le point brillant de ma cigarette, quand une muette voiture arrive devant moi. C'est un chariot rustique, aux ridelles évasées, au timon très bas, chargé de foin à en verser. Sans doute, les faneurs attardés ont voulu achever la pièce aujourd'hui, trop peu de besogne restant à faire pour demain. Ils ont travaillé jusqu'à l'étoile du berger et les dernières meules montent ainsi des prairies, au pas lent d'une paire de bœufs blancs. Elle n'est pas assez grande ville, ma petite ville, pour ne pas sentir la campagne qui l'entoure. Des fermes s'entremêlent à ses logis de rentiers. Et l'odeur d'herbe coupée, avivée par la fraîcheur du soir, parfumerie exquise, s'accompagne bientôt d'une autre odeur, chaude et lourde : celle qui sort des fenêtres grillées du boulanger d'à-côté, tandis que parvient jusqu'à moi le sifflement et le han ! du pétrisseur infatigable.

Une langueur molle, un charme infini, montent des choses à moi. Cela me baigne et me désénerve... Quelle ivresse de s'abandonner à cette sorte de demi-rêve !

Mais, depuis un instant, mes hôtes, leur table desservie, tout en ordre dans les buffets de la salle et de la cuisine, tournent et retournent autour de moi. J'ai compris ! Ma flânerie plus longtemps continuée obligerait l'un d'eux à regagner le lit après dix heures ! Le patron, lui-même, en sa blanche tenue de maître-queux, arrive à la rescousse de sa femme et de sa fille : il enlève le banc placé en pendant du mien, derrière une caisse de laurier-rose. Trop discrets, bien sûr, pour me congédier, les braves gens... mais ils voudraient me savoir dans ma chambre !

Citoyen, pour un jour ou deux, d'un bourg tranquille, j'en dois accepter les mœurs sans m'insurger. Ce serait mal payer l'hospitalité, vraiment, que de troubler sa quiétude.

Au surplus, la voie lactée s'épand là-haut. Nul bruit, que le chant du grillon du boulanger qui prend alors une importance excessive et obsédante. La nuit est venue tout à fait, berceuse, conseillère des oublis. La sublime paix enveloppe tout en ses ailes ouatées. C'est le repos de la terre lasse.

La toute petite ville fait dodo.

Léon Duvauchel.

L'IMAGE

Chanson inédite d'HECTOR CRINON

———

Comme complément à l'étude de mon collaborateur et ami Thiéry, je donne aujourd'hui une chanson inédite de Crinon. J'ajoute que c'est à l'obligeance de M. F. Tattegrain, l'excellent peintre, que je dois de publier ces couplets du poète vermandois, couplets pour la communication desquels je tiens à le remercier publiquement au nom de tous mes camarades de la *Revue du Nord*.

FERNAND BERTAUX.

Es' z'a, b, c, chès heure' et chès croizettes,
L' tintoin, l' tourmeint d' chès peuves tchous infants,
Es' z'almanachs, chès live' et chès gazettes
Qui nous s' z'imbrouillent oussi quand nous sont grands.
Chès tabachère' et cheint mille eute' ouvrages,
Jusqu'à chès boite' et chès paquets d' bonbons
Pu z'appareint bien souveint qui n' sont bons,
Q'mise' et coutrons tout est couvert d'images.

Ech' grand nigueud quin juge apreind a vive
In l' l'invoyant pour six mos in prison,
Pour el punir d'avoir beyi din ch' live
D'ain' belle infant qui dourmo su ch' gazon,
N' faso guèr' prève ed bequeu d'usage
Et s'expouso à mal inutil'meint.
L' peu qui si s'ro pris pu conv'nabelmeint,
L' fiyette ell' même éro moutré s' n'image.

Oussi longtemps qui séro s' fouare inteine,
Oussi longtemps eq l'homme i pu s' t'nir drot,
Néro ti pu quasimeint q' l'âme à reine,
Qu'il a d' l'action à parler d' ch' l'indrot !
Ch' cou déplômé, ech' grand père ou bout dess' n'âge,
L' crète détoin, et l' toupet rabattu,
Ervieint oucoire in tchou cose quertu,
Quand i s' rappèle à m'sure ain' belle image.

In' d'evro pouant avoir ain' rude invie
D' s'ermete in mer ain' fo rintré din ch' port,
D'ertourner d'sur ech' méchant q'min ed la vie
Ain' fo qu'in a payi s' dette à la mort.
Ch' mal avisé q' pour in cute voyage
Imbandon'ro ech' bienhéreux séjour,
Pour r'v'nir su l' terre erfouare oucoire in tour,
Chès n' pouro éte eq pour ain' belle image!

HECTOR CRINON.

LE LINGE A LA FLAMANDE

Aimez-vous le linge *mou* ou *dur?*

Tenez-vous parti pour Tibur ou pour Rome?

En d'autres termes, préférez-vous que vos chemises soient peu ou beaucoup empesées?

Telle est la question que je pose à nos lecteurs.

Plus d'un, sans doute, a déjà répondu : Ni trop, ni trop peu.

Mais ceux qui parlent ainsi ne tiennent aucun compte de la mode, qui, pourtant, s'impose en souveraine.

Or, la mode voulut, vers 1825, que le linge fut désormais dur à casser.

Voici, en effet, ce que je trouve dans le *Journal de Modes* du 10 mars 1825 :

« Quand le linge ouvré commence à s'user, il a une sorte de duvet qui s'en détache. De là, sans doute, la mode qui s'est introduite à Paris, de faire blanchir son linge *à la flamande.* Dans certaines maisons, vous avez des serviettes dures comme des planches. »

Ainsi, c'est de 1825 que date à Paris cette funeste habitude de trop empeser le linge, à la mode flamande, habitude qui fait le désespoir des ménagères, et persiste néanmoins, malgré les plaintes continuelles des clients.

D'ailleurs, en ceci comme en toutes choses, les uns sont pour, les autres contre. La repasseuse seule a raison!

VICTOR ADVIELLE.

LES BRANDONS DANS LES ARDENNES

II

Dans plusieurs pays, et notamment en Champagne, il n'y a que les enfants qui portent les Brandons, le premier dimanche du carême, mais seulement le soir, et sans aucune marque de superstition. Les laboureurs ne seraient pas tranquilles sur le sort de leurs arbres et de leurs moissons s'ils n'avaient pas largement contribué à ces feux.

Quelle que soit, au reste, l'origine de cet usage, la connaissance n'en est pas inutile, puisqu'il sert à fixer la date d'anciens titres.

Le troisième dimanche de carême, les habitants de Donchery avaient coutume d'aller prier auprès de la fontaine de saint Onésime, leur patron ; ils y puisaient de l'eau dans des vases nommés *buires,* et ils en usaient pour combattre la fièvre. Ce dimanche s'appelait le *Dimanche des Buires.*

De temps immémorial, à Revin, il était d'usage que tous les enfants d'une même famille, mariés ou non, se rendissent à souper chez leur père, le premier dimanche de carême, à moins qu'ils n'en fussent éloignés de plus de cinq lieues et qu'ils ne fussent retenus pour cause de maladie ou pour tout autre motif.

Le même jour l'administration municipale de Revin faisait conduire cinq quarts de corde de bois sur la place publique dite des *Ouages.* L'habitant de la commune dernier marié était tenu, d'après l'usage, de construire avec ce bois un bûcher ; mais avant de commencer son ouvrage, celui qui en était chargé devait mettre de côté autant de bois qu'un homme très fort peut en porter, et quand le bûcher était dressé, la jeunesse lui faisait charger ce fardeau sur ses épaules et l'obligeait de le porter à son domicile sans pouvoir se reposer un seul instant. Il devait bien se garder de jeter ou de laisser échapper une bûche, parce que pour chaque morceau qui tombait, il devait payer une amende d'un pot de bière à la jeunesse, qui l'exigeait impérieusement.

Le premier dimanche de carême était aussi nommé dans quelques localités le *Dimanche des bourres,* parce qu'il était d'usage de brûler de la bourre et des étoupes à la porte de ceux qui avaient des enfants à marier.

ED. SÉNEMAUD.

LE CATELET DE MONDREPUIS

Le plateau du Catelet (Aisne) est l'une des plus belles positions où les préhistoriques se soient établis. Il domine les plateaux environnants et il en est séparé par des gorges profondes dans lesquelles coulent l'Oise, la Marnoise, le ruisseau de la Maladrerie et le ruisseau des Chiens. Ce plateau n'était uni à la plaine qu'à l'Est. Il en fut séparé par un profond retranchement qui commence à un coude formé par le ruisseau des Chiens. Le retranchement fut commencé de ce côté. Arrivés sur le faîte du plateau, ceux qui le construisaient s'aperçurent qu'ils ne pourraient joindre le ruisseau de la Maladrerie à angle droit, ils en changèrent légèrement la direction de façon que la défense fut partout en face des assaillants. Ce retranchement qui a nécessité le déplacement de centaines de milliers de mètres cubes de terre ne porte la trace d'aucun instrument en fer, d'aucune construction en pierre ou en briques, ainsi que l'on a pu s'en convaincre en creusant un grand abreuvoir dans le fossé du retranchement et en y établissant les fondations des dépendances d'une maison de campagne. Par le nivellement du retranchement à certains endroits, on voit qu'il n'est composé que d'argile sur laquelle il n'a dû y avoir que très peu de végétation, puisque l'on n'en remarque plus aucune trace. Le terrain qui a servi à le former n'était pas encore cultivé. On retrouve par ci par là des silex taillés sur le retranchement, mais il n'en existe aucun dans la terre qui a servi à le former.

Le plateau de 3 à 400.000 mètres carrés du Catelet n'a pas seulement servi à abriter des hommes, il abritait aussi les troupeaux. Au sud-est, à une faible distance du ruisseau des Chiens, se trouvait un réservoir appelé depuis la fosse aux Loups. Ce réservoir, ou plutôt cet abreuvoir, d'une superficie de 150 à 200 mètres, était alimenté par une source. De nombreux instruments en silex ont été retrouvés auprès de l'abreuvoir de la Fontaine aux Loups. D'ailleurs, c'est auprès des sources du plateau du Catelet qu'il a été découvert le plus de silex taillés. La population du Catelet, qui paraît s'être portée sur le sommet du plateau, où elle habitait les cabanes en terre qui ont formé les mottes qui n'ont été égalisées que depuis peu d'années, lors du défrichement, s'est portée plus tard vers le ruisseau des Chiens, au sud-est. Elle a même passé ce ruisseau et s'est établie, pendant longtemps, sur la rive opposée à celle du Catelet. Cette population plus nouvelle a connu le fer, la poterie, les briques et même l'ambre dont il a été retrouvé un grain de collier. Cette population, voisine du camp et non abritée par lui, pratiquait aussi l'incinération. Ses tombes sont les pierres de granit, dits bacs à poules, tombes si nombreuses dans tous nos environs. Les meules de granit sont utilisées. Les hommes qui ont vécu là n'étaient plus seulement des pasteurs, mais ils étaient déjà des cultivateurs, travaillant en paix la terre dont ils pouvaient espérer profiter de la récolte.

A. Desmasures.

LE PATOIS PICARD

Deuxième Lettre à M. l'Éditeur de la REVUE DU NORD DE LA FRANCE

Monsieur l'Éditeur,

L'accueil empressé que vous avez fait à ma première lettre m'enhardit à continuer de vous entretenir du même sujet, savoir, de l'orthographe à suivre pour écrire le patois de notre région.

M. l'abbé Corblet, dans les préliminaires de son Glossaire, pose ce principe, assurément très judicieux, que « l'*usage*, la *pronon-* » *ciation* et l'*étymologie* sont les trois bases qui doivent servir de » fondement à une bonne orthographe (chap. V, § 1ᵉʳ); » puis, après avoir écarté l'*usage*, comme ne pouvant être invoqué en l'espèce, attendu la rareté des documents écrits, il ajoute : « D'autres écrivains ont modelé servilement leur orthographe sur » la *prononciation,* en rompant la tradition étymologique, en suppri- » mant—il devait dire en altérant systématiquement—les signes du » genre, du nombre, du mode et du temps et les consonnes finales » qui restent muettes. Nous ne pouvons, disait-il, adopter ce système » qui multiplie les homonymes, embarrasse l'intelligence de la lec- » ture, réduit les mots à des sons fugitifs qui ne parlent plus par » eux-mêmes, et change un des plus précieux débris de la langue » romane en un détestable argot individuel. »

Or, ce que disait l'auteur en 1851, n'a fait que s'aggraver de jour en jour. Surchargés d'apostrophes, par lesquelles sont indiquées des ellipses que les dictionnaires les plus complets se gardent bien d'expliquer, défigurés par les continuelles tortures qu'on inflige à leurs radicaux, en vue de noter diverses nuances de prononciation, les mots de la langue picarde sont des protées, des caméléons, dont la vraie forme est insaisissable.

M. l'abbé Corblet, arrivant le premier à dresser l'inventaire du langage de ses compatriotes, avait un beau rôle à jouer, qu'il a manqué entièrement par trop de précipitation. Au lieu de marcher sur les traces de Furetière, de Boiste et de Vaugelas, au lieu de remonter sérieusement aux origines romanes et d'en montrer la tradition toujours subsistante dans la prononciation locale et dans nombre d'écrivains, même des plus modernes, il a préféré suivre les errements de la foule et consacrer de son autorité les plus déplorables travestissements linguistiques que l'on puisse imaginer. Il ne s'est même pas donné toujours la peine de désagréger les conglomérats syllabiques transmis à son oreille, et l'on trouve dans sa nomenclature des faux-semblants de mots, comme *Achafin, Chetichi, Chetilo, Ocché, Stichi, Stilo,* qui ne sont autres que *A cha fin* (à celle fin), *cheti-chi, cheti-là, Où que ch'est, ceti-chi, ceti-là,* locutions qu'on dirait empruntées directement à Joinville ou à Villehardouin, et qui sont d'un usage journalier parmi nos paysans. Seulement, pour les comprendre, il faut se donner la peine de les bien écrire !

Si l'on me permet, au risque de me répéter, de revenir sur les formes dont je parlais dans ma première lettre, c'est-à-dire sur les adjectifs possessifs *me, te, se, men, ten, sen, mes, tes, ses,* constamment ainsi orthographiés depuis nos plus vieux trouvères jusqu'à nos plus proches contemporains, comment les reconnaître dans *Em', Eme, Emn', Min, M'n, Emmes, Em's, — Et', tin, Ête, — Es', Esse, s', sin,* que l'auteur du Glossaire enregistre soigneusement dans sa nomenclature, et à quoi il conviendrait d'ajouter aujourd'hui d'autres leçons empruntées à l'orthographe spéciale de Hector Crinon, telles que *Emm, Ett, Ess, Emm'z', Ett'z', ess'z,* et je ne sais combien d'autres !

Comment se frayer une route au milieu d'un pareil dédale, comment démêler une règle grammaticale dans ce fouillis, et comment ne pas traiter de barbare un aussi manifeste charabia ?

Il était pourtant si simple de dire, au moins pour ceux qui écrivent en prose, *me mère, te sœur, se fille, men père, ten frère, sen fiu, mes gambes, tes hottes, ses maisons,* et, en avertissant de regarder comme absolument muets les *e* placés entre deux consonnes simples, *mes amis, tes ez, ses œuz, men argent, ten onque, sen honme ;* ou bien, si l'on veut, principalement pour la versification, on pouvait écrire comme M. A. Desrousseaux, *m'n, t'n, s'n, m's, t's, s'n,* avec une apostrophe qui marque ellipse de l'*e,* tandis que, dans le système généralement suivi, ce signe ne représente rien.

Et il ne faut pas croire qu'en agissant ainsi l'on contredirait la tradition. M. Corblet lui-même, arrivé aux dernières pages de son Glossaire, avoue qu'il eût été peut-être préférable d'adopter pour son orthographe *men, ten, sen,* au lieu de *min, tin, sin* (p. 571); et dans les pièces qu'il publie,

> *Naturam expellas furcâ, tamen usque recurret,*

on trouve *men bergneux* (p. 51), *men visage* (p. 66), *ten teint* (p. 54).

D'ailleurs, *in* ne rend pas *en*. Et si l'on doute de ma parole, à moi, né paysan, vivant et conversant chaque jour au milieu des paysans, — qu'on écoute au moins le doyen des patoisants de ce siècle, pour notre région, le plus consciencieux observateur qui se soit mêlé d'écrire sur la matière, Hécart, dont la troisième édition du *Dictionnaire Rouchi-Français* est de 1834, et on l'entendra dire, sous le mot *Inter :* « Le français n'a pas de nuance pour » prononcer différemment *en* et *in*. LE PATOIS NE CONFOND PAS » CES DEUX SONS; » et plus loin, sous *Men :* « Men fieu, mon fils. » Grégoire d'Essigny écrit *min fleu* en Picard; C'EST UNE AUTRE » PRONONCIATION. *Men* se dit partout en *Flandre* [1]. »

Toute la tradition, à Lille, comme à Boulogne, est pour *Men, ten, sen.* C'est l'orthographe favorite de Brûle-Maison, *men visage, men coulon, sen gros cat, men gardin, men sermon, ten corps,* etc. C'est l'orthographe de notre poète Desvrois, Dezoteux, qui a écrit tout au commencement de ce siècle, et qui dit : *men cousin, men coutiau, men côté, men parei, men hatrez, ten père, sen beurre et sen lait.* C'est l'orthographe du traducteur de la *Parabole* en patois de Béthune, rédigée en 1807. C'est la seule orthographe rationnelle, grammaticale, étymologique, la seule qui rende la prononciation dans son intonation populaire de *en* sec, comme quand l'homme des champs articule son adverbe admiratif *Ben,* fort différent du *Bin* par lequel on se croit aujourd'hui obligé de le remplacer.

Il me resterait à renforcer ma thèse par l'examen de l'article indéfini, *en, enne,* comparé avec l'adjectif numéral *un, unne,* autre sujet d'inextricable confusion et de barbarie d'orthographe; mais je ne puis accaparer pour moi seul toute la *Revue* et je renvoie le lecteur à un prochain numéro.

Veuillez agréer, etc.

D. HAIGNERÉ.

---

1. Hécart aurait dû dire : « *Men* se dit partout en Picardie, aussi bien qu'en Flandre. » C'est la crainte de voir ce mot prononcé à la Normande, *Man, tan, san,* crainte chimérique et mal fondée, s'il en fut, qui a induit à écrire *min* et à fausser ainsi la prononciation.

DENTELLE ET DENTELLIÈRES LILLOISES

Depuis quelques années, à Lille, pendant la fête du *Broquelet,* [1] on expose, dans un cabaret, ce qu'on est convenu
d'appeler un *Bouquet du Broquelet,* c'est-à-dire un ensemble
d'outils, d'ustensiles et de matières premières employés dans
la fabrication du fil, et ce qui, dans cette exhibition, étonne le
plus la génération actuelle, c'est un *carreau* ou *coussin* de
dentellière prêt à fonctionner. [2] C'est qu'en effet l'industrie
dentellière, qui a été si florissante à Lille, y est maintenant
complètement délaissée. On n'est pas d'accord sur la question
de savoir si l'invention de la dentelle aux fuseaux qu'on
appelle *broquelets* (petites broches) à Lille, appartient à la
Flandre ou à l'Italie, qui a déjà la gloire d'avoir inventé celle
à l'aiguille, mais ce qui est incontestable, c'est qu'aucun peuple
n'a égalé les Flamands dans l'art de fabriquer cette nature de
dentelle.

Rapportons cependant ici la charmante légende qui court à
Venise à ce sujet :

« Un jeune pêcheur de l'Adriatique était fiancé à la plus
belle fille d'une des îles de la lagune. Aussi laborieuse que
belle, la jeune fille lui fit un filet neuf qu'il emporta sur sa
barque. La première fois qu'il s'en servit, il ramena du fond
de la mer une superbe algue pétrifiée qu'il s'empressa d'offrir à
sa fiancée. Mais voilà que la guerre éclate et oblige tous les
matelots à partir sur la flotte vénitienne, vers les rives d'Orient.

---

1. Nous avons consacré une notice à cette fête dans notre ouvrage sur
les *Mœurs populaires de la Flandre française.* — Lille, Quarré, éditeur.

2. « Le fond et le cadre de ce petit métier sont en bois ; le dessus en
étoffe légère ; on le remplit de son pour que les épingles ne se rouillent pas.
Comme on le voit, c'est un véritable *coussin.* Dans une pasquille de Brûle-
Maison, il est question d'une *danse du coussin* que je ne connais pas, mais
je sais qu'autrefois, lorsqu'une dentellière se mettait en promesse de mariage,
ses voisines allaient à sa rencontre en portant *sa chaise et son coussin ajoulés*
(enjolivés). Cette cérémonie se terminait par des chants et des danses. »
(Chansons et Pasquilles de Desrousseaux ; 4° vol. ; vocabulaire, p. 243.)

La pauvre jeune fille pleure le départ de son fiancé et reste des jours entiers à contempler la belle algue qu'il lui a laissée comme gage de son amour. Tout en regardant ces superbes nervures reliées de fibres si légères, elle tresse les fils terminés par un petit plomb qui pendent autour de son filet : peu à peu elle reproduit, de ses doigts habiles, le modèle aimé sur lequel ses yeux se portaient sans cesse. A la fin, elle réussit : *la dentelle à piombini* était inventée. » [1]

Aucun document ne fixe l'époque à partir de laquelle l'industrie dentellière s'est établie à Lille, mais on croit que c'est au commencement du xvi⁰ siècle. Ce qui le donne à penser, c'est qu'un retable de Quentin Metsys se trouvant dans l'église Saint-Gomar, à Lierre, province d'Anvers, représente une jeune fille faisant de la dentelle aux fuseaux. On sait que le peintre-forgeron a vécu de 1450 à 1529. Les fuseaux, nommés aussi *bloquets,* dit M. Lefebure, ce qui se rapproche assez de notre mot *broquelet,* s'appellent en italien *fuselli* ou *piombini.*

Nos archives départementales et communales contiennent fort peu de documents concernant l'industrie de la dentelle ; il n'en est pas fait mention dans le *Recueil des principales ordonnances des Magistrats de la ville de Lille* publié en 1771 ; jamais elle n'a été représentée dans nos anciens cortèges, où chaque corps de métier se faisait honneur d'assister; elle ne devait pas être du ressort des jurandes et des maîtrises.

On sait cependant qu'au xvii⁰ siècle les dentellières avaient un costume qui les distinguait des autres ouvrières lilloises. Alors que celles-ci portaient une *jaquette* en gros drap avec un chapeau de même étoffe, les dentellières avaient un pardessus de *calmande rayée,* un bonniquet de toile fine plissé à petits canons. Une médaille d'argent, pendue au cou par un liseré noir complétait ce costume, qui était encore en usage il y a une soixantaine d'années. Le *bonniquet* a été depuis lors très longtemps conservé et nous connaissons plusieurs vieilles femmes qui le portent encore. Il a même donné lieu à un dicton. En effet, d'un mari qui a été réprimandé par sa femme, on dit qu'il a reçu des *coups de bonniquet.* Dès l'âge de sept à huit ans, les petites filles destinées à devenir dentellières,

1. *Broderie et dentelle,* par Ernest Lefebure. A. Quantin, édit., Paris.

étaient mises en apprentissage dans des ateliers appelés *écoles* et que dirigeaient des entrepreneurs vendant leurs produits aux négociants. D'abord l'élève devait, suivant un engagement, travailler six mois, quelquefois plus, sans recevoir de salaire ; puis elle était plus ou moins payée, suivant le degré de son habileté, et, lorsque son apprentissage était fini, elle pouvait continuer de travailler en atelier ou devenir elle-même entrepreneuse, ou enfin se borner à travailler chez elle et vendre directement aux marchands le produit de son travail. Une femme mariée pouvait donc, tout en travaillant, soigner son ménage et ses enfants.

Nous avons connu de vieilles dentellières qui ne parlaient jamais sans émotion du beau temps de leur jeunesse où, travaillant à l'*école,* elles chantaient en chœur des chansons pendant une partie de la journée et à la veillée. Il y avait des chansons spéciales, dites de dentellières, qui, malheureusement, sont perdues. Au printemps et en été, à la brune, les apprenties se réunissaient sur nos places publiques pour chanter et danser des rondes.

A la fête du *Broquelet,* toutes les *écoles* à l'intérieur comme à l'extérieur, étaient ornées de guirlandes de feuillages et de fleurs, d'écales d'œufs de diverses couleurs et de *nieules,* sorte de pains d'autel coloriés de grande dimension ; la maîtresse leur offrait un déjeuner : du lait, des *faluiches* (petits pains peu cuits et aplatis), des gâteaux appelés *couques sucrées,* des œufs... quel régal !... Pendant une semaine ce n'étaient que chants et danses. Ah ! quel bon temps !... et les bonnes vieilles faisaient avec autant de chaleur le récit des plaisirs auxquels se livraient, au *Broquelet,* les filtiers et les dentellières dans les guinguettes de l'époque.

En 1789, il y avait à Lille, y compris ses faubourgs, 15,600 ouvrières dentellières ; en 1800, il y en avait encore 12,000 ; en 1810, il n'en restait plus que 6,000. A partir de 1814, époque où nos relations se rétablirent avec l'Angleterre, la décadence se manifesta de plus en plus. Nous avions à lutter avec l'industrie du tulle, qui a fini par nous vaincre complètement. En 1820, nous n'avions plus que 1,500 dentellières ; en 1850, on en comptait à peine 600, qui ne gagnaient plus que très peu de chose, et aujourd'hui on ne trouverait peut-être plus chez nous six femmes sachant faire de la dentelle. Nous connaissons cependant une dame dont les petites-filles reçoivent des leçons d'une vieille dentellière, actuellement pensionnaire d'un de nos hospices. Qui sait ? la mode viendra peut-être, pour les jeunes personnes, de faire de la dentelle comme elles font maintenant du crochet, de la peinture sur porcelaine ou de la musique. Mais il serait temps de s'y mettre, car bientôt on ne trouvera plus de professeurs.

A. Desrousseaux,
Chansonnier à Lille.

NOS POÈTES DE TERROIR

II

L'abbé CHARPENTIER

Les conférences littéraires ou scientifiques sont d'usage courant dans les réunions mensuelles du *Cercle des Francs-Picards à Paris.* Les fêtes de l'esprit ont un charme particulier quand elles évoquent le souvenir de la terre natale, et c'est à semblable fête que M. Félix Fabart, le distingué président du *Cercle des Francs-Picards,* suivant en cela l'exemple donné dans la précédente séance par M. Albert Carette, avait convié ses collègues à la réunion d'avril. Il a initié son auditoire à l'œuvre poétique d'un curé de Fignières, l'abbé J.-B. Charpentier, qui vécut au xviii⁰ siècle (1698-1772), et dont il est fait mention en ces termes dans la *Géographie de la Somme par un ancien Instituteur :*

« . . . . L'abbé Charpentier avait un goût très vif pour la poésie. Le *Mercure de France* de 1739, 1740, 1741 contient plusieurs odes et des fables de cet ecclésiastique qui méritait sans doute d'être placé ailleurs que dans un chétif village. »

Comme commentaire à la mention du géographe, M. Fabart a fait de nombreuses citations des poésies que l'abbé Charpentier avait consignées au registre de la paroisse de Fignières, entre les actes de baptême, de mariage ou de décès, et il a prouvé que c'était un esprit supérieur, « raison bien suffisante pour qu'il mourût curé *d'un chétif village.*» Car l'abbé Charpentier n'avait point l'échine souple ; sa muse flagellait, d'une façon par trop nerveuse pour son profit, les vices ou les ridicules des puissants qui pouvaient aider ou nuire à son avancement, et sa collaboration au *Mercure de France* lui valut certainement plus d'inimitiés que de faveurs.

L'abbé Charpentier avait porté l'épée ou le mousquet, comme il résulte des deux vers suivants :

> *Phéal amy, l'honneur de notre Rhosne,*
> *Jadis mon phare au métier de Bellone.....*

extraits d'une longue épître satirique adressée à M. de Branta, archidiacre, grand vicaire d'Amiens, parce que ce dernier affichait une morgue insolente à l'égard des curés de campagne.

Nous coupons dans cette satire les vers suivants :

> *Prêtre picard ne reconnaît de maître*
> *Que son prélat : lui seul a le droit de l'être ;*
> *C'est à lui seul qu'il prêta le serment*
> *D'obéissance, et non à son agent.....*

Aussi, la verve du poète se donne libre champ contre les autorités ecclésiastiques intermédiaires; les doyens particulièrement servent de cible à ses brocards rythmés :

> *Quand Bélial voulut tracer au monde*
> *Les horribles noirceurs d'un ange stygien,*
> *Il vomit des Enfers cet animal immonde*
> *Que l'on nomme Doyen.....*

En latin, il n'est pas plus tendre pour eux, ainsi que le prouvent ces deux anagrammes :

Denuntians	*Decipiens*
Episcopo	*Episcopum ;*
Crimina	*Capiens*
Aliorum ;	*Argentorum ;*
Non	*Nocens*
Vero	*Vniversis*
Sua.	*Sacerdotibus.*

Il a pour les faux dévots la même animadversion :

> *Quand le Ciel veut punir les humains,*
> *Il emploie des bigots la langue et les mains ;*
> *On doit donc insérer dans chaque litanie :*
> Délivrez-nous, Seigneur, de leur sainte furie !
> *Je rends grâces au Ciel de n'être pas bigot ;*
> *J'aimerais mieux cent fois être encore plus sot,*
> *Plus asne, plus ignare et d'un plus sot génie*
> *Que le fameux X*** dont la sainte folie*
> *A fait un gros chanoine.....*

La muse de J.-B. Charpentier sait être badine à l'occasion, et il a certains tableaux que ne désavouerait point de Parny.

Incontestablement, le curé de Fignières était un écrivain distingué, mais, comme prêtre et bien que poète, on nous accordera qu'il avait certainement trop conservé les allures d'un soldat qui ne sait point farder ses impressions, sous l'impulsion vigoureuse d'une nature ardente, que révèlent de belles pensées citées par le conférencier. Mais force nous est d'abréger. Disons, pour terminer, que le poète et son éloquent commentateur, M. Félix Fabart, ont fait passer aux auditeurs de cette conférence une très agréable soirée.

Élie Moyen.

BLASON POPULAIRE DU NORD DE LA FRANCE

I

M. Alfred Harou, qui publie actuellement une importante étude sur le *Folklore de la Belgique* dans la revue *La Tradition,* nous adresse les notes suivantes, que nous accueillons avec le plus grand intérêt. Nous espérons parvenir prochainement à joindre la Belgique wallonne aux provinces ressortissant du cadre de la *Revue.* Pour l'étude du patois picard, dès à présent, la *Revue du Nord* est ouverte aux collaborateurs wallons. Le patois picard forme un grand idiome que l'on peut limiter par une ligne allant de Rouen à Paris et de Paris aux Ardennes. Cette question sera développée ultérieurement. H. C.

Les sobriquets suivants ont été recueillis dans les œuvres de
M. de Saint-Génois. Il en est peu qui aient survécu.

Béthune : *Les Mangeurs de Gaufres*. — Orchies, *Les Mangeurs
de Noix*. — Dunkerque, *Les Mangeurs de Lapins*. — Commines,
Les Drapiers. — Gravelines, *Les Soudards de Gravelines*. — Douai,
Les Archers de Douai. — Lille, *Les Briseurs de Lances de Lille*.
— Cassel, *Les premiers Combattants de Cassel*. — Bailleul, *Les
Faiseurs de Fromages*. — Saint-Omer (Audomarois), *Les Pendeurs
de Porcs*. — Hondschote, *Les Fileurs d'Hondschote*.

Dans les *Archives historiques et littéraires du Nord de la
France* (ann. 1855, p. 424), nous trouvons les sobriquets suivants
qui concernent les villages du Nord :

Le Cateau, *Les Foireux du Cateau*. — Basuel, *Les Endormis de
Basuel*. — Mazinghien, *Les Noirs de Mazinghien*. — Catetton, *Les
Gueux et Glorieux de Catetton*. — Solesmes, *A Solesmes, quand
on crie au voleur! tout le monde s'enfuit*. — Saméon, *A Saméon,
les Gueux y sont!* — Landas, *Les Lourds de Landas*. — Orchies,
Les Pourchaux d'Orchies. — Orvilé, *Qui va à Orvilé, en revient
crevé!*

Anvers, 15 Juin 1890.

ALFRED HAROU.

BIBLIOGRAPHIE

L. QUARRÉ-REYBOURBON. — *La Vie, les Voyages et Aventures de
Gilbert de Lannoy*, chevalier lillois, au xv⁰ siècle. — Lille, 1890.
Br. in-8°. — L. Quarré, éditeur.

M. Quarré-Reybourbon est infatigable. Voici une nouvelle étude
qui ne le cède en rien à ses devancières, et qui est bien digne de
l'érudition du bibliophile lillois. Le chevalier Gilbert de Lannoy,
né à Lille en 1386, était « le véritable type de l'ancien chevalier
errant, devenu diplomate et voyageur, curieux de savoir et avide
de s'instruire, tantôt soldat de fortune cherchant les aventures et
payant largement de sa personne, tantôt envoyé comme ambassa-
deur par Jean sans Peur et Philippe le Bon, tantôt enfin simple
pèlerin ou voyageur. L'amour du merveilleux, l'intrépidité, l'indépendance, la piété, l'insouciance de l'homme de guerre, rien ne
manque pour rendre son caractère complet. » M. Quarré-Rey-

bourbon, s'inspirant des ouvrages de Gilbert de Lannoy et de notes inédites trouvées dans les bibliothèques et les archives, a réussi à reconstituer la vie du chevalier-diplomate. C'est une étude à lire avec intérêt. M. Quarré-Reybourbon a bien mérité de la Flandre en prouvant que Gilbert de Lannoy était *Français et Lillois*, et non Belge comme on l'avait assuré jusqu'à présent.

———

ALPHONSE CAPON. — *Poèmes de Flandre.* — 1 vol. in-8° de 220 pages. — Paris, 1890.

M. A. Capon est déjà bien connu des lecteurs de la *Revue du Nord*. Rédacteur à l'*Écho du Nord* — que dirige un autre poète, H. Verly, — il publie dans ce journal des chroniques documentées du plus grand intérêt pour les amateurs d'histoire locale, comme aussi pour les lettrés, car Capon a le don du style, le bonheur de l'expression. Les *Poèmes de Flandre* sont consacrés au passé historique et légendaire de la Flandre, le pays des luttes séculaires, la terre des *Gueux,* comme les Pays-Bas, des *Gueux,* bourgeois et artisans, toujours prêts à défendre leurs chères libertés menacées. Un grand souffle patriotique traverse ces *Poèmes,* et l'on se plaît à revivre ces pages de vieille histoire dont le souvenir est demeuré vivace, vivant dans le cœur de nos compatriotes. Tour à tour, dans les vers de Capon, défilent les Nerviens, les saints convertisseurs, Lydérick et Phinaert, les géants légendaires, Beaudoin au Bras de Fer, les pirates Northmen. Puis voici le moyen âge avec ses moines chevaliers et ses chevaliers récitant des prières en égorgeant les vaincus. Époque toute d'antithèses, au reste, où le bien atteignant au sublime coudoie le mal monstrueux... Mais à quoi bon continuer ce compte-rendu? Les *Poèmes de Flandre* sont notre histoire; c'est notre vie, le passé de notre race vigoureuse, tenace, indomptable. Bientôt l'ouvrage de M. Capon sera dans toutes les mains.

———

J. PÉTRÉAUX. — *Chansons et Poésies.* — 1 vol. in-8° de 252 p. — Paris, L. Labbé, MDCCCXC.

M. Desrousseaux, dans une étude publiée dans l'*Épargne du Travail* de Lille, nous a fait connaître le joli volume de chansons que vient de publier M. J. Pétréaux, grand industriel du Nord, poète et chansonnier à ses heures. Nous avons demandé le volume à M. Pétréaux, qui nous l'a aussitôt adressé avec son adhésion à la *Revue du Nord,* adhésion dont nous le remercions volontiers.

Nous avons lu l'ouvrage de M. Pétréaux avec le plus grand plaisir. L'auteur est maître de son sujet ; ses vers coulent bien de source dans les sujets les plus divers. M. Pétréaux a des opinions politiques très tranchées. Nous n'avons pas à le juger de ce côté dans la *Revue du Nord*, qui doit respecter toutes les opinions sincères. Citons une partie de l'article de M. Desrousseaux. Le maître chansonnier exprime on ne peut mieux, et avec plus d'autorité que nous, tout le bien que nous pensons de M. Pétréaux :

« J. Pétréaux, est membre de la *Lice chansonnière*, société lyrique parisienne qui marche de pair avec le *Caveau*. L'ouvrage qu'il vient de publier est un beau volume intitulé : *Chansons et Poésies,* mais les chansons y sont en plus grand nombre que les poésies proprement dites, et c'est à « La Chanson » d'ailleurs qu'il adresse ses premières strophes après une sorte de préface, un hommage rendu à « Ernest Chebroux », l'un de ses *parrains* à la *Lice chansonnière.*

« Pétréaux qui se présente, fort modestement, en demandant des conseils à son ami Chebroux, a la versification facile. Toujours il exprime clairement ce qu'il veut dire et toujours il veut dire quelque chose. Bon patriote, exposant ses principes avec une grande netteté, il consacre des strophes chaleureuses à l'amitié ; il célèbre gaiement le vin de Bordeaux, et aussi le champagne, ce dont nous lui faisons notre sincère compliment. Quant aux chansons de genre, il en a de charmantes, comme le *Facteur.*

« Rien de plus gai, et, en même temps, de plus ingénieux que les chansons de *Lanturlu, tu, tu* et *Une femme pour trois maris.*

« Un avis télégraphique	Que leur veuve, séraphique,
Prévient trois élus du Ciel	A reçu le coup mortel. »

« Heureux, tous les trois vont l'attendre à la porte du Paradis.

« Et la pauvre femme arrive.	Des luttes, des frénésies
Jugez de son embarras,	Et des lâches attentats.
Lorsque plus morte que vive,	Voyant comme on se comporte,
Elle tombe dans leurs bras. »	Dieu dit aux saints assourdis :
« Cela fit des jalousies,	« Mettez tous ces gens à la porte,
Des tempêtes, des éclats,	A la porte du Paradis. »

« Enfin, il y a là deux chansons vraiment délicieuses en patois picard. L'une d'elles, intitulée : *Rose,* nous a positivement charmé par la naïveté qui y règne d'un bout à l'autre. A regret, la place nous manquant, nous terminons ici ce trop court compte rendu. »

HENRY CARNOY.

Albert Meyrac. — *Traditions, coutumes, légendes et contes des Ardennes, comparés avec les traditions, légendes et contes de divers pays.* — Charleville, impr. du *Petit Ardennais.*

Sous ce titre vient de paraître un volume grand in-8° de près de 600 pages, que nous avons lu avec le plus vif intérêt; c'est un véritable monument élévé au folk-lore des Ardennes. Non seulement l'auteur a rapporté en un style élégant tout ce qui touche de près ou de loin au traditionnisme, mais il a fait preuve d'une **très** haute érudition en cette matière en établissant les comparaisons les plus judicieuses entre les traditions de sa région et celles d'autres pays.

Cet ouvrage, bien divisé dans ses chapitres, est ainsi composé : Livre Ier, traditions, coutumes, jeux, blasons et dictons; livre II, contes de sorciers; livre III, contes et chansons; livre IV, légendes historiques; livre V, contes divers, musique.

L'auteur nous fait connaître dans sa préface que ses rares loisirs des trois dernières années ont été consacrés à la composition de son ouvrage — nous le croyons sans peine. — Il le dédie de tout cœur aux Ardennais, et il ajoute : « Puisse-t-il être reçu avec bienveillance par eux qui m'ont fait — à moi étranger — un accueil si sincèrement cordial. »

Oui ! M. Meyrac, votre œuvre si remarquable sera bien accueillie non seulement par les Ardennais, mais aussi par tous ceux qui se consacrent ou s'intéressent au passé des classes rurales.

Ces études sont aujourd'hui fort à la mode; aussi nous sommes assuré du succès que ne manqueront point d'obtenir les *Traditions des Ardennes.* Nous aurions voulu, si nous n'étions limité par l'espace, nous étendre plus longuement et dire tout le bien que nous en pensons, mais nous engagerons nos lecteurs à lire cet ouvrage intéressant et instructif au premier chef.

Comme complément à son beau livre, M. Meyrac nous donnera prochainement une *Histoire légendaire des Ardennes,* fort volume d'environ 600 pages.

Avec M. Desrousseaux, M. Meyrac sera placé au premier rang des folkloristes de notre région. Leurs travaux devront servir de modèle à ceux qui s'occuperont désormais du traditionnisme de l'une de nos provinces du Nord. Ce sera toujours avec joie que nous saluerons ici l'apparition des ouvrages de ce genre.

Alcius Ledieu.

LES MONUMENTS PRÉHISTORIQUES

III

Les Pierres des Sarrasins. — La contrée qui se trouve entre le Hainaut, la Picardie et la Champagne et dans laquelle prennent leurs sources l'Oise et la Sambre, est encore presque entièrement couverte de bois. Du sommet des collines, qui sont des points élevés de la France, l'œil en découvre à perte de vue. Les formes primitives du sol et les antiquités abritées par la forêt ont moins subi, que dans les plaines, l'action transformatrice de l'homme. Il y a quelques années, on apercevait encore, çà et là, sur le sol du nord de la Thiérache, comme semées par la main d'un géant, d'énormes blocs de grès-poudingue appelés dans le pays *Pierres des Sarrasins.*

Les Sarrasins ne sont jamais venus dans cette contrée; cependant, d'après la croyance populaire, tout objet antique date de leur temps. Les combats de Charles Martel, de Charlemagne contre les Arabes, peuple ayant une religion différente de la nôtre, ont contribué à fonder cette croyance. La civilisation plus avancée des Sarrasins les a fait considérer comme possédant un pouvoir occulte. Les *Pierres des Sarrasins* ont été probablement des autels primitifs (?); le clergé catholique, afin de détourner de ces autels la superstition populaire, leur aura appliqué un nom abhorré. Les pierres en petits blocs portent le nom de *Pierres-à-Grains-de-Sel.* Elles tiennent cette appellation des parties de mica qui entrent dans leur composition et qui étincellent au soleil comme des grains de sel. Il y a eu dans la forêt du nord de la Thiérache d'immenses carrières de ces pierres. Les principales furent celles des *Petit-pas-Bayard* et des *Macquenoise.* Une seule, de Macquenoise, avait 400,000 m. q. d'étendue. Ces pierres, étant réfractaires, servaient aux fourneaux répandus dans la forêt. On confectionnait encore avec elles les innombrables pierres rondes creusées, que l'on dit avoir servi de meules à écraser le blé. En ouvrant les routes forestières, au lieu dit la *Fontaine-à-l'Argent,* on a trouvé de ces meules de quoi empierrer un demi kilomètre de route. La *Fontaine-à-l'Argent,* qui tire son nom de pièces de monnaie qu'on y a trouvées dans une fontaine, est le vaste emplacement d'une agglomération importante détruite par le feu dans les premiers siècles de notre ère. La végétation y recouvre partout des ruines. Les *Pierres des Sarrasins* ont presque entièrement disparu. N'ayant plus aucune crainte d'être frappés de la main de bois des *Perluquins* (feux-follets) qui les gardaient, nos carriers les ont cassées et les ont fait servir à l'entretien des chemins. (ALFRED DESMASURES, art. dans la *Petite Revue*, t. II, p. 353-54; 1873.)

(A Suivre)   C. DE WARLOY.

LE MOUVEMENT LITTÉRAIRE, ARTISTIQUE et SCIENTIFIQUE

Lorsque nous avons voulu fonder la *Revue du Nord de la France*, nos amis nous ont fait de nombreuses objections. La *Revue*, nous disait-on, n'a aucune chance de succès. Les hommes du Nord approuveront votre idée, mais ils ne vous soutiendront pas. Ah! si vous vous adressiez aux Méridionaux! Mais le Septentrional a la tête froide. Si vous ne comptez que sur lui, vous n'irez pas à votre troisième numéro. Vous serez découragé auparavant. — Eh bien, non! nos amis avaient tort. Loin d'être découragés, nous avons la plus grande confiance en l'avenir de notre entreprise. Des adhésions très précieuses nous sont parvenues dès que le public a eu connaissance de notre œuvre. Nous avouerons franchement que nous n'espérions pas obtenir si vite certaines de ces adhésions. Les trois premières ont été celles de Jean Richepin, notre premier écrivain du Nord, de Carolus-Duran, le grand maître portraitiste de notre siècle, et de Desrousseaux, le célèbre chansonnier lillois. — Puis, presque aussitôt, nous sont arrivées les adhésions de Jules Breton, le poète de *Jeanne*, le peintre des *Glaneuses*, d'Arist. Croisy, le maître tailleur de pierre, de Léon Duvauchel, le romancier naturiste de *la Moussière* et du *Tourbier*, de Darimon, l'ancien représentant du peuple, des peintres Gambart, Tattegrain, Scalbert, Jules Sevrette, G. et E. Deully, des poètes Prarond et A. Capon, des érudits chanoine Haigneré, E. Ozenfant, V. Advielle, L. Quarré-Reybourbon, Roussel, des critiques Fernand Bertaux et Maurice Thiéry, et de tant d'autres amateurs, écrivains, artistes, érudits estimés de tous les travailleurs du Nord. M. Ribot, ministre des affaires étrangères, a bien voulu, être des nôtres, comme M. Boucher-Cadart, président de la *Société amicale des Enfants du Nord et du Pas-de-Calais* et du *Dîner de la Betterave*. Aux *Enfants du Nord*, au *Dîner ardennais*, au *Cercle des Francs-Picards*, au *Dîner du Flippe*, l'accueil n'a pas été moins chaleureux. Le Bureau du *Cercle des Francs-Picards* presque en entier est représenté par les adhésions de MM. Albert Carette, ancien député, **A.** Lupy, Elie Moyen, Henri Morelle et Maillard. Le chansonnier Gustave Nadaud a bien voulu, avec son adhésion, nous promettre sa collaboration. Les journaux du Nord, l'*Echo du Nord*, le *Petit-Nord*, le *Réveil du Nord*, le *Progrès du Nord*, le *Journal d'Amiens*, l'*Echo de la Somme*, le *Progrès de la Somme*, la *Gazette* et le *Journal de Péronne*, le *Journal de Montdidier*, le *Petit Ardennais*, le *Pilote de la Somme*, le *Progrès picard et le Ralliement*, le *Progrès de l'Oise*, ont signalé notre *Revue* en termes très flatteurs.

La semence est jetée. Nous espérons qu'elle tombera dans un sol fertile comme celui de nos riches plaines du Nord. Nous pourrons ainsi développer la *Revue* et lui donner toute l'importance qu'elle mérite. Le jour viendra où nous aurons réuni autour de cette publication tous les écrivains, tous les artistes, tous les érudits et tous les savants du Nord, pour le plus grand honneur de nos vieilles provinces, pour l'intérêt de tous.

Quelques personnes nous ont écrit pour nous demander, en échange de leur collaboration, le service de la *Revue*. Nous avons dû refuser pour cette raison qui prime toutes les autres : *C'est qu'il faut que la Revue vive*. C'est par l'adhésion de tous, adhésion matérielle et collaboration, que nous pourrons publier régulièrement la *Revue du Nord* et lui donner une grande importance. La cotisation annuelle de dix francs, si minime déjà, a été réduite à huit francs pour certains fonctionnaires modestes capables de nous rendre des services utiles. Il nous est matériellement impossible d'aller au delà.

Plusieurs de nos adhérents nous ont demandé des bulletins de souscription dont quelques-uns nous ont été retournés remplis. De même, d'autres adhérents nous ont envoyé des adresses d'érudits, d'écrivains, etc., pouvant s'intéresser à la *Revue*. Nous les en remercions.

On a, d'un autre côté, demandé pourquoi la *Revue du Nord* ne s'occupait pas de politique. A cette question nous répondons par un *Non* absolu ! La politique nous divise déjà trop. Nos adhérents appartiennent à toutes les fractions de l'opinion. Et nous respectons toutes les opinions.

On nous a dit aussi : « L'Archéologie, le Folklore tiennent beaucoup de place dans votre *Revue*. » Nous trouvons ces questions si intéressantes que nous ne les oublierons pas, tout en développant le côté artistique et littéraire de notre publication.

Terminons cette note déjà trop longue en exprimant l'espoir que bientôt nous verrons venir à nous les adhérents des sociétés du Nord : La *Société des Enfants du Nord et du Pas-de-Calais*, le *Flippe*, les *Enfants du Nord*, le *Cercle des Francs-Picards*, comme aussi les professeurs de la *Faculté de Lille*, nos artistes et nos érudits, tous ceux enfin qui, dans la grande Patrie, ont, dans le cœur, une place de prédilection pour la Province natale.

*
* *

Nous lisons dans l'*Épargne du Travail* de Lille, l'article suivant, que nous croyons dû à la plume de M. A. Desrousseaux.

Il vient de paraître à Paris une revue sous le nom de *Revue du Nord de la France.* C'est, à notre connaissance, la troisième publication mensuelle qui porte ce titre.

La première, créée en 1838, par M. Brun-Lavainne, alors archiviste communal à Lille, a cessé de paraître en 1847. La seconde, entreprise au commencement de 1854, par le même écrivain, a eu huit années d'existence. Pourquoi ces deux revues, fort bien faites par des hommes de talent, ont-elles si peu duré? Est-ce parce que, étant publiées à Lille, elles n'exerçaient leur action que sur un public trop peu nombreux ou bien ne serait-ce pas parce que pour beaucoup de lecteurs, ce qui s'écrit en province ne compte pas en littérature? Nous n'en savons absolument rien. Quant à la troisième, elle nous paraît se présenter sous les meilleurs auspices. Elle a pour directeurs : M. H. Carnoy, professeur au Lycée Louis-le-Grand à Paris, et M. Alcius Ledieu, conservateur de la bibliothèque communale d'Abbeville (Somme). M. Carnoy a de la persévérance. Après avoir été secrétaire général de la *Société des Traditions Populaires* qui publie une revue sous ce même titre, il a créé *La Tradition,* recueil mensuel passant à bon droit pour l'une des meilleures revues de folklore. Il a écrit bon nombre de chroniques dans la grande presse parisienne et a publié des ouvrages de recherches qui tous ont eu de beaux succès. M. Alcius Ledieu est également un travailleur ardent. Il dirige avec une haute compétence *le Cabinet historique de l'Artois et de la Picardie* et a déjà publié, à Paris, deux importants ouvrages : *Monographie d'un Bourg Picard; Histoire de Démuin* et *la Guerre de Trente ans en Artois.* Tous deux dans l'âge heureux où l'on peut encore travailler ardemment, ils lutteront, au besoin, pour mener leur barque à bon port et tout nous fait espérer qu'elle y arrivera.

Un excellent artiste, notre ami Armand Beauvais, vient d'obtenir la deuxième médaille au Salon des Champs-Elysées pour un paysage : *Une Mare à Caroles.* M. Beauvais peut être placé parmi les artistes du Nord. C'est dans nos campagnes de Picardie et de Normandie qu'il a trouvé le sujet de ses meilleurs paysages. Nos lecteurs ont remarqué sans doute la signature du joli dessin qui orne la couverture de la *Revue du Nord.* Nos compliments à l'auteur du *Moulin du Nord.*

La *Société des Amis des Arts* de Douai, dont M. Léon Maurice est le président, vient d'ouvrir son Exposition annuelle des Beaux-Arts, le 6 juillet dernier, dans les salles de l'Hôtel de Ville. La clôture définitive est fixée au 3 août prochain.

*
* *

La ville de Cambrai organise aussi avec le concours de la *Société des Amis des Arts* son Exposition artistique dans les galeries de l'Hôtel de Ville. L'ouverture aura lieu le 15 août prochain, date de la fête communale.

*
* *

L'inauguration du monument commémoratif de la victoire remportée à Hondschoote (Nord), le 8 septembre 1793, par les Français contre les Anglais et les Autrichiens a eu lieu le dimanche 15 juin après-midi. Les rues étaient décorées et tous les fonctionnaires du département, ayant à leur tête le préfet du Nord et le général Loizillon, commandant le 1er corps d'armée, y assistaient. Ce dernier a prononcé un long discours où il a rappelé les faits héroïques de la bataille. M. Outters, maire d'Hondschoote, lui a répondu. Un banquet a eu lieu à l'Hôtel de Ville le soir. La ville était illuminée.

*
* *

Le statuaire A. Fossé est chargé des sculptures de l'Hospice Saint-Victor en construction à Amiens. M. Fossé est l'auteur de la *Minerve* qui décore la façade du Crédit lyonnais à Amiens.

*
* *

Notre collaborateur Léon Duvauchel prépare, avec la sage lenteur qu'exige toute œuvre d'observation et de style, un nouveau roman picard : *L'Hortillonne.*

*
* *

Le dernier dîner des *Enfants du Nord* a eu lieu le samedi 14 juin, à sept heures, au restaurant Philippe, galerie de Valois. La réunion était nombreuse, comme d'habitude. Le maître Carolus-Duran présidait. Parmi les convives, nous avons remarqué MM. Ed. Sain, Berne-Bellecour, Brochard, Émile Carlier, Henry Carnoy, Georges et Eugène Deully, Paul Duthoit, Alfred Darimon, Léonard, Mairesse, Mascart, Jules Printemps, et un grand nombre de notabilités artistiques, politiques et littéraires. M. Carolus-Duran a porté un toast très applaudi au sculpteur Carlier qui, de l'aveu de tous les artistes, avait bien mérité cette année la médaille d'honneur du Salon des Champs-Elysées. On s'est séparé assez tard en se donnant rendez-vous pour l'automne prochain.

*
* *

Le 15 juin a eu lieu à la taverne Grüber, boulevard Saint-Denis, la réunion mensuelle du *Cercle des Francs-Picards.* Assistaient à la réunion : MM. Fabart, Élie Moyen, Maillard, Morelle, Albert Carette, Louchart, Henry Carnoy, etc. M. Maillard a rendu compte des travaux d'organisation du dîner annuel qui aura lieu le troisième mercredi de juillet au restaurant de la Porte-Dorée, avenue Daumesnil. Les sociétaires pourront assister au dîner avec toute leur famille. Un bal suivra le banquet. M. Élie Moyen a entretenu ses auditeurs du discours qu'il avait prononcé au nom du Cercle à l'occasion de l'inauguration du Concours régional d'Amiens. Ce discours a été vivement applaudi. Nous regrettons que les nécessités de la mise en pages nous obligent à ne point publier les paroles de M. Moyen. Le Cercle recrute chaque jour de nouveaux adhérents. Nous en félicitons sincèrement le Bureau.

*
* *

La pièce de notre compatriote Jean Richepin, *Par le Glaive*, a été reçue à l'unanimité par le Comité de la Comédie-Française.

La *Société française d'archéologie* a tenu son congrès annuel le mois dernier à Brive-la-Gaillarde. Parmi les lauréats, nous relevons le nom de M. Alcius Ledieu; l'ensemble de ses travaux d'archéologie locale a été jugé digne d'une récompense.

Mgr Charles Debaisnes, l'auteur bien connu de *l'Art dans la Flandre, le Hainaut et l'Artois avant le* XVe *siècle* et de tant d'autres ouvrages pleins d'érudition, vient de faire paraître *la Vie et l'Œuvre de Jean Bellegambe*, peintre douaisien du commencement du XVIe siècle. Le consciencieux et complet volume de Mgr Deshaines a été l'objet, de la part de M. L. Quarré, de Lille, des mêmes soins et du même luxe que le précédent ouvrage du même auteur.

*
* *

La dernière livraison de l'excellente *Revue de l'Art chrétien* (juillet 1890) contient le quatrième article de *l'Art à Amiens vers la fin du moyen âge dans ses rapports avec l'école flamande primitive,* par Mgr C. Dehaisnes.

M. Paul Marmottan est un travailleur infatigable; après avoir publié une *Notice historique et critique sur les peintres Louis et François Watteau, dits Watteau de Lille* (Lille, Danel), il nous donne *Les Peintres de la ville d'Arras depuis le moyen âge jusqu'à nos jours* (Paris, Plon).

Le Gérant : Alcius LEDIEU.

Abbeville, imp. du Pilote de la Somme, FOURDRINIER ET Cⁱᵉ.

REVUE DU NORD DE LA FRANCE

LES HOMMES DU NORD

II

M. LE CHANOINE HAIGNERÉ

Né à Bellebrune, dans le canton de Desvres, le 18 décembre 1824, M. Jacques-Marie-Daniel Haigneré a passé les premières années de sa vie à suivre les cours du magister de son village et à garder les bestiaux dans les champs. Il ne se souvient pas d'avoir jamais appris à lire ; mais, dès l'âge de cinq ans, il dévorait tout ce qui lui tombait sous la main, les *Almanachs de Liège* dont il se formait une collection, un roman ou deux de Ducray-Duminil, un volume dépareillé de la *Jérusalem délivrée,* les contes du chanoine Schmid, et, pour assaisonner le tout, les *Quatre Fils Aymon, Jean de Paris,* d'autres volumes de la *Bibliothèque bleue,* et deux ou trois fragments des œuvres lilloises de Brûle-Maison.

A l'école, en ce temps-là, on n'avait guère de livres autres que le *Catéchisme,* l'*Histoire sainte,* la *Civilité puérile et honnête,* les *Devoirs du Chrétien,* la *Vie de N.-S. Jésus-Christ.* On copiait soi-même sa *Grammaire,* son *Arithmétique ;* pour le reste, on ne s'en occupait pas.

Le futur abbé ne tarda pas à en savoir plus que ses camarades, plus même que son maître. Il lisait toujours, même aux champs, assis, comme Tityre, sous les hautes futaies, et, quand il jouait, c'était à des jeux sérieux. Il jouait au curé, il jouait au soldat. Tantôt, il faisait des processions, disait la messe et y prêchait le *Sermon naïf* de Brûle-Maison ; tantôt, il bâtissait avec des mottes de terre et des branchages, dans les éteules, des maisons, des châteaux forts, des églises, qu'il s'amusait ensuite à renverser dans des expéditions guerrières dont il se faisait le narrateur et le héros. Il se plaisait alors à enterrer ses morts, à leur élever des tombeaux, à leur composer des épitaphes, à tenir de tout cela des registres en règle, des chroniques en miniature, où le sacré et le profane, le réel et le chevaleresque se mêlaient, se coudoyaient, se heurtaient dans le plus beau désordre. « Toutes les fois, nous disait-il un jour, que je pense à tout ce que j'ai fait en ce genre, à l'âge de douze, treize, quatorze, quinze ans, j'ai peine à concevoir comment j'étais arrivé à développer en moi une si riche et si féconde imagination ! »

C'était la vocation de l'écrivain et de l'historien qui se dessinait ainsi et qui se mariait heureusement à celle du sacerdoce, à cause de l'affinité naturelle de cette dernière profession pour la vie calme, retirée, studieuse du presbytère.

Grâce à quelques relations que sa famille avait à Boulogne, grâce aussi (c'est justice de le dire) à l'intelligence du vénérable M. Bochent, son curé, qui lui donna ses premières leçons de latin, le jeune écolier de Bellebrune fut mis en pension chez l'abbé Haffreingue, à la rentrée des classes du mois d'octobre 1840. Il y entrait en septième, et il en sortait le 17 août 1846, *emenso curriculo,* après avoir rempli, chaque année, de l'éclat de ses lauriers scolaires, les plus belles pages du palmarès de l'institution.

M. Haffreingue, qui savait retenir à son service, pour l'aider à continuer son œuvre, les sujets qui lui paraissaient avoir le plus bel avenir, garda auprès de lui, comme répétiteur, puis comme professeur, le jeune homme distingué qu'il avait eu pendant six ans comme écolier. Formé, dans sa raison, par l'éminent maître de philosophie qui s'appelait l'abbé Barbe, dans l'art du style et de la composition, par le professeur habile et disert qui était l'abbé Clabaut, M. Haigneré se trouvait prêt à remplir dans l'établissement les plus hautes fonctions. Aussi, après avoir été pendant un an professeur de quatrième, monta-t-il bientôt (1849) dans la chaire de rhétorique, où il enseigna pendant dix ans cet art de bien dire dont il donnait l'exemple dans ses écrits.

Car l'abbé Haigneré se mit de bonne heure à écrire. Tourmenté par la muse archéologique, ayant à sa disposition la bibliothèque de l'institution, où l'on comptait dix mille volumes et plusieurs précieux manuscrits d'archives, il commença par illustrer de petites monographies diverses églises des environs ; puis, comme il avait appris l'anglais durant le cours de ses études classiques, il s'appliqua à vulgariser, dans la *Voix de la Vérité* de M. l'abbé Migne, les doctrines du célèbre architecte Pugin pour la restauration du mobilier des églises. Entre temps, il rédigea (1851) — ce fut alors son œuvre la plus considérable, — une monographie de la crypte de Notre-Dame de Boulogne, dont il suivait assidûment les fouilles, chaque hiver.

Ses études privilégiées l'avaient préparé depuis longtemps à des labeurs de ce genre. Qu'on nous permette une anecdote, qui est typique, et que nous tenons de la bouche même de celui qui en fut le héros. Il y avait, dans la modeste église de Bellebrune, une pierre qui portait une inscription réputée indéchiffrable. C'était une épitaphe de l'an 1307, écrite en lettres onciales du temps. L'enfant de chœur d'autrefois l'avait maintes fois considérée, sans y rien voir de satisfaisant. On disait dans le village que ce devait être de l'hébreu ! L'écolier curieux résolut d'en avoir le cœur net. N'étant encore qu'en cinquième où, par parenthèse, il étudiait le grec dans un *Novum Testamentum* imprimé en ligatures, — histoire de se faire la main, — il consacra une de ses sorties mensuelles à faire une visite à la bibliothèque de la ville, pour y copier, dans Fabre d'Olivet, un alphabet hébraïque ; puis, se souvenant, pour l'avoir eu quelques heures entre les mains, que l'historien Henry, dans son *Essai historique* sur Boulogne, avait donné en fac-simile l'inscription de la bancloque de cette ville, écrite en caractères de forme antique, il se fit communiquer l'ouvrage, transcrivit l'inscription et en dressa l'alphabet. Muni de ces précieux renseignements, il courut, à la sortie suivante, jusqu'à l'église où gisait l'énigme, et goûta, en la déchiffrant avec la plus grande facilité, une des plus douces jouissances que puisse rencontrer sur sa route un esprit chercheur. C'était au commencement de 1842, et l'auteur de cet exploit venait à peine d'entrer dans son dix-septième printemps !

Bientôt, rompu à l'ampleur et à l'exactitude des recherches historiques, grâce aux leçons d'Antoine-François Dufaitelle, le plus patient investigateur que possédât le département du **Pas-de-Calais** ; — initié aux mystères de la diplomatique et à la science des manuscrits par le savant bénédictin, honneur des lettres françaises, qui devint le cardinal Pitra et qui compta le jeune professeur au nombre de ses correspondants privilégiés ; — favorisé des affectueux conseils que lui donna avec sa haute compétence le R. P. Cahier, durant les vacances de l'année 1854, qu'il consacra tout entières au soin des cholériques dans la paroisse de Saint-Martin-Boulogne, à défaut du curé malade, M. l'abbé Haigneré, qui avait été ordonné prêtre en 1853 par Mgr Parisis, se préparait à des publications plus considérables.

M. François Morand, son ami, l'ayant recommandé au maire, M. Fontaine, pour les archives de la ville, il se vit mettre à la tête de ce dépôt par un arrêté du 31 mars 1854 ; et bientôt il publiait (1856) sa remarquable *Étude sur l'existence d'un siège épiscopal dans la ville de Boulogne avant le* VII*ᵉ siècle,* suivie, la même année, par la monographie du célèbre évêque de cette ville, Mgr de Pressy, ouvrage qui fut couronné par l'Académie d'Arras.

Peu après, son vénérable supérieur, qui travaillait avec un zèle infatigable et un succès merveilleux à relever de ses ruines le sanctuaire de la Vierge, lui demanda une nouvelle édition de l'*Histoire de Notre-Dame.* M. l'abbé Haigneré se mit résolument à l'œuvre. L'ancienne *Histoire,* écrite en 1681, avait été jusque là réimprimée, à diverses reprises, telle qu'elle était sortie de la plume du chanoine Le Roy. A peine y avait-on fait quelques additions pour en continuer le récit jusqu'à la Révolution française.

Il y avait mieux à faire, et M. Haigneré n'épargna rien pour y réussir. Les études historiques avaient progressé, des documents nouveaux avaient été mis au jour, d'autres gisaient dans les arcanes des bibliothèques et des archives : le nouvel historien les utilisa. Ce fut toute une révélation. L'ouvrage parut en 1857, au moment de la grande procession qui se fit pour l'inauguration de la statue de l'Immaculée-Conception, de Bonnassieux, sur le dôme de la cathédrale. L'auteur reçut de toutes parts les félicitations les plus chaleureuses, et se vit, dès lors, posé, comme archéologue, au rang des premiers écrivains de la contrée.

(*A suivre.*)   ALCIUS LEDIEU.

A LA PETITE-MAISON DU MI-CHEMIN

CHEZ NOBIS

CONTE POPULAIRE FLAMAND [1]

Nobis vint à trépasser et alla tout droit au ciel, en pensant à la courte durée de la vie.

Pan, pan, pan ! fit-il à la porte du ciel, mais très doucement, et d'une manière presque imperceptible, car Nobis était un peu craintif pour paraître devant saint Pierre.

« Qui est là ? demanda saint Pierre à travers un petit guichet carré, qui était pratiqué dans la grande porte.

— C'est moi, c'est Nobis de Bruges.

— Ah ! c'est bien, entrez. »

La grande clef tourna deux fois dans la serrure et la porte s'ouvrit.

« Bien venu, Nobis, dit saint Pierre ; voyez, je vais vous montrer le chemin ; vous irez tout droit, et quand vous serez au bout, vous prendrez le petit sentier à droite, et vous rencontrerez par là votre femme ; elle reste ici aussi parmi nous.

— Que dites-vous, saint Pierre ? ma femme est ici aussi ! balbutia Nobis, tant soit peu troublé ; s'il en est ainsi, pardonnez-moi, mais je ne peux pas entrer ici. Non, saint Pierre, quand là, en bas, nous demeurions ensemble, nous ne passâmes pas un jour sans nous disputer ; elle était une vraie furie pour moi ! aussi, pour vous dire toute ma pensée, je ne m'attendais pas à la voir ici ; je vous remercie donc de votre bonté, saint Pierre, mais je ne veux pas rester ici, je vais aller là où je suis certain de ne pas la rencontrer. »

Si saint Pierre dut rire de ce petit bonhomme de Bruges ! Mais il n'y avait rien à faire, Nobis ne voulait plus rien avoir de commun avec sa femme, et il lui fallut partir, coûte que coûte.

A la fin, saint Pierre laissa sortir Nobis ; celui-ci prit le chemin qui conduit à l'enfer. Au bout de peu de temps, il vit de loin venir à lui trois petits noirots, qui lui demandèrent où il allait.

« Je suis en route pour l'enfer.

— C'est nous que vous devez avoir, dit le plus grand des trois :

---

1. Publié par Antoine Verwætermeulen, dans la Revue flamande *Biekorf.*

Vous n'êtes pas encore bien lourd, et si vous pouvez vous asseoir sur mes épaules, nous vous porterons chez notre maître. »

Et Nobis en route pour l'enfer, à cheval sur le diable.

Il faisait horriblement chaud, ce jour-là ; le soleil piquait dur, et encore il y avait la chaleur du feu de l'enfer, qui chauffait tant, que Nobis, bien qu'il ne dût pas marcher, essuya de temps en temps la sueur de son visage. Mais c'était la moindre des choses, s'il n'y avait pas eu les mouches qui tombaient de tous côtés sur son corps.

Le diable qui portait Nobis ne pouvait supporter lui-même les morsures de ces mouches infernales ; il frappait et fouettait avec sa queue tant qu'il pouvait pour les détourner de lui ; mais le pire de tout, c'est que cette queue venait tomber plus d'une fois sur l'épine dorsale du malheureux Nobis.

« Si je pouvais être débarrassé des coups de cette queue », grommela-t-il en lui-même.

Vous devez savoir, ami lecteur, que, durant sa vie, Nobis avait été soldat ou lansquenet, et il ne se souvenait pas que maintenant, il avait son sabre avec lui et à son côté.

« Si je coupais sa queue à ce diable-là, pensa-t-il en lui-même, ce serait le meilleur moyen de l'empêcher de m'étriller ainsi les reins. »

En un clin d'œil, le glaive fut tiré du fourreau, et d'un coup bien appliqué, la queue du diable tomba dans le sable. Nobis était débarrassé de ce tourment, et commençait à reprendre courage. Insensiblement, la clarté du feu de l'enfer augmentait, et les trois démons se tenaient maintenant avec Nobis devant la porte d'entrée de l'enfer. Notre bonhomme fut porté devant Lucifer.

« Qui est là ?

— Nobis de Bruges, qui cherche une place où ne se trouve pas sa femme.

— C'est ici que vous devez être, brave homme, soyez le bienvenu... Mais que vois-je ? dit Lucifer, visant le diable dont la queue était coupée. Où as-tu laissé ta queue ?

— Maître, répondit le petit noirot, Nobis l'a coupée en chemin.

— S'il en est ainsi, Nobis, dit Lucifer, les yeux flamboyants, partez bien vite, vous pourriez couper nos queues à nous tous. Renvoyez cet homme ! »

Attristé, l'homme de guerre quitta l'enfer, les diables le placèrent dans le bon chemin et le laissèrent partir seul.

« Que ferai-je maintenant ? pensa Nobis en lui-même ; au ciel, je ne veux pas être, à cause de ma femme, et dans l'enfer, les démons ont une dent contre moi !

» Une pensée ; ici entre le ciel et l'enfer, il y a encore un passage, et si j'entreprenais d'y construire une petite maison à moitié chemin ; les démons aiment encore à boire du genièvre, et je tiendrais cabaret dans ma demeure. »

Ainsi dit, ainsi fait. Nobis se mit à bâtir, et, en peu de temps, l'habitation entre le ciel et l'enfer était prête. Nobis peignit une enseigne, où on lisait :

A LA PETITE-MAISON DU MI-CHEMIN CHEZ NOBIS

Pas un passant qui n'entrât dans la Petite-Maison du Mi-Chemin pour prendre un petit verre et se reposer un peu. Nobis vécut longtemps heureux, loin de sa femme et indépendant de tout le monde. S'il demeure encore à Mi-Chemin du ciel et de l'enfer, ami lecteur, je ne saurais vous l'affirmer ; mais vous et moi nous le saurons peut-être plus tard.

(Traduit du flamand par LOUIS DE BACKER.*)*

EN VILLÉGIATURE AU COMTÉ DE SAINT-POL

En parcourant nos campagnes de l'Artois, dans la contrée la plus réfractaire aux usages modernes, je remarque que petit à petit l'influence de Paris se fait sentir jusque dans les hameaux. Notre patois y est moins rugueux ; il tend à se franciser, en devenant plus doux. Nos antiques costumes de paysans disparaissent et sont remplacés presque partout non pas encore par des *complets* des grands magasins de Paris, mais par des vêtements *tout faits,* qu'on expédie par ballots dans chaque canton. L'uniformité, qui fera naître l'ennui, succède à la diversité, à cette diversité aux couleurs chatoyantes, si bien chantée par les poètes du dix-huitième siècle.

La *clincaille,* qui fit son apparition sous Louis XVI, brille de tout son éclat dans nos campagnes ; c'est à peine si on rencontre, par ci par là, quelque objet moderne d'une valeur artistique réelle. La camelotte, peinte et dorée, a les préférences des jeunes prêtres ruraux ; et c'est à qui, parmi eux, échangera un saint gothique contre un saint de récente fabrication. Tout ce qui est vieux horripile nos fabriciens ; et, sans l'intervention des évêques et du gouvernement, nos églises seraient bientôt modernisées et mises au goût du jour. D'ailleurs, les églises construites depuis un demi-siècle, témoignent elles-mêmes, pour la plupart, de l'imprévoyance de tous.

Les matériaux de construction sont mauvais, friables à l'excès, et assureront dès lors difficilement une longue vie à ces monuments de pierre qui devraient durer plusieurs siècles.

Je visitais, notamment, ces jours-ci, l'église de Blangerval, près Saint-Pol, bâtie depuis vingt-cinq ans à peine ; c'est déjà une ruine. Sous notre climat pluvieux, il faut du solide, du résistant, et non des constructions en calcaires spongieux, qui s'effritent au soleil et à la pluie. Pour rencontrer une commune modèle, c'est à Ramecourt qu'il faut aller.

Ce vieux *Comté de Saint-Pol* a toujours été l'objet de mes prédilections ; et je me figure volontiers que le sang de son peuple est pur de tout mélange avec les conquérants. C'est presque une NATION, dans le sens patriotique du mot. On est là en plein pays gaulois d'avant l'invasion, et c'est bien de cette contrée, essentiellement agricole, qu'on peut dire avec M. Gellon-Danglar *(Les Lettres françaises depuis leurs origines)* : « En général ce ne fut guère que la haute société et la classe administrative qui devinrent gallo-romaines ; le peuple demeura gaulois. »

Les habitants de l'arrondissement de Saint-Pol sont donc restés gaulois, malgré les Romains, les Anglo-Saxons, et plus récemment, malgré les Espagnols, qui, eux aussi, n'ont fait qu'effleurer les lèvres des Artésiennes d'autrefois.

Il serait intéressant de recueillir dans les veillées les vieux chants et les vieux récits dont le souvenir se perd de plus en plus, et de comparer ces débris du temps passé, avec les plus anciens textes druidiques.

Voici un fragment qui daterait de l'an 400 avant l'ère vulgaire :

LE DRUIDE. — *Tout beau, enfant blanc du Druide, tout beau, réponds-moi. Que veux-tu ? Que te chanterai-je ?*

L'ENFANT. — *Chante-moi la division du nombre un, jusqu'à ce que je l'apprenne aujourd'hui.*

LE DRUIDE. — *Pas de division pour le nombre un, la nécessité unique. Le mort, père de la douleur : rien avant, rien après.*

Avons-nous, dans nos récits campagnards, quelque chose qui ressemble à ceci ; et, spécialement, le mot Druide, — *Drouiz,* — se retrouve-t-il dans le patois de l'arrondissement de Saint-Pol ? M. Edmont, qui a fait de sérieuses recherches sur ce patois, nous le dira, sans doute, un jour. C'est, du reste, de ces côtés-là, surtout dans les petits villages, qu'il faut étudier le patois artésien ; dans les villes, le patois est dégénéré. On n'arrache bien les mots qu'à Blangerval, Savye, Berlette, Tilloy-lès-Hermaville, etc. Mais dans ces localités la prononciation est défectueuse : on barbouille.

Je me souviens d'avoir lu dans le *Mémoire* de l'intendant d'Alsace sous Louis XIV cette phrase qui peint bien les mœurs du pays : « Avant la guerre, on n'entendait que des chants par toutes les campagnes. » On ne peut pas en dire autant de l'arrondissement de Saint-Pol. L'alouette gauloise s'élève toujours dans les airs en saccadant son chant ; mais les filles de notre contrée chantent peu, et même chantent de moins en moins. Quant aux *tayonnes* ou vieilles *grand'mères*, on leur donnerait bien *ène vake pour qu'elles cantent, qu'ann' cantrautent point*, me disait-on. C'est que, pendant ces quelques jours que je viens de passer dans *la Comté de Saint-Pol*, j'ai tenté de recueillir de vieux chants populaires. Ils y sont rares ; puis, les père et mère ne veulent plus chanter ce qu'ils savent parce que c'est *trop viu, trop ancien*, et qu'on se moque d'eux ; les jeunes veulent du nouveau, et la plupart des jeunes ne chantent pas. *Ch'est-i malheureux d'être si bête*, disait une brave femme qu'on avait contrainte à chanter *ène vieille canchon*. Nécessairement, elle ne recommença plus et ce fut autant de perdu pour la compagnie. *Cha s'perd !* dit-on aussi, quand on ne se rappelle plus certains couplets. Il est vrai que, chantant rarement, on doit oublier presque tout ce qu'on a su.

On est d'ailleurs accommodant ; et il n'est pas rare, quand personne ne veut chanter à table, de voir quelqu'un se lever et dire joyeusement : *Mi, j' vas canter*. Et en effet, en forme de fable-express, ce quelqu'un débite ce qui suit :

> En' agache su in buchon ! *(buisson)*
> M' n' agache est envolée,
> V'là m' canchon cantée !

J'avais demandé à un garçon de ferme de me chanter quelque chose d'égrillard qu'il aime à dire quand il a bien dîné, mais je n'ai pu l'y décider. *J'ai de l' poussière dens mes yux aujord'hui*, répondait-il toujours. J'ai su cependant qu'il s'agissait de *Madeleine qui va à Rome pour demander son pardon*. C'est la chanson préférée des ducasses. Il paraît que la grande pécheresse obtint son pardon car, dit la chanson, elle n'avait péché *qu'avec chés curés*.

Une jeune fille, qu'on envoya chercher, voulut bien, sans trop se faire prier, me dire quelques fragments de chansons villageoises; mais de l'une d'elles je ne pus jamais savoir que ces mots : « *Tu verras din tin p'tit coquillage...* »

Voici une chanson au récit rimé, que me transcrivit, d'une façon inintelligible, une autre jeune fille, et que j'essaie d'écrire en notre patois :

I gniau toudi des draules,
Habile' à raconter;
Ce n' s'ra mi des frivoles
Qué j' m'in va vous conter.

Iu homme d' nou village,
S'in allan din ch' marqué,
Pour vind' du coquénage *(coquelets, poulets)*
Avec èn' carett' in bodet.

I s'éliève d'in grand corage,

Partit d'in grand matin,
Aveuqu' esn'équipage,
En' carette et in bodet.

In arrivant din ch' marké,
Bien rote au dequerquer,
Des choux, des pois, des carottes,
Des pemmes ed terre, del porée
(oseille en fricassée)
In arrivant din s' marqué,
Il saut mis à crier,
Y faugeaut des urlemeints...

C'est de la poésie de village, faite on ne sait par qui, mais enfin, c'est bien local. Ça sent au moins le terroir.

On se rappela aussi cette fin de chanson également locale :

Vau, si cha continue,
Vau, tu verras min fiu,
Pour chau qu' t'ira mourir à l'auspice.

Une autre chanson, toujours en patois, n'a pu être dite que par fragments. Il s'agissait d'une jeune fille qui, ayant à choisir entre deux partis, préfère le moins riche. Les yeux de plusieurs campagnardes brillaient en écoutant cette chanson qui agitait leur âme, et j'entendis l'une d'elles dire avec satisfaction à sa voisine : *All' a pu ker incor sin pauve qu' sin riche : il est pu biau!* C'est cette même jeune fille qui me demandait à lire des *lives cd jones gins,* c'est-à-dire des livres de médecine anecdotiques.

C'est que le livre est rare aussi en la *comté de Saint-Pol;* les filles n'en achètent pas. Quant aux garçons, beaucoup *ont pu ker in café qu'ène fille.*

En faisant causer les uns et les autres, pendant plusieurs jours, j'ai recueilli encore ces débris de notre littérature patoise :

A Paris n'y a pas d' masons,
A Paris, y a des masons sans porte
Et des portes sans masons.

Du tin d' min viu grand père

In faijau du drap pu solide...

Rien qu'à l' couture leu pantalon,
In voé qu'y sont d' Blangermont.

Ces derniers vers sont le refrain d'une chanson contre la jeunesse de Blangermont, village voisin de Blangerval.

Dans cette contrée, l'on conserve le souvenir d'un long récit patois en vers qu'on aimait à dire autrefois, mais qu'il m'a été impossible de faire réciter en entier. Comme c'est *viu,* on hésite à le chanter, surtout devant des personnes qu'on ne connaît pas. *Dijez tout d' même,* répétait-on en forme d'encouragement; mais les mots, entrecoupés de rires bruyants, sortaient difficilement. Malgré tout, j'ai pu transcrire ce qui suit :

Tiot Jacq' s'in va à Amiens,	Tiot Jacq' a pris ses cliqu's et ses
Quérir ène trippe ed' vake ;	[claques ;
Tout aussitôt qu' t' arvarau,	A qu' vaux su sin bidet,
Nous f'rons in mardi grau.	Tape, tape...

Voilà le commencement. Petit Jacques arrive à Amiens ; achète une tripe de vache et s'en retourne à Blangerval ou ailleurs. En route, il entre au cabaret, boit *bistouille* sur *bistouille,* au point de ne pas voir qu'on remplace sa tripe de vache par *in viu cat.* Pour comble de malheur, il se dispute, se bat, et alors, le commissaire, ajoute la chanson :

Au nom de la loi brutale
Lui drèche procès-verbal.

Enfin, il rentre au logis, où on l'attendait pour fêter le Mardi gras ; mais il est sermonné par sa femme, qui lui reproche avec aigreur d'avoir

Acaté in viu cat noir !...

Pendant que j'étais à Blangerval, j'appris que c'était fête le lendemain (29 juin) au village voisin. Nous allâmes donc passer la journée du dimanche à Flers, village bien bâti, à large avenue, et qui a un des plus beaux *riez* de la contrée. Là, encore, je fis appel au souvenir des uns et des autres, mais toujours presque inutilement. On chante peu ; donc, on sait peu de chose. En revanche, on mange, on boit et on fume. *Ch' couvet* est toujours allumé dans chaque maison, et c'est à qui on le passera. C'est le Bréviaire de l'Artésien. A table, j'ai recueilli ces dictons populaires :

Quand i fait biau à l' fête ed' Ligny,	Quand i pleut à l' fête ed' Ligny
I pleut à l' ducasse ed' Flers.	I fait biau à celle ed' Bonnières.

Tout cha ch'est des contes, me dit un voisin d'un air goguenard; mais un autre m'assura que le fait se réalise huit fois sur dix.

J'entendis dire aussi : *Pauvre église, pauvres gens !* ce qui est généralement vrai ; et l'un de mes voisins fit l'éloge de sa femme en ces termes énergiques : *Ene femm' comme ell' mienne, quand all' moura, in l' brul'ra !*

Le soir, comme il y avait bal, on alla danser au son d'un violon et de deux pistons. Sur ce point, les filles ne *r'chignent* jamais. Elles étaient toutes venues des villages voisins pour voir danser ou être vues, les unes seules, les autres en compagnie de leurs parents. Quelques rares jeunes filles passaient et repassaient devant le bal : c'est que leurs *amoureux* sont, en ce moment, *soldats.* En *promises* fidèles, elles attendent ! *Tiens ! ravise Jeanne, all' a mis sin biau capiau !* En effet, une jolie villageoise arrive pour danser. Elle est bientôt suivie de quarante compagnes qui danseront jusqu'à quatre heures du matin.

Hélas ! toutes seront *din chès kamps* deux heures après ; mais on se sera bien amusé, on aura été *all' ducass' !* c'est l'essentiel, puisque c'est là qu'on rencontre *chès garchons* et que se nouent les premières amours...

Les hommes, eux, sont au cabaret, car il est d'usage de faire, ce jour-là, une tournée dans les débits. Et tous se soumettent à l'usage pour ne pas être montrés au doigt le reste de l'année.

Ch' maître, faut-y atteler ? demande de temps en temps le domestique ; mais, bah ! *incor ène danse, incor ène bistouille !* Et, de cette façon, on attend que le jour se lève.

Après tout, la dépense est minime, la pinte coûtant deux sous seulement et le café quatre sous et trois sous sans soucoupe.

Dans l'un de ces établissements de village, où j'avais accompagné par politesse un groupe de parents et d'amis, j'entendis raconter l'anecdote suivante:

Le curé de... allait à toutes les fêtes de villages des environs, menant lui-même son bidet, en vrai postillon de Longjumeau. Malheureusement, au retour, il était, presque chaque fois, obligé de passer devant la maison de son frère, qui, scandalisé de l'entendre rentrer trop tard, ne manquait jamais de lui dire le lendemain : *Ah ! j' t'ai bien r'connu, aveuq' tes grelots !...* Notre curé, que ces reproches ne touchaient guère, prit cependant un jour la résolution d'enlever les grelots à son cheval : *Comme chu,* disait-il, *min frère n'inteindra rien !* Et, en effet, celui-ci le crut corrigé de ses promenades nocturnes.

Dans un pays où la plupart des instituteurs parlent patois, on devine bien qu'on n'entend parler que *d' qvaux,* que *d' bidets,* que *d' vaques,* que *d' viaux,* que de *coches* et de *cochons.* On s'y fait d'autant plus facilement, que les braves gens chez qui on est font le possible pour vous bien recevoir. Et puis, ma foi, comme la visite sera courte, et que les réunions sont joyeuses, on a vite oublié Paris et son jargon qui, après tout, ne vaut guère mieux que notre grossier patois.

Les lumières s'éteignent ; les pistons, essoufflés, demandent grâce : c'est l'instant du départ. On s'en retourne, en charrette, ou bras dessous, le long des routes, vraies routes d'amoureux, pour quelques instants encore.

A l'appel du matin, il y a des absents. *Un d' moins et cha fait l'compte tout d' même.* Il faut être tolérant en ces temps de tolérance : c'est la fête ! Le facteur de Frévent est lui-même en retard ; mais, bah ! ç'à été aussi la fête à Frévent, et nul ne pense à lui faire des reproches : il faut bien qu'il s'amuse comme les autres ! La ménagère seule, qui est restée au logis, ronchonne dans un coin : *Si vous avautes affaire à mi,* dit-elle à un domestique qui rentre pour dîner, *vous s'rautes battu, pour faire des aubades pareilles !* Elle a grondé, mais c'est fini. Demain, au petit jour, la ferme reprendra ses allures ordinaires, et l'on sera sage pendant toute une année.

Victor Advielle.

FRÈRE BRUNO ET LES SAYETIERS D'AMIENS

Au nord-ouest d'Amiens, au delà du bassin de la Hotoie, vient mourir le Fond de Grâce, une vallée sèche coupée par des chemins de fer et occupée par le tir de la garnison. Avant les voies ferrées et le stand, le Fond de Grâce était l'un des sites les plus pittoresques des environs d'Amiens, et Pauquy le citait comme renfermant la flore la plus riche de tout le département ; mais depuis le progrès, l'aspect a changé, le terrain s'est modernisé ; adieu les fleurs, la solitude et le pur champêtre ; le sol est devenu aride et l'écho répond toute la journée au sifflet de la vapeur et au tonnerre de la poudre.

Avant la Révolution, l'endroit où s'élève la ferme qui domine le champ de tir était bâti d'un ermitage en plein bois de Saint-Servais et relevant de l'abbaye de Saint-Fuscien. C'est à cet ermitage, appelé du nom de Saint-Remy-des-Bois, que les sayetiers ou tisserands, d'Amiens, venaient par milliers (la fabrique amiénoise occupait au siècle dernier plus de 60,000 ouvriers, tant en ville que dans les environs) deux fois l'an, assister à la messe : à l'Ascension et à l'Assomption. Comme la chapelle était trop petite pour contenir tout ce monde, les fidèles se tenaient sous bois et suivaient le sacrifice au son de la clochette de l'enfant de chœur.

Après l'office, nos sayetiers s'en retournaient par Renancourt et, il faut bien le dire, puisque la tradition le rapporte, ils entraient dans les cabarets et se livraient à des excès d'intempérance et à des voies de fait envers la population.

Parmi les histoires de ces temps, déjà anciens, que l'on garde dans le village, il en est de curieuses et de drôles. Dans le nombre figure celle de frère Bruno.

La voici, telle qu'on la raconte encore le soir à la veillée.

Frère Bruno était un ancien sergent du régiment de Saintonge, en garnison à Amiens. Un jour que la peste sévissait dans la ville, il en fut attaqué d'une manière foudroyante aux abords de la citadelle. Ne pouvant aller plus loin, il se coucha sur l'herbe et attendit un secours qui ne vint pas. Se sentant près de mourir, il fit la prière suivante :

— Grand saint Bruno, mon patron, si tu me conserves l'existence, je troquerai ma casaque contre le froc et je réciterai tant de patenôtres que la langue m'en séchera dans la bouche.

Au même moment deux capucins brancardiers vinrent à passer, il ramassèrent le soldat et l'emmenèrent à l'hôpital où il guérit.

Bruno, fidèle à son vœu, entra aux capucins ; mais, lorsqu'il sortait pour aller aux provisions, il rencontrait d'anciens camarades qui l'emmenaient aux tavernes ; ce n'était pas séant et, plus d'une fois, il lui arriva de rentrer au couvent dans un état d'équilibre douteux. Le supérieur, pour éviter le scandale, finit par l'envoyer chez ses confrères de Saint-Fuscien, à deux lieues au sud d'Amiens, qui l'employèrent à faire escorte aux moines en voyage. Le frère Bruno était apprécié, il était brave, vigoureux ; il était de taille à lutter contre plusieurs voleurs et c'était de plus un homme précieux pour la perception des redevances, car les moines, comme tous bons créanciers, avaient de mauvais débiteurs et frère Bruno était plus redouté qu'un procureur.

Un jour d'Assomption que le frère accompagnait le père Pacome à Saint-Remy-des-Bois, des sayetiers le reconnurent, ils lui firent fête et voulurent l'entrainer à Renancourt boire d'un petit cidre en haute réputation auprès des Amiénois.

— Mes très chers frères, répondit-il entre deux soupirs, la règle
ne me défend pas d'accepter un verre de rafraîchissement quand
la soif dessèche mon gosier, *qui habet aures audiendi audias ;*
mais le devoir m'attache au père Pacome et à la mule du couvent
qui doit nous ramener après l'office.

— Le temps de vider un pichet, frère Bruno, et vous serez revenu
avant que le père n'ait fini de bénir les amulettes.

— Ton raisonnement est juste, compère Antoine, dit père Bruno.
Multos numerabis amicos. Vous avez beaucoup d'amis, dit saint
Jérome ; marchez, mes amis, je vous suis.

Moine et sayetiers descendirent à Renancourt et vidèrent pichet
sur pichet. Frère Bruno oublia l'heure, le père Pacome et la mule.
Il festoya avec ses amis et quand vint le soir, tout le monde avait
noyé la plus belle partie de sa raison. Frère Bruno redevint le
sergent La Ripaille et prit le commandement des sayetiers disposés
à s'amuser autrement qu'au cabaret.

On commença par forcer les habitants à prêter leurs ânes et on
fit une cavalcade fantastique à la lueur des lanternes. Frère Bruno
trouva qu'il n'y avait pas assez de monde pour jouir de la vue
d'une aussi belle fête ; il sonna le tocsin et tous les paysans du
Petit-Saint-Jean, de Pont-de-Metz, de Saveuse, accoururent,
croyant à un feu ; la maréchaussée aussi s'en vint à bride abattue.
Les paysans rirent de la farce, mais les gardes, furieux d'avoir
été dérangés, voulurent s'emparer des boute-en-train. Frère Bruno
ne l'entendit pas ainsi, il organisa la résistance ; il commanda une
levée de fourches et poussa une charge qui délivra les prisonniers
et mit la maréchaussée en déroute. Ivres de gloire et de boisson,
les sayetiers reconduisirent leur chef jusqu'à la porte du couvent,
où ils arrivèrent, faisant un bruit d'enfer, au moment où les moines
commençaient matines.

Cette affaire fit un bruit extraordinaire, le souvenir n'en était
pas encore perdu à la troisième génération.

Quant à frère Bruno, il avait produit un tel scandale que l'abbé
de Saint-Fuscien, convaincu que son novice n'avait pas la vocation,
le fit relever de son vœu.

Le belliqueux Bruno, rendu au monde, devint le sergent messier
de la ville d'Amiens et mourut avec la réputation d'un homme
aimant bien le vin, mais bon diable et toujours prêt à rendre
service à son prochain.

PIERRE D'ISSY.

NOPCES ET FESTINS EN FLANDRE

Oui, en vérité, nos vieux pères les Flamands étaient francs buveurs et gaillards de bon appétit, et ce n'est pas sans raison qu'on les nommait : *Boyaux de soie et ventres de velours.* Oui, ils étaient gens de haulte graisse et de grande capacité, et ce serait honteusement blasphémer contre eux que de les dire indifférents aux arts, eux qui toujours ont cultivé avec religion l'art dont la cuisine est l'atelier.

— Les lippées et ripailles illustres de Grandgousier et de Gargantua, décrites par messire Alcofribas, dit Rabelais, en son livre mirifique, peuvent seules donner une idée de la largesse et de la somptuosité des anciens festins flamands, gueulletons auprès desquels nos galas d'aujourd'hui ne sont que dînettes d'enfants. Oter le verre à un Flamand, atteste certain chroniqueur, *c'est retrancher les racines à un arbre par où il tire la vie avec l'humeur,* et il ajoute qu'il était autrefois de principe d'éducation, en Flandre, de sevrer au plus tôt l'enfant du sein des nourrices et de lui attacher au col un biberon, fait en forme de mamelle, gourde pleine de bière, que l'on donnait à téter au mioche, afin de lui faire perdre plus doucement le goût du lait et l'accoutumer de bonne heure à humer le piot. Élevés à pareil régime, les Flamands arrivaient à l'âge d'homme, le tempérament formé aux grandes buveries. Le calibre des vidrecomes ne leur faisait pas peur, et leur aphorisme était : boire frais et manger chaud !

Y avait-il festivités ou réjouissances, noces, réunions de confréries ou d'échevinages, entrées triomphales de personnages ? Jamais les bons Flamands ne perdaient occasion de festoyer. Si même, l'heureuse occasion ne se présentait pas, ils savaient la créer au besoin. Et l'on vit, en ce temps-là, des soupers *moult grands, plantureux et bien estoffés de toutes choses ;* les tables abondaient de rôts succulents et de poissons monstrueux tels qu'aloses, strubbes, turbot, saumon, etc. C'étaient des menus, comme on disait du temps de Brantôme, *à f... partout : cabillaux au blancq beurre, rayes frites, brochets aux frais harengs, playes boulies, primesels de tons pesant 15 livres la moindre, tripettes frites, trolignons, chapons rôtis, pigeons farcis, pulrée de saulcisses, ratons verts, langues enfumées, poulets à la laitue, fraizes de veau, pastez de venoison, gibelotte d'oisons, rotys frisés, desserts*

*variés, grands dorés, fourés, wattelets, gohières, amplemeures de
groseilles, le tout arrosé de bière et de cervoise, de vins de Bayonne,
d'Orléans ou du Poitou, d'hypocras et de vin du Rhin blanc, moust
et clairet.* On employait, à ce qu'il paraît, pour les tartes, les fromages de Hames, de Neu, d'Houplines, de Saint-Venant, et autres
fromages mols. Les condiments et épices pour les mets de hauts
goûts étaient vendus dans les officines d'apothicaires, où on débitait à cher denier : gingembre de Venise, grains de paradis, coings
de muscade, feuilles de macis, clous de girofles, cannelle courte,
saffren d'Angleterre. L'histoire, avouons-le, a d'étranges oublis ;
n'est-il pas regrettable que les noms de gastronomes et cordons-
bleus, auteurs de tant de bonnes chères, ne soient pas arrivés jusqu'à nous ? Ils pourraient trôner, célèbres, à côté de ceux des
Brillat-Savarin et des baron Brice ; mais, heureusement, tout n'est
pas perdu pour la postérité, car on trouve en nos bibliothèques
d'antiques et précieux traités de maîtres sur l'avant-goût du vin,
sur l'art d'habiller et de trancher les viandes et de plier les serviettes.

La cuisine, en Flandre, était le sanctuaire, l'endroit sacré où, au
milieu des resplendissements des ferblanteries et des cuivres, parmi
les chaudrons, les bouilloires et les grils, se célébraient les divins
et occultes mystères. On citait jadis (soit dit entre parenthèses) un
foyer de cuisine, au cloître de Saint-Bavon, qui brûlait, ardait,
consommait combustibles, entrailles de poissons et autres déchets,
sans jamais laisser trace de cendres. Je ne vous parlerai pas ici
des cuisines, ni des réfectoires des palais abbatiaux, ni de leurs
tables, ni de leurs agapes ; je sais pourtant certains repas, dont le
souvenir évoqué, hum ! ferait venir l'eau à la bouche d'un mori-
bond ; il y avait des galantines d'abbés où l'on faisait entrer jusqu'à dix-sept grosses d'anguilles (c'est-à-dire 1,200 environ) à neuf
sous pièce ; il y avait aussi, outre les quotidiennes consommations
de chapons gras, des pâtés de semaine sainte *assaulsés* d'eau-de-
vie à s'en manger les dix doigts, mais, trève ! je n'ai garde d'enta-
mer pareil chapitre, ne voulant pas mettre indiscrètement les pieds
dans le plat.

Au XVIe siècle, en 1560, il y eut à Lille un repas de noces, vraiment digne des pantagruéliques noces de Gamache. Ledit banquet
était composé de deux assiettes ou services et d'une issue ou dessert, formant en tout 54 plats. La chronique nous en a précieusement conservé le menu et je crois intéressant de le rééditer pour
la satisfaction des gourmets modernes :

1re ASSIETTE. — Plusieurs salades, pieds de porcq à la froide sauze, poul-
let rôty au blancq manger, pastez de caille à la crocisine, cabry rôty et fris,

bouillys lardé de veau, potage de venoyson, poulet boully à l'espinars, genitoires de mouton fris, josnes cygnes rôtys à la dobbe chaude, perdrix rôtys, fricandeaux rôtys, cailles rôtys à la dobbe, leuward (levraut) rôty, lapins de garenne, capres et olives, radis, oranges, moutarde sucrée.

2e ASSIETTE. — Pastez de sanglier, pastez de héron, pastez de faisan, langues enfumées, blancq mangier d'Espagne, pastez de coq d'Inde, pastez de croussets, hure de sanglier, pastez de venoyson, gigot de mouton à la dobbe froide, pastez de lapin, saulce d'Italie, jambon de Mayence, citrons en salade, vol.lle à la gelée, gaulne et amandes.

ISSUE. — Tartes de cerises, tartes de craismes, tartes de nouvelles pommes, petits dorés, fritures d'Allemagne, amplumus, artichaux estuvés, febves pellées et poids étuvés, petits flans, tartes mouses, prunes boullies, pommes avec anis, charneaux, pommes de gannelles, cerises, gastoignes (châtaignes), craisme de Morbecque, framboyses et rouges groseilles, gelées amples.

Le menu ne nous donne pas la carte des vins ; mais il est à croire que les crus étaient à l'avenant, et l'on peut affirmer sans risque que si les convives de ce banquet là ne sont pas morts de faim, ils ne sont pas non plus morts de soif.

Mais le banquet des banquets fut, sans contredit, le fameux *repas du Faisan,* donné à Lille au temps du feu duc Philippe le Bon. Ni Balthazar, ni Sardanaple, de fabuleuse mémoire, n'ont imaginé festin plus merveilleux. La solennité eut lieu au palais de Rihour et réunit nombre de princes, chevaliers, dames et demoiselles. La grande salle était luxueusement ornée de tapisseries, meublée de buffets à vaisselles d'or et d'argent ; partout magnificences, partout chatoiements de cristaux et de pierreries. Une statue de femme demi-nue, cheveux flottants, épandait de l'hippocras de sa mamelle droite. Trois tables immenses avaient été dressées ; chacune d'elles couverte de pâtés pyramidaux et de pièces allégoriques : cathédrale avec ses cloches, vaisseau garni de ses agrès, fontaine jaillissante au milieu d'une prairie, pâté énorme contenant 28 menestrels, château de fée, tours de forteresse d'où coulait une source d'eau d'óranger, moulin à vent sur sa motte, cavalier à cheval sur une tonne, désert sauvage, forêt vierge, nègre monté sur un chameau, fou monté sur un ours, etc... 48 plats ou espèces de mets composaient chaque service, les rôtis étaient voiturés sur des chariots d'or et d'azur. D'innombrables intermèdes agrémentèrent le festin, des orgues jouèrent, des trompettes et des cloches sonnèrent, des ménestrels chantèrent, une dame en religieuse, représentant la foi, entonna une complainte en vingt-deux strophes, toute une série d'animaux fantasmagoriques défila, jusqu'à ce qu'enfin un héraut d'armes entra, portant un faisan vivant et débita une harangue solennelle au prince.

Les banquets, vous le voyez, se terminaient alors comme aujour-
d'hui par des discours.

Cela dit, je laisse aux faiseurs de statistiques le soin d'addition-
ner les repas de noces et les banquets officiels dévorés dans les
pays de Flandres depuis la naissance de Lydéric et de Phinaert
jusqu'à nos jours, en comptant les banquets patriotiques en plein
vent de 1790, 1814, 1815 et de 1847.

A. CAPON.

ESSAI SUR LE FOLK-LORE DU SANTERRE

(Suite)

II. — A L' TÈTÈ

Ce jeu a souvent lieu sur la place communale entre deux
rangées d'arbres, qu'il est défendu de dépasser. Le nombre
des joueurs n'est pas limité; quand il y a beaucoup d'enfants,
cet amusement n'en est que plus beau.

L'emplacement choisi forme une sorte de rectangle divisé
dans le sens de la largeur par une ligne qui le coupe en deux
parties égales. Un joueur va se placer à l'extrémité du rectangle, court dans le but de toucher l'un de ses camarades, et
crie :

A l' tètè cabriolè!
Èche ti qui né s' sauve point
I sero attrapè!

Celui qui a été touché par le premier joueur doit se rendre
avec celui-ci à l'extrémité du rectangle, d'où, se tenant par la
main, ils se dirigent vers l'autre partie en essayant de toucher
un ou plusieurs de leurs camarades. Tous ceux qui sont ainsi
touchés vont se joindre aux toucheurs et la chaîne ne tarde
pas à s'augmenter.

Ceux qui ne sont pas pris cherchent constamment à couper
la chaîne afin de poursuivre ceux qui la composent en les
frappant à coups de mouchoir roulé au bout duquel un nœud
a été fait au préalable; car, quand la chaîne est coupée, les
joueurs qui la formaient ne peuvent plus toucher personne;

ils se réfugient alors en toute hâte dans la partie du rectangle qui leur est affectée et tâchent d'éviter les coups jusqu'à la ligne séparative.

La chaîne s'étant reformée à son point de départ retourne vers la partie opposée du rectangle, et cela continue jusqu'au moment où le dernier joueur est pris. Alors, une autre partie recommence.

Celui des joueurs qui dépasse l'une des deux rangées d'arbres pour éviter d'être pris est considéré comme ayant été touché et va augmenter la chaîne.

Les joueurs qui composent la chaîne se mettent constamment en garde pour éviter de se laisser couper, tandis que celui qui se trouve à chacune des deux extrémités fait tous ses efforts pour saisir l'un de ses camarades.

Quand la chaîne a été coupée, il est défendu à ceux qui n'ont pas encore été pris de frapper les fuyards au delà de la ligne transversale.

III. — Au Fiou

Jeu à courir. L'enfant qui a pris l'initiative de la partie se place au milieu d'un cercle formé par ses camarades et récite la formule suivante avec une très grande volubilité en piquant du bout du doigt, sans s'oublier lui-même, chaque joueur alternativement :

> Enne prol — Déol — Carin — Carol — Les pieds — Bordon — José
> — Simon — Cascarin — Griffon.

L'enfant touché au moment précis où le promoteur du jeu prononce le mot *griffon* sort du cercle. De celui qui reste quand tous les autres sont retirés, on dit : *Il l'est.* C'est lui qui doit courir après les autres jusqu'au moment où il en a touché un ; celui-ci agit de même à son tour. Quand l'un des joueurs se voit sur le point d'être attrapé, s'il peut toucher un mur ou un arbre, il est sauvé.

Les petites filles, qui s'exercent aussi à ce jeu, emploient souvent une autre formule en français que voici :

> Une boule — Qui roule — Avant — Paris — Qui sonne — Une heure —
> Deux heures — Trois heures — . . . . — Onze heures — Minuit.

On retrouve dans les jeux d'enfants chez tous les peuples ce procédé d'éliminations successives au moyen d'un tirage au sort qui fait *sortir* du groupe des joueurs, un à un et tour à tour, chacun de ceux qui *ne le seront pas*, suivant l'expression consacrée.

IV. — A Muche-Muche

L'un des joueurs est chargé d'aller *mucher* (cacher) un de ses camarades pendant qu'un troisième *grongne* ou *buigne,* c'est-à-dire se tourne du côté opposé pour ne rien voir ; au bout d'un moment, il est prévenu par le *mucheur*, qui lui crie : *Çà y est !* Il se met aussitôt à la recherche de celui qui est muché, et, lorsqu'il approche de la cachette, le mucheur lui dit : *Tu brûles !* Quand il est découvert, le muché prend la place du grongneur, et le jeu recommence.

Quelquefois, il n'y a pas de mucheur et il se trouve plusieurs muchés qui avertissent le chercheur en criant de leur cachette : *Coucou !*

Ce jeu donne lieu aux plus plaisantes espiègleries. J'ai été un jour témoin d'un bon tour joué par des jeunes gens à l'un de leurs camarades ; celui-ci avait été caché dans un tas de gerbées qui se trouvaient au milieu d'une cour ; les gerbées étaient placées debout et maintenues dans cette position à l'aide d'une corde qui entourait plusieurs fois le tas. Le chercheur avait cinq minutes pour découvrir le muché ; feignant d'ignorer sa muche, — qu'il connaissait bien, — il laissa écouler quatre minutes. Les spectateurs criaient: *Il ne le trouvera pas ! Il ne le trouvera pas !… Il n'a plus qu'une minute !… Il n'a plus qu'une demi-minute !…* En cet instant, le chercheur, emplissant un seau de purin, alla le vider au milieu du tas de gerbées. Le muché, cherchant à s'esquiver, ne put se dépêtrer et trahit sa présence en poussant mille exclamations. De là, des rires inextinguibles de la part des assistants.

Il arrive parfois qu'un objet est caché dans un endroit ; le chercheur a un temps déterminé pour le découvrir ; s'il réussit, l'un des joueurs prend sa place.

Un jour, j'ai vu cacher un œuf frais sur la tête d'un jeune homme. Le chercheur ne disposait que de trois minutes ; ce

délai était sur le point d'expirer quand le chercheur s'approcha
de son camarade et aperçut une petite bosse sur sa casquette ;
frappant alors un fort coup de poing en cet endroit, il s'écria :
Je ne le trouverai donc point ? La coquille fut brisée et l'œuf
se répandit sur les cheveux, dans le dos, sur la figure, les
épaules et la poitrine du patient, qui eut bien de la peine à se
débarrasser de ce liquide gluant.

V. — Au petit Caillou

Les joueurs sont assis sur le bord d'un trottoir ou sur un
rideau, tandis qu'un enfant a pour mission de cacher un caillou dans le *gron* (giron) de l'un d'eux. Un autre enfant, placé
à une certaine distance du groupe, a le dos tourné et *grongne*.
Quand le caillou est caché, il passe devant le front des joueurs
et doit nommer celui qui détient le caillou ; s'il n'a pas deviné
juste, il retourne grongner ; dans le cas contraire, c'est celui
qui cache le caillou qui prend la place du grongneur.

VI. — Au Rond

Un joueur, auquel on a soigneusement bandé les yeux avec
un mouchoir, est placé au milieu d'un cercle formé par les
autres joueurs qui se tiennent tous par la main et courent en
faisant le rond. Celui qui a les yeux bandés cherche à se saisir
de l'un de ses camarades et doit le nommer ; s'il se trompe, il
continue de demeurer au milieu du cercle ; dans le cas contraire, c'est celui qui a été pris qui le remplace.

VI. — A l' Cutronnè

Cabriole que les enfants des deux sexes font sur l'herbe en
s'étayant sur les deux mains posées par terre.

VII. — A l' Balonche

Quand un cultivateur a établi une aire de grange, il dispose
une balançoire à l'aide d'un câble — *comme,* en patois. Les
enfants des deux sexes ne manquent jamais de s'y rendre en
foule. En piétinant le sol, ils durcissent l'aire, qui ne se crevasse point plus tard.

VIII. — Père et Mère

Les enfants, prenant un caillou plat, un morceau d'ardoise. de panne ou de tuile, le lancent sur la surface d'une mare ou de la rivière pour lui faire faire des ricochets. Ils disent qu'ils ont fait *père* lorsque le caillou n'est sorti qu'une fois de l'eau, *père et mère* lorsqu'il est sorti deux fois, *père et mère* et *un, deux* ou *trois enfants* lorsqu'il est sorti trois, quatre ou cinq fois.

IX. — A l'Chavatte

Les joueurs s'asseient sur le bord d'un trottoir ou sur un rideau ; ils se serrent les uns contre les autres et se tiennent à l'aide d'une main passée sous leurs genoux.

L'un des joueurs, se tenant debout en face de ses camarades, ôte l'une de ses chaussures, qui est aussitôt prise et que l'on se passe de main en main le plus vivement possible. Tous les efforts du propriétaire de la chaussure consistent à s'en ressaisir, et, lorsqu'il y arrive, il en frappe trois coups sur l'épaule de celui qui l'a laissée reprendre et qui doit remplacer le premier en opérant de même.

X. — Casse-Cornet

Les joueurs doivent être en nombre impair, cinq, sept ou neuf. Supposons qu'ils soient cinq ; quatre d'entre eux se placent au pied d'un arbre de façon à former un carré ; le cinquième demeure au centre ; dès qu'il a crié :

Casse-Cornet, — Déloyez vous vakes — Pour aller à che marais,

les autres doivent changer promptement de place ; pendant ce temps, le cinquième joueur cherche à occuper l'une des places devenue momentanément vacante ; s'il y arrive, c'est celui qui trouve les quatre places occupées qui reste au milieu du jeu.

XI. — Pair ou non

Un enfant, tenant dans la main un certain nombre d'objets, tels que billes, noix, etc., dit à son camarade : « Pair ou non pair ? » Si ce dernier devine juste, il gagne tout ce que contient la main du questionneur ; s'il perd, il lui remet une quantité égale des mêmes objets.

(*A suivre*).   Alcius Ledieu.

LE PATOIS PICARD

Monsieur le Directeur,

Vous avez fait, avec raison, bon accueil aux très intéressantes lettres sur le patois picard que vous a adressées M. D. Haigneré et que j'ai lues avec le plus grand intérêt. J'ai l'espoir que vous voudrez bien aussi publier celle que je vous envoie afin d'expliquer, sinon justifier l'orthographe que j'ai adoptée pour écrire mes chansons et pasquilles.

Avant la publication, en 1851, de mon premier volume, il n'existait à ma connaissance aucun ouvrage sur cette matière, et les auteurs des écrits en patois qui avaient précédé le mien dans la Flandre française n'avaient adopté aucune règle à cet égard.

Comme je l'ai dit dans la *Petite notice sur l'orthographe du patois de Lille* placée en tête de mon premier volume, les *Étrennes tourquennoises et lilloises,* autrement dit les *Œuvres de Brûle-Maison,* ne pouvaient m'être d'aucune utilité quant à la manière d'écrire le patois, par la raison que ces chansons et pasquilles n'ont été publiées que soixante ans environ après la mort de l'auteur qui, lorsqu'il les chantait en public, les vendait sur des feuilles volantes dont bien peu ont été retrouvées et que l'éditeur, les ayant écrites sous la dictée de vieillards qui les avaient plus ou moins bien retenues, n'avait pas de système d'orthographe arrêté. J'ai dit aussi, dans ma petite notice, que j'ai cherché à écrire notre dialecte, *autant que faire se peut,* suivant sa prononciation et ne m'écartant que le moins possible de l'orthographe française, afin d'être lu facilement par tous ceux qui connaissent notre belle langue moderne.

Partant de là, j'ai écrit comme suit les pronoms possessifs : *min, tin, sin, no' vo' leu',* correspondant à *mon, ton, son, notre, votre, leur* et j'ai fait remarquer : 1° Que devant une voyelle ou une *h* muette, *min, tin, sin* perdent l'*i* que l'on remplace par une apostrophe : *m'n homme, t'n ouvrache, s'n habit;* 2° Qu'on dit *min père, min cousin, m'mère,* etc., lorsqu'on parle *d'eux,* mais qu'on dit *mon père, mon cousin, man mère,* quand on s'adresse *à eux.* C'est pourquoi j'ai commencé par ce vers ma chanson biographique de Brûle-Maison : [1]

> Mon pèr', racontez-nous ch' l'histoire.

1. *Chansons et pasquilles,* 1ᵘʳ volume, page 1.

C'est aussi ce qui explique que le refrain traditionnel autrefois chanté par nos gamins, lorsqu'ils prenaient part aux batailles des paroisses les unes contre les autres, commence ainsi :

« Vivent les Saint-Sauveur
Man mère !
Vivent les Saint-Sauveur ! »

M. Haigneré relève ces mots à la page 5 de la *Revue du Nord :* *min frère, vint'* (ventre), *j'in sus certain, ch' moumint,* (par erreur on a imprimé *moumin),* et, (p. 6), *tin tour, sin cœur, dins l'nid, complimints, gaîmint, viv'mint,* etc.

Il prétend que, pour rendre avec fidélité les sons que mon oreille aurait entendus si elle avait bien voulu y faire une plus profonde attention, il aurait fallu écrire, comme on le faisait à l'époque romane, comme quelques rares patoisants l'ont fait de nos jours : *men frère, vent', j'en sus certain, ch' moument, ten tour, sen cœur, den l' nid, complimen, gaîmen, viv'men.*

M. Haigneré, en se fondant sur ce qui se faisait à l'époque romane, a peut-être raison, mais je dois lui déclarer que si je suivais son conseil, la plupart de mes lecteurs prononceraient *man frère, vante* (comment peut-il supposer qu'une personne habituée à dire *ventre* et *vente* (action de vendre), prononcerait *vainte* ou *vinte* si j'écrivais *vente),* *j'an sus certain, ch' moman, tan tour, san cœur, dan l' nid, compliman, gaîman, viv'man.*

En ce qui concerne le mot *complimint,* que j'ai cependant écrit au singulier, M. Haigneré dit que « les noms patois ne varient pas au pluriel », et, en ce qui touche les mots *gaîmint* et *viv'mint,* il affirme que « les *adverbes* patois n'ont pas de *t* final ».

En présence de ces affirmations et sans m'appesantir sur le mot *complimint,* j'ai lieu de croire que mon honorable et savant confrère connaît un ouvrage où ces principes ont été posés. Je lui serais très obligé s'il voulait bien me le faire connaître.

Comme je l'ai dit plus haut, j'ai tâché de ne m'écarter que le moins possible de l'orthographe de la langue française, et, dès lors, ayant à traduire les mots *compliment, gaîment, vivement,* j'ai dû logiquement écrire : *complimint, gaîmint, viv'mint.*

M. Haigneré appuie une partie de ses dires sur les œuvres de Brûle-Maison et aussi sur le *Dictionnaire Rouchi.* Or, voici ce que je lis dans la préface du *Dictionnaire du Patois de la Flandre Française ou Wallonne* que M. Louis Vermesse a publié en 1867 à Douai : « Pour éviter à nos savants des errements que n'ont pas toujours su éloigner certains de leurs confrères, notamment M. Hécart de Valenciennes qui, dans son dictionnaire *rouchi-*

français, a défiguré, quant à l'orthographe, la plupart des mots lillois qu'il a admis, nous dirons que les chansons et pasquilles du trouvère Brûle-Maison ont été imprimées de son temps sur des feuilles volantes qu'il débitait lui-même sur les places publiques, et que, à l'exception de quelques-unes précieusement conservées dans le riche et curieux cabinet d'antiquités lilloises de M. Gentil-Descamps, elles sont toutes disparues depuis très longtemps ; qu'il est notoire que M. Vanackere n'a recueilli qu'un très petit nombre de ces feuilles pour éditer les *Étrennes tourquennoises* de Brûle-Maison, et qu'il a écrit ces poésies populaires sous la dictée des vieillards qui les avaient plus ou moins bien conservées dans leur mémoire ; que cet éditeur n'ayant pas, au préalable, adopté un système orthographique basé sur la prononciation locale, il s'ensuit que cet ouvrage ne doit être consulté qu'avec la plus grande rérerve et en se guidant pour l'orthographe sur les productions de nos chansonniers actuels qui, à quelques nuances près, ont tous adopté les règles tracées par M. Desrousseaux. » — Ce lexicographe orthographie comme moi les pronoms possessifs.

Je ferai d'ailleurs remarquer que l'éditeur des *Étrennes Tour-quennoises* n'a pas privé les adverbes de leur *t* final. J'en trouve deux exemples dans une seule chanson : *Le Tourquennois qui a sauvé sa vache dans un moulin-à-vent.*

7e Couplet.

Te n'a qu'à monté douch'ment. (Tu n'as qu'à monter doucement.)

8e Couplet.

Il y dit : Monte hardiment ! (Il lui dit monte hardiment.)

Et partout dans ce même ouvrage, les noms prennent la marque du pluriel, quand il y a lieu, comme en français.

Quoi qu'il en soit, je suis, au fond, de l'avis de M. Haigneré. Il serait bon que les personnes écrivant en patois, et l'on peut voir dans ma notice sur la *Littérature patoise* que j'ai mise dans mon ouvrage sur les *Mœurs populaires de la Flandre Française,* combien elles sont nombreuses, il serait bon, dis-je, que les écrivains patoisants adoptassent un système d'orthographe quelconque.

J'ai depuis longtemps l'intention de faire un dictionnaire général de tous les patois du Nord de la France. Que MM. Haigneré, Ozenfant, les Directeurs et d'autres collaborateurs de la *Revue du Nord* veuillent bien se joindre à moi, et nous publierons quelque jour cet important travail.

Comptant, Monsieur le Directeur, que vous voudrez bien faire un appel dans ce sens à vos collaborateurs et abonnés, je vous prie d'agréer, etc.

A. DESROUSSEAUX.

LA MUSETTE DU PÊCHEUR

JUILLET

Seigneur! est-on sévère et chagrin en Belgique!
Gardes particuliers et garde général,
Par leurs agissements feraient pousser la trique
Aux mains des plus patients qui pêchent au canal!

Pêche au vif? — halte-là! défendue en pratique;
Deux lignes? — on vous flanque un bon procès-verbal,
Et cœtera. -- L'absurde au bon plaisir inique
Se mêle d'un aplomb grotesque et magistral.

Bref, à voir la façon dont s'enfile l'histoire,
Il est certain qu'un jour, —cela me pend au cou, —
On me démontrera sur un ton péremptoire,

Tant d'ennuis idiots l'un sur l'autre s'entassent,
Qu'avec mon bout de fil et mon roseau d'un sou,
Je gêne le parcours des lourds bateaux qui passent!

PAUL PHILIPPE.

MONUMENT A CRINON

Il y a beau temps que je caressais le projet de rendre à ce vénéré satirique l'hommage qui lui est si bien dû. Mais hélas! ce n'était toujours qu'un projet. Car, que faire seul, surtout quand on n'a de rentes que celles qu'on se donne péniblement par les batailles de plume. Souvent — oh! très souvent — je me mordais les lèvres en voyant l'entrain que mettent les Méridionaux à parsemer leurs provinces de bustes et de statues et je me disais : « Le Nord aussi a les siens dont le souvenir vaut au moins un nom sur une pierre; mais le Nord sommeille, le Nord est indifférent... »

Eh bien! non, rien de cela n'est vrai. Si les Septentrionaux ont l'enthousiasme moins prompt, ne connaissent pas le cabotinage des gens du Midi, ils ne se désintéressent pas le moins du monde

des choses artistiques et littéraires de leur contrée. Tout au plus
pourrait-on constater que l'instinctive horreur que leur inspire la
réclame bruyante, l'amour qu'ils ont du foyer, du travail en famille, et, par là même, l'isolement relatif dans lequel ils se trouvent, contribuent à les rendre timides, peu entreprenants. Mais
vienne une occasion de se grouper, aussitôt les idées généreuses
sont unanimement accueillies. J'en ai eu maintes preuves ces
temps derniers, surtout depuis la fondation de la *Revue du Nord.*

Par l'organe d'une publication régionale de cette importance, les
écrivains, les artistes peuvent mieux se connaître, se rechercher,
s'unir dans des circonstances et des conditions données. C'est ce
que beaucoup ont compris. Aussi en ai-je profité pour lancer mon
idée. Je suis heureux de l'écrire, j'ai rencontré partout les adhésions les plus cordiales et le complet dévouement à la cause que je
veux servir. Dès aujourd'hui, il n'est donc pas téméraire d'assurer
que Crinon aura son buste. Déjà, le sculpteur Georges Tattegrain,
un artiste d'un faire très original, a promis son concours à l'œuvre.
Tout est pour le mieux....

Je tiens à clore ces quelques lignes par un remerciement à tous
ceux qui ont eu l'amabilité de consentir, par une collaboration
efficace, à la tâche que j'ai entreprise.

FERNAND BERTAUX.

Voici l'appel du Comité :

AUX PICARDS !

A tous ceux qui, dans notre province, ont connu Crinon, ou qui, n'ayant
pas eu cette heureuse fortune, ont du moins pu apprécier, dans ses satires
et ses chansons, sa bonhomie, sa finesse railleuse, en même temps que son
grand amour pour son rustique Vermandois, pour son cher terroir, nous
adressons un chaleureux appel en vue d'élever, à ce poète-laboureur, un
monument digne de son talent, dans son village natal, à Vraignes, là où il
a vécu, où il a aimé, où il repose.

Nous comptons sur le concours empressé de tous nos compatriotes pour
assurer le succès d'une œuvre dont le but est d'honorer et de perpétuer la
mémoire d'une des plus modestes et des plus sympathiques illustrations de
la Picardie.

Le Comité :

MM. HENRY CARNOY, *Président*, Professeur au Lycée Louis - le - Grand,
  Directeur de la *Tradition* et de la *Revue du Nord de la France;*

Debras, Artiste Peintre; Dehaussy, Artiste Peintre; A. Desrousseaux, Chansonnier; L. Duvauchel, Homme de Lettres; H. Gambart, Artiste peintre; Alcius Ledieu, Directeur du *Cabinet historique de l'Artois et de la Picardie* et de la *Revue du Nord de la France;* Michel, Artiste Peintre; Quentin, Directeur du *Journal de Péronne;* Recoupé, Directeur de la *Gazette de Péronne;* F. Tattegrain, Artiste Peintre; M. Thiéry, de la *Revue du Nord de la France;* F. Bertaux, Publiciste.

Les Souscriptions sont reçues par M. Bertaux, *Secrétaire du Comité, 153, rue d'Alésia, à Paris.*

BIBLIOGRAPHIE

Alfred Migrenne. — *Les Moissons dorées,* Léon Vanier, éditeur, 19, quai Saint-Michel, Paris.

Voulez-vous lire des vers? En voici et paraît-il d'un... ouvrier, ainsi que prend soin de nous l'apprendre l'auteur, M. Alfred Migrenne.

Les *Moissons dorées* sont d'un poète qui a compris que le temps de rimes des stances sur les astres, les papillons et les zéphyrs, était passé. Il s'est bravement mis dans le mouvement et, pour avoir été de son époque, notre compatriote ne manque ni de souffle ni d'inspiration. Il réussit particulièrement le vers de huit syllabes. Nous souhaitons à M. A. Migrenne un succès comparable à celui des *Moissons dorées* dans le nouveau volume qu'il prépare : *Misères humaines.*

Maurice Thiéry.

LE MOUVEMENT LITTÉRAIRE, ARTISTIQUE et SCIENTIFIQUE

Notre collaborateur Desrousseaux vient de recevoir du Comité de l'*Union des Étudiants de l'État,* une lettre d'où nous extrayons ce qui suit : « Vos jolies chansonnettes ont servi de dessert au banquet que nous offrions le 1ᵉʳ juillet à la délégation des Étudiants de Paris. — Le dessert a été fort goûté des délégués. Tous connaissaient le chansonnier; bien peu en savaient les chansons. Aussi ont-ils tenu à emporter celles qu'ils ont entendues; et le Président de la délégation s'est levé pour nous dire que désormais, à chaque fête de l'association de Paris, les étudiants applaudiraient Desrousseaux comme ils avaient jusqu'ici applaudi Mistral. »

*
* *

M. Richepin, en moins de huit jours, a assuré le sort de trois grands ouvrages. Après avoir lu *le Mage* à l'Opéra, il a présenté à l'Opéra-Comique son collaborateur, M. César Cui, l'auteur de la musique de son *Flibustier*; et quelques jours avant il avait fait recevoir son drame, *Par le glaive!* à la Comédie-Française. Trois théâtres subventionnés sur quatre. Rien que cela! Pourtant, M. Richepin n'est pas content; il est parti à Saint-Enogat pour terminer le volume de vers qu'il doit livrer à l'impression au mois de décembre prochain.

Eh bien, et l'Odéon?...

*
* *

Le dimanche 20 juillet, a eu lieu au restaurant de la Porte-Dorée la *Fête de famille* que donne annuellement le Cercle des Francs-Picards. Fête de famille est bien la désignation qui convenait à ce banquet de compatriotes, où la plus exquise cordialité s'alliait à la gaieté si franche et de si bon aloi du caractère picard. De jolies Picardes rehaussaient par leur présence l'éclat de cette belle réunion. Au dessert, M. Félix Fabart, président du Cercle, a porté en termes éloquents et délicats une série de toasts chaleureusement applaudis. Après lui, MM. Fernand Bertaux et Henri Morelle ont pris la parole avec non moins de succès. Un concert a été ensuite organisé et nombre d'amateurs ont fait preuve de réels talents artistiques. Qu'il nous soit permis d'adresser ici nos sincères félicitations à Mme Fréchou-Fabart qui, après avoir chanté d'une façon remarquable, a exécuté brillamment plusieurs morceaux de piano; à Mme Jean Magnier pour la grâce parfaite avec laquelle elle a chanté, d'une voix très juste et bien timbrée, la *Manola* qui a été fort goûtée. Citons encore Mmes Félix Fabart, Constant Pruvost, Rinuy, Seigneurgens, Verdot, qui ont également contribué très activement au succès de cette fête, et faisons de nouveau nos compliments à la mignonne Jeanne Fréchou, presque un bébé, qui, déjà, récite fort gentiment les plus longues fables de notre compatriote le bon La Fontaine.

La couleur locale n'a point manqué à cette réunion picarde. M. Rinuy a chanté *El' tripe perdue*, poésie comique de Crinon, dont il aime à vulgariser les œuvres et qu'il interprète à merveille. Avec un morceau analogue, M. Fabart lui a donné très heureusement la réplique. — Puis, M. Henry Carnoy a présenté des observations très écoutées sur les *Pays de patois picard* et sur le rôle de ce dialecte à divers points de vue. A plusieurs reprises, M. Alponse Bouvet a dit et chanté, successivement, quelques-unes de ses œuvres. Le sympathique directeur du *Journal des Artistes* a recueilli chaque fois des applaudissements nourris et prolongés. Un grand succès a été également remporté par M. Henri Morelle qui a débité d'une façon inénarrable un monologue des plus drôlatiques que l'on pourrait intituler *Sermon sur l'Éternité.* Une délicieuse poésie, tout empreinte des souvenirs du pays picard, a été dite, en dernier lieu, par son auteur M. Fernand Bertaux, pour lequel elle a été l'objet des plus flatteuses démonstrations de sympathie. La place nous manque, à notre grand regret, pour signaler comme nous le voudrions cette superbe réunion. N'oublions pas, pourtant, d'ajouter que MM. Antonin Lupy, Jean Magnier et Octave Pruvost, ses organisateurs, avaient apporté dans l'accomplissement de leur mission une activité et un tact dont ils ont été vivement remerciés et félicités. La fête s'est, naturellement, terminée par une sauterie pleine d'entrain et qui durerait encore, s'il n'avait tenu qu'aux dames.

*
* *

Le Cercle des Francs-Picards de Paris a été longtemps une association purement politique. D'après les nouveaux statuts, le Cercle est fermé depuis deux ans aux discussions politiques et religieuses, et il est composé de Membres réunis par les seuls liens d'origine. Un de nos amis nous demande si le Cercle n'est pas une *brasserie?* A Paris, il est certainement des établissements désignés sous ce nom qui ne sont point certes des lieux de réunion pour des gens sérieux. Quant à la brasserie Grüber où ont lieu les réunions mensuelles du Cercle, c'est un grand café des boulevards qui met à la disposition des Sociétés provinciales une vaste salle de réunion.

*
* *

Nous avons eu le plaisir de lire à l'*Officiel* la nomination de notre distingué compatriote, M. Boucher-Cadart, président de Chambre à la Cour, président du *Dîner de la Betterave,* etc., comme officier de la Légion d'honneur.

*
* *

M. Alcius Ledieu vient d'être honoré d'un prix de 600 francs pour ses travaux d'Histoire provinciale, par l'Institut (*Académie des Inscriptions et Belles-Lettres).*

*
* *

Par arrêté de M. le Ministre de l'Instruction publique et des Beaux-Arts, sont nommés ou promus.

Officiers de l'Instruction publique. — MM. Laillet Jacques-Eugène-Edouard, ingénieur civil à Amiens; Mollien Auguste-Julien-Marie, professeur de l'école de médecine et de pharmacie d'Amiens.

Officiers d'Académie. — MM. Legoux Edouard, docteur-médecin à l'hospice d'Albert (Somme), délégué cantonal; Lemaire Georges-René, professeur de philosophie au Lycée d'Amiens; Rougé (de) Jean-Banabès, rédacteur en chef du *Progrès de la Somme,* critique d'art; Villeret Louis, secrétaire en chef de la Sous-Préfecture de Doullens.

*
* *

M. le Président de la République a bien voulu consentir à poser la première pierre du monument de Faidherbe, à Lille, comme aussi à inaugurer le monument de Wattignies.

*
* *

Il y a quelques jours, en passant rue de Lille, à Roubaix, nous avons été agréablement surpris en lisant sur la façade d'un estaminet, l'inscription suivante :

Au chansonnier DESROUSSEAUX

Et nous devons ajouter, car cela augmente le prix de cet hommage rendu à notre cher concitoyen, que cet établissement a été récemment ouvert par un jeune chansonnier roubaisien, M. Henri Inglebert, à qui Desrousseaux, heureux de cette marque de bonne confraternité, a adressé le mot de remerciement suivant :

> Vous avez pris pour enseigne :
> AU CHANSONNIER DESROUSSEAUX.
> Cette inscription enseigne,
> Aux gens d'esprit comme aux sots,
> Que la chanson, qui console
> Et nous donne la gaîté,
> Est élevée à l'école
> De la confraternité.

M. H. Inglebert honore les lettres par son grand talent. Ce jeune poète a obtenu deux prix aux concours de Roubaix. Nous espérons le compter parmi les adhérents de la *Revue du Nord*.

*
* *

M. Georges Docquois, secrétaire de la rédaction du *Progrès picard* (Abbeville), a présenté au Théâtre Libre un important acte en prose intitulé *Mélie*. Nous apprenons avec plaisir que cette pièce, en laquelle passe un souffle de revendication socialiste, vient d'être reçue et sera jouée l'an prochain.

L'auteur s'occupe actuellement à tirer, pour le même théâtre, cinq actes de *Corruptrice*, le dernier roman paru de M. Émile Goudeau.

*
* *

Des fêtes très brillantes ont eu lieu à Abbeville, les 15, 16 et 17 août, à l'occasion de l'inauguration du monument Courbet, érigé par souscription nationale sur la place qui porte aujourd'hui le nom de cet illustre marin. Nous sommes heureux de pouvoir donner à nos lecteurs une représentation fidèle de l'œuvre de MM. Falguière et Mercié. La partie supérieure, représentant Courbet conduit par la Victoire, est due au ciseau de M. Falguière ; le groupe inférieur, figurant la France relevant le Tonkin, a été exécuté par M. Mercié.

*
* *

Au banquet qui a suivi l'inauguration du monument de l'amiral Courbet, M. Barbey, ministre de la marine, a attaché sur la poitrine de M. Ernest Prarond le ruban de chevalier de la Légion d'honneur que l'on était surpris depuis longtemps de ne pas voir à la boutonnière de cet auteur fécond et laborieux dont l'érudition n'a d'égale que la modestie. Pour être bien tardive, cette décoration n'en est que plus justifiée.

Nous donnerons très prochainement la biographie, par M. Albert Carette, de M. E. Prarond, l'un des premiers adhérents à notre *Revue*.

Le Gérant : ALCIUS LEDIEU.

Abbeville. Imp. des Pilotes de la Somme, Fourmaux et Cie

REVUE DU NORD DE LA FRANCE

LE NORD LÉGENDAIRE

I

LÉGENDES DU CHATEAU D'HEILLY

A peu de distance à l'est du gros bourg de Corbie, en Picardie, on rencontre, au milieu des tourbières, le joli village d'Heilly, berceau de la vieille famille de ce nom, dont l'un des descendants actuels, M. le colonel d'Heilly, est notre attaché militaire à la légation de Berne.

Aux alentours du village existait la magnifique forêt d'Heilly, l'une des plus vastes du Nord, qui fut défrichée il y a une quarantaine d'années, et dont il ne reste comme souvenir qu'une image miraculeuse conservée dans une petite chapelle, sur la route nationale d'Amiens à Lille.

Le château fort d'Heilly fut une des résidences des rois Franks. Il paraît que Charlemagne y séjourna plusieurs fois, sans doute à l'occasion de grandes chasses. Plus tard, le roi Karloman, au dire des chroniqueurs, fut tué dans la forêt, à deux lieues d'Heilly, en un endroit nommé le *Bois-Robert,* à environ un quart de lieue des villages actuels de Baizieux et de Warloy-Baillon. On connaît l'histoire. Karloman chassait dans la forêt quand il fut blessé mortellement par la flèche d'un veneur maladroit. C'était tout bonnement un homicide par imprudence. Mais le code criminel des Franks, pour ces sortes d'accidents, édictait la peine capitale. Karloman — un brave roi dont le nom semble jurer au milieu de la barbare dynastie carlovingienne — déclara, avant de trépasser, qu'il avait été blessé par un sanglier, et sauva ainsi son serviteur. L'histoire dit qu'il fut inhumé en l'abbaye de Saint-Denis, dans le cercueil de son frère Louis III. Mais les paysans picards assurent, au contraire, qu'on enterra le bon roi

Karloman en un endroit tout proche du château de Baizieux.
Il y a vingt ans, le château de Baizieux, alors transformé en
usine, fut acheté par Mme la marquise de Lameth, qui le fit
reconstruire. Je connais un brave érudit qui se mit alors en
tête de faire des fouilles aux environs du château pour y
découvrir un trésor caché, enterré, toujours au dire de la
légende, à côté de la dépouille du bon roi Karloman. Je ne
sais si ce projet fut mis à exécution.

Le château d'Heilly, plusieurs fois reconstruit, appartenait,
à la fin du siècle dernier, aux Choiseul-Praslin. Ruiné complètement, il fut vendu dans ces dernières années. [1]

Jusqu'en 1848, une des tours du vieux manoir demeura
debout. C'était la *Tour de Ganelon et Bourmont,* désignée
également sous le nom de *Tour-fendue.*

Une légende curieuse se rattachait à cette ruine vénérable.
Nous en avons donné différentes versions dans la revue
Romania (1881), et dans notre ouvrage : *Les Légendes de
France* (Paris, Quantin, 1885 ; in-4°). Nous résumerons ce
récit en quelques mots.

Ganelon et *Bourmont* avaient trahi le paladin Roland, qui
avait péri de male-mort au pays d'Espagne. Les traîtres
comptant sur l'impunité, menaient joyeuse vie en leur château
d'Heilly. Ganelon et Bourmont avaient un jour réuni en leur
château d'Heilly les barons de l'empereur Charlemagne. Les
preux mangeaient et buvaient ferme ; la fête était joyeuse,
lorsque soudain Charlemagne entra dans la salle du festin.
S'avançant en face des deux traîtres :

« Qu'avez-vous fait de Roland ? » demanda-t-il par trois fois.

Ganelon et Bourmont demeuraient silencieux.

« Nous ne sommes point coupables de la mort de Roland !
murmurèrent-ils enfin. Nous en attestons les tours solides du
château d'Heilly. Puissent-elles se fendre sur l'heure si nous
mentons ! »

---

1. *Heilly,* près d'Amiens, un des plus beaux châteaux qu'ait eus la
Picardie. Il fut ruiné en partie en 1636 et restauré pendant le siège de
Corbie. Il était remarquable par l'élégance de son architecture, les sculp-
tures et les peintures qui le décoraient. — (J.-P. FABER, les *Bords de la
Somme,* p. 103 ; Tournai, 1861.)

Aussitôt un craquement épouvantable se fit entendre. Les sept tours du manoir s'étaient ouvertes de haut en bas !

« Qu'on se saisisse de ces traîtres ! ordonna l'empereur, et que demain on les couse dans des peaux de loups. Nous aurons grande chasse dans la forêt. »

Ce qui fut fait. Ganelon et Bourmont périrent déchirés par les chiens de l'empereur.

Six des tours s'écroulèrent. Une seule, la *Tour-fendue,* resta longtemps debout, attestant la félonie des traîtres.

Cette légende curieuse pourrait quelque jour inspirer un de nos artistes du Nord.

Pour le traditionniste, elle offre un détail à signaler. Ganelon, on le sait, est un personnage légendaire que l'on ne trouve aucunement cité dans Eginhard et les historiens. On ne rencontre son nom que dans les chansons de geste, particulièrement dans le poème épique de la *Chanson de Roland.* Ganelon (de *ganes,* traître) vit son nom répandu par les *gestes* du moyen âge. Rien d'étonnant à ce que Ganelon soit resté dans la mémoire du peuple. Il est à présumer que la légende d'Heilly était demeurée jusqu'au commencement de ce siècle attachée au nom de Ganelon. Survint l'Empire, puis la chute de Napoléon Ier. Un bruit courut la France. Bourmont avait trahi l'empereur, ce second Charlemagne. Et Bourmont devint un second Ganelon. Rapidement — puisque la légende existait ainsi en 1830 — on associa le nom de Bourmont à celui de Ganelon. Bourmont devint un contemporain de Charlemagne ! C'est ainsi que se forme la Légende, débris incompris de l'Histoire, la *Grande Songeuse,* comme l'a fort bien caractérisé un poète de grand talent, Ed. Schuré.

C. DE WARLOY.

UNE INTRIGANTE LILLOISE AU XVIII SIÈCLE

En ce temps-là, c'est-à-dire vers 1733, il y avait à Roubaix, qui n'était alors qu'un gros village, un brave homme de scribe qui tirait le diable par la queue et le logeait souvent, par surplus, comme on dit, dans sa bourse. La chose n'allait guère, croyez-le bien, à ses deux filles : frais minois, bouche vermeille et œil fripon, elles trouvaient bien maigre la chère du logis paternel. Aussi s'empressèrent-elles de laisser partir un beau jour leur pauvre homme de père, seul et le cœur bien gros, à Croix, où on lui offrait une place de greffier, de quoi sans doute mourir honnêtement de faim.

Quant aux deux sœurs, bien sûres de se tirer d'affaire d'une façon ou d'une autre, elles restèrent à Roubaix. Tels furent les débuts de deux célèbres intrigantes, Hélène et Marie-Anne Vincre, dont les exploits scandalisèrent fortement jadis les bons Lillois.

Nos deux héroïnes ne restèrent pas d'ailleurs bien longtemps à Roubaix. Certains méfaits, d'aucuns disent larcins, les obligèrent à décamper. Elle se mirent alors à parcourir les différentes villes de la province, Valenciennes, Tournai, Mons, Douai, tenant une conduite équivoque et faisant des dupes par-ci, par-là ; puis, de résidence en résidence, elles vinrent enfin échouer à Lille.

Les donzelles, jusqu'à ce jour, avaient été assez habiles ¡pour ne pas se laisser pincer ; elles furent moins heureuses dans la capitale de la Flandre. Des vols ayant été commis, notamment chez une marchande de la rue de la Grande-Chaussée, Mlle Lesage, et chez la demoiselle Tiron, les deux aventurières furent, à juste raison soupçonnées. Mais les sergents de M. le Prévôt ne furent pas assez prompts pour prendre les deux pies au nid et ils durent se contenter de faire comparaître devant l'Echevinage Marie-Anne Vincre ; sa sœur, la belle Hélène, comme on la nomma plus tard, était parvenue à s'échapper et à gagner Wervicq. Elle n'en fut pas moins d'ailleurs condamnée par contumace à un bannissement de quinze ans, mais elle avait échappé à l'ignominie de s'asseoir, comme la pauvre Marie-Anne, sur la sellette de la salle du Conclave et d'être chassée publiquement de la ville par les sergents.

Hélène Vincre avait mis à profit son court séjour à Lille, enjôlant maintes bourgeoises par ses manières doucereuses, voire même séduisant quelques bonnes âmes par son hypocrite piété, à ce point qu'on crut alors, avec assez de raison, que c'était grâce à la protection de certaines de ses dupes qu'elle avait réussi à échapper aux griffes de la Prévôté. Son confesseur lui-même, religieux austère, s'était tellement bien laissé prendre à ses airs de Sainte-Nitouche, qu'il se refusa toujours à la croire coupable ; il chercha même à étouffer l'affaire en payant de ses propres deniers ce qu'on réclamait de sa pénitente. Peut-être un vieux levain des doctrines quiétistes de Molinos et de Mme Guyon fermentait-il encore dans l'esprit de ce bon directeur, le prédisposant à l'indulgence. On sait en effet que, pour ces mystiques, il était très naturel de succomber au péché quand l'âme en extase devenait, pour ainsi dire, inconsciente et passive ; pour eux, s'affliger d'avoir succombé au péché, n'était autre chose qu'un sentiment d'orgueil exagéré, et Dieu, à leur avis, se réservait de conduire l'homme au ciel aussi bien par ses vertus que par ses fautes.

Quoi qu'il en soit, le religieux en question était tellement aveuglé, Hélène Vincre l'avait fasciné à un tel point, qu'il n'hésita pas, à un moment donné, de lui signer un certificat ne tendant à rien moins qu'à ranger la belle fille au nombre des saintes. Ses supérieurs ne l'entendirent pas de cette oreille et lui enjoignirent de cesser tous rapports avec la Vincre.

Mais cette dernière avait trouvé sa voie : retirée avec sa sœur à Wervicq, dans une maison spacieuse et commode, elle entra tout à fait dans la peau du personnage, elle eut des extases et bientôt, le bruit de sa vertu et de sa dévotion aidant, elle ne tarda pas à être entourée de prêtres et de bonnes âmes en admiration devant sa sainteté postiche. Chacun voulait contribuer à sa façon à l'entretien de cette élue de Dieu, aussi les provisions de choix affluaient chez les Vincre et la cave y était bien fournie. Des incrédules, vrais mécréants, prétendaient même que les visions, les extases de la belle Hélène n'étaient qu'hallucinations produites par les digestions laborieuses et les fumées de vins. Pourtant n'était pas admis qui voulait à contempler les traits augustes de la miraculée et, pour entendre le récit de ses saintes visions, il fallait montrer patte blanche à la porte. C'était du reste parmi la noblesse et le clergé qu'elle recrutait sa clientèle, c'était une sainte de bon ton et de belles manières et, pour se mettre tout à fait à la hauteur de ses prosélytes, elle se décida bientôt à s'affubler elle-même d'un titre bien ronflant et se fit appeler Mlle de Raches.

La principale dupe de cette intrigante fut une noble dame du pays. Fille d'un grand d'Espagne de 1re classe, vice-roi de Catalogne, Mlle de Risbourg, dame de Walincourt, de Sainghin et autres lieux, résidait une partie de l'année dans sa terre de Sainghin, près de Lille. Pieuse et en rapports constants, par ses bonnes œuvres, avec nombre d'ecclésiastiques, elle entendit un jour parler de la belle Hélène et de ses révélations par le sieur Vautier, coustre de l'église Saint-Etienne. Assoiffée de perfection chrétienne, Mlle de Risbourg fut aussitôt saisie d'un violent désir de visiter la voyante ; on excita adroitement cette ardeur par des refus habilement calculés. Enfin, un jour, dans la maison que le sieur Vautier habitait à Lille avec une demoiselle Leclercq, il fut donné à la grande dame de voir face à face la fille de l'humble scribe de Roubaix. Ces entrevues se renouvelèrent plusieurs fois, en cachette, et pour cause, la belle Hélène s'exposant à être arrêtée pour rupture de ban chaque fois qu'elle venait à Lille.

C'est de la connaissance de Mlle de Risbourg que date surtout la fortune des Vincre ; de la plus grande pauvreté elles passent à l'état le plus brillant ; sous son nom de guerre de Mlle de Raches, Hélène se fait bâtir à Wervicq une maison magnifique, assez belle pour avoir été jugée digne, lors de la guerre des Pays-Bas, de servir de quartier aux généraux Français.

Les hostilités avaient décidé la Vincre, en 1744, à se réfugier à Lille ; avec Mlle de Risbourg de plus en plus empaumée, elle trouva asile chez le vieux Vautier, à qui le crédit de la grande dame avait valu l'hermine de chanoine. Par égard pour la dame de Sainghin, l'Echevinage ferma les yeux sur la rentrée de la contumace dans une ville dont elle était bannie, et la vie en commun commença.

Quand le chanoine Vautier mourut, le petit cénacle se transporta dans une belle maison de la rue Royale, louée par la Leclercq, que l'on tendit de tapisserie de haute-lisse et que l'on meubla luxueusement, aux frais de Mlle de Risbourg naturellement. La belle Hélène n'avait pas tardé à subjuguer tout à fait cette brave dame qui en arriva, par vénération, à lui rendre les services les plus abjects : la dame de Walincourt, grande d'Espagne de 1re classe, ne dédaignait pas d'attiser le feu de la chaufferette de la prétendue visionnaire ; soir et matin, elle lui demandait sa bénédiction ; pour elle la moindre de ses paroles était parole d'Evangile et elle croyait, paraît-il, dur comme fer, que chaque jour la belle Hélène prenait son café avec Jésus. Un peu à la fois, à l'instigation de l'aventurière, Mlle de Risbourg se sépara de ses vieux serviteurs et remplaça successivement les régisseurs de ses terres par des créatures de la Vincre.

Enfin, en 1746, abêtie sans doute par cette domination, la demoiselle mourut laissant toute sa fortune au marquis de Becelaer, son cousin germain, au détriment de deux filles mineures, descendantes de la famille de Melun, en faveur desquelles elle avait testé quelques années auparavant. Ce revirement dans ses volontés occasionna un long procès entre le marquis de Becelaer et les tuteurs des demoiselles de Melun : ceux-ci prétendaient que Mlle de Risbourg n'était revenue sur ses volontés premières que grâce aux suggestions de la belle Hélène, ils allaient jusquà affirmer que le marquis avait reconnu, par divers dons de vaisselle d'argent et de bijoux, la protection que lui avait accordé la Vincre auprès de sa parente. Il se trouva en effet qu'Hélène et la Leclercq avaient en leur possession des objets précieux ayant appartenu à la défunte.

Mais ce ne fut pas le plus grand scandale auquel donnèrent lieu les exploits de la prétendue miraculée. On ne se frotte pas impunément pendant plusieurs années à la vaisselle d'argent, aux joyaux et aux écus d'une dame richissime comme l'était la demoiselle de Risbourg sans qu'il en reste quelque peu aux doigts. Aussi, au vu et au su de tout le monde, la belle Hélène était riche de 200.000 livres.

Le magot et, sans doute aussi la fille, qui pourtant devait être un peu mûre, tentèrent un de ses prosélytes, qui la demanda en mariage. Le gentilhomme, car c'en était un, et seigneur de Beauprez, s'il vous plaît, trouvait d'un seul coup et la rosée du ciel et la graisse de la terre, un trésor de grâces et de piété, et 200.000 fr. clairs et beaux. Subissant, lui aussi, l'entraînement de cette enjôleuse, cet homme, d'un âge avancé, qui avait joui jusqu'alors de la réputation d'homme sage, ne craignit pas de se déshonorer par cette union monstrueuse avec une fille tarée et condamnée pour vol.

Le mariage se fit en catimini, à la campagne ; un dévot de la belle Hélène, le curé de Wambrechies, reçut les futurs dans sa maison ; on soupa longuement et, à minuit, il maria les deux tourtereaux dans son église.

Mais la famille du gentilhomme était furieuse: elle réclama des tribunaux la nullité de ce mariage infamant, qui fut cassé juridiquement. Le curé encourut des peines disciplinaires, et les sergents de M. le Prévôt mirent enfin la main sur la belle qui leur avait échappé jadis et l'incarcérèrent dans une maison de force.

Ainsi finit la comédie.

, E. D. B.

ALLELUIA, CHANDELL' D'ARRA'

Dans mon enfance, à Arras, vieux et jeunes aimaient, aux fêtes de Pâques, à fredonner ce dicton :

> *Alleluia !*
> *Chandell' d'Arra',*
> *Alleluia !*

C'était la parodie, très innocente d'intention, du beau chant de l'église romaine.

Ce dicton s'oublie, comme s'oublient toutes choses, dans les villes surtout, de façon qu'il tend à disparaître du langage vulgaire. Quelques personnes qui gardent le culte des souvenirs, s'en rappellent encore, mais la prochaine génération, sans doute, n'y pensera plus.

En Espagne, il existe cet autre dicton :

Alleluya, cada uno con la suya !

Aussi, on y chante également *Alleluia ;* mais en ajoutant : *A chacun sa commère !*

VICTOR ADVIELLE.

LE NORD PITTORESQUE

I

DE ROUEN AU HAVRE SUR LA SEINE

De Paris au Havre, la Seine descend obliquement vers le Nord-Ouest en se repliant un grand nombre de fois sur elle-même ; on ne lui compte pas moins de dix-huit courbures principales, ce qui lui fait faire un développement d'une centaine de lieues au lieu de cinquante. De Paris à Rouen, le trajet serait trop long par le fleuve. Le voyageur qui désire faire une excursion agréable prend le chemin de fer de Paris à Rouen, où il s'arrête pour visiter toutes les curiosités de la capitale de la Normandie : le port, la cathédrale avec sa flèche, le Palais de Justice, etc.

C'est par *paquebots à vapeur* de la Basse-Seine que les touristes feront le plus joli voyage. Avec un nombre infini de villages et de châteaux assis sur les deux rives du fleuve, les lecteurs de la *Revue du Nord* pourront faire ce joli voyage d'études que nous allons esquisser d'après le récit d'un de nos correspondants :

« Je viens de faire le trajet de Rouen au Havre. A sept heures du matin, le steamer *le Chamois* amarré sur le quai en face du *Théâtre des Arts* et près du nouveau pont (celui qui remplace le pont suspendu) donne le signal du départ. A mesure qu'on s'é-loigne, on ne tarde pas à apercevoir, en arrière, le magnifique panorama de Rouen, et, en avant, les châteaux de l'église de *Cantelu*. Puis *Croisset,* où le célèbre romancier *Gustave Flaubert* avait sa maison de plaisance. On arrive bientôt à *Dieppedalle,* puis *Biessard* et le *Val de la Haye*. C'est là que le 9 décembre 1840 eut lieu le transbordement des cendres de *Napoléon Ier,* du steamer *la*

Normandie sur *la Dorade,* pour être transportées par ce dernier à Paris. Une *colonne* est élevée en cet endroit en mémoire de ce transbordement. En face, sur l'autre rive, des immenses prairies qui confinent aux villages de *Petit* et *Grand-Quevilly,* de *Petit* et *Grand-Couronne,* de *Moulineaux* avec ses ruines de l'antique château de *Robert le Diable,* sur les hauteurs, et sa jolie petite église fondée par la reine *Blanche de Castille.* (A *Petit-Couronne* est l'ancienne maison de campagne de *Pierre Corneille,* dans laquelle a été organisé, en 1878, un musée fort intéressant.)

Bientôt on aperçoit, au faîte des collines qui dominent La Bouille, et près du château de M. Delaville, la *statue du Mobile* élevée en 1873 sur le territoire de *Saint-Ouen de Thouberville* (Eure). Voici maintenant les *Carrières de Caumont* (pierres renommées), les riants coteaux qui portent au Nord la forêt de Mauny, l'ancienne maison des Templiers à *Ambourville,* construite au xiiie siècle. A notre droite Hautot, Sahurs, *Quevillon* dont le château est resté célèbre par le séjour de *Voltaire,* puis *Saint-Martin de Boscherville.*

Un peu avant Duclair (bourg renommé par ses canards), on remarque diverses roches fantastiques dont l'une est connue sous le nom de *Chaise de Gargantua.*

La Seine décrit une courbe à *La Roche* (château du Landin); sur la rive droite se dressent les *ruines de* Jumièges. — Au *Trait,* la Seine s'élargit et la marée s'y fait sentir avec force. Après *Guerbaville-la-Mailleraye,* le fleuve décrit une nouvelle courbe; là apparaissent aux touristes des paysages grandioses. Au fond de la courbe se montre Caudebec-en-Caux, charmante petite ville de l'arrondissement d'Yvetot ; après Caudebec vient *Villequier,* avec son château paraissant remonter au xviie siècle. C'était dans une des jolies maisons de ce bourg que résidait le célèbre ténor rouennais Poultier. C'est à Villequier que périt en 1843, dans un naufrage, la fille de *Victor Hugo,* Mme Vacquerie.

Sur la rive gauche après *Watteville* on voit Quillebœuf, port d'une certaine importance. Avant l'endiguement du fleuve, les navires s'y arrêtaient à la descente de Rouen; sa station de pilotes est la plus considérable. Henri IV fut nommé membre d'honneur des pilotes de Quillebœuf. A l'Ouest s'étend l'immense plaine marécageuse dite *Marais Vernier.* Le steamer *le Chamois* aborde bientôt Honfleur où il reste un quart d'heure. Après quarante-cinq minutes de traversée, il fait son entrée au Havre où nous saluons en passant les belles statues de *Casimir Delavigne* et de *Bernardin de Saint-Pierre.* On met pied à terre, et, comme bien d'autres je termine mon voyage nautique par une promenade à *Sainte-Adresse* d'où je jouis pour la dernière fois du spectacle grandiose de la mer. »

A. DENIS.

CHANSONS POPULAIRES DU NORD DE LA FRANCE

IV

LES CHANSONS DU VALOIS

Du soldat et du marin, l'auteur des *Filles du Feu* passe aux bergers. Ici — et nous devions nous y attendre — l'inspiration change. Le berger est contemplatif et poète. L'imagination n'a rien à voir dans ses chansons qui sont des rêves mélancoliques.

> « Au jardin de mon père,
> Vole, mon cœur vole !
> Il y a z'un pommier doux,
> Tout doux !
> Trois belles princesses,
> Vole, mon cœur vole !
> Trois belles princesses
> Sont couchées dessous. »

Quel choix dans ces adjectifs épithètes ! Ces refrains, *Vole, mon cœur, vole,* et *Tout doux!* nous les retrouvons bien souvent dans les chansons populaires. Il nous souvient surtout d'une chanson, *Le retour du Marin,* que nous avons entendue l'an dernier dans l'un des concerts du cercle Saint-Simon, chanson dans laquelle ce *Tout doux!* avait un charme des plus pénétrants :

> « Beau matelot revient de guerre,
> Tout doux ! »

Surtout au dernier couplet :

> « Beau matelot vida son verre,
> Tout doux !
> Sans remercier, tout en pleurant,
> S'en fut rejoindre son régiment !
> Tout doux ! »

Les poètes capables de donner de si ravissantes chansons, ne pouvaient-ils pas aller plus loin? Voici ce qu'en pense Gérard de Nerval :

« Est-ce donc la vraie poésie, est-ce la soif mélancolique de l'idéal qui manque à ce peuple pour comprendre et produire des chants dignes d'être comparés à ceux de l'Allemagne et de l'Angleterre? Non, certes; mais il est arrivé qu'en France la littérature n'est jamais descendue au niveau de la grande foule; les poètes académiques du XVII⁰ et du XVIII⁰ siècle n'auraient pas plus compris de telles inspirations, que les paysans n'eussent admiré leurs odes, leurs épitres et leurs poésies fugitives, si incolores, si gourmées. Pourtant comparons encore la chanson que je vais citer à tous ces bouquets à Chloris qui faisaient vers ce temps l'admiration des belles compagnies.

« Quand Jean Renaud de la guerre revint,
Il en revint triste et chagrin.
Bonjour ma mère.—Bonjour mon fils !
Ta femme est accouchée d'un petit.

— Allez, ma mère, allez devant ;
Faites-moi dresser un beau lit blanc ;
Mais faites-le dresser si bas,
Que ma femme ne l'entende pas ! »

Et quand ce fut vers le minuit,
Jean Renaud a rendu l'esprit.
« — Ah ! dites, ma mère, ma mie,
Ce que j'entends pleurer ici ?
— Ma fille, ce sont les enfants,
Qui se plaignent du mal de dents.

— Ah ! dites, ma mère, ma mie,
Ce que j'entends clouer ici ?

— Ma fille, c'est le charpentier,
Qui raccommode le plancher.

— Ah ! dites, ma mère, ma mie,
Ce que j'entends chanter ici ?
— Ma fille, c'est la procession,
Qui fait le tour de la maison !

— Mais dites, ma mère, ma mie,
Pourquoi donc pleurez-vous ainsi ?
— Hélas ! je ne puis le cacher,
C'est Jean Renaud qui est décédé.

— Ma mère ! dites au fossoyeux,
Qu'il fasse la fosse pour deux,
Et que l'espace y soit si grand,
Qu'on y renferme aussi l'enfant ! »

Cette ballade de Jean Renaud ou du roi Renaud est, certainement, une des plus belles du *Romancero français*. Et puisque nous employons ce mot, qu'on nous permette une simple parenthèse. Quand donc un de nos amateurs de poésie populaire, — Gabriel Vicaire, Emile Blémont.... — nous donnera-t-il, avec le concours d'un musicien comme notre ami Charles de Sivry, ce *Romancero français* qui, nous en avons la ferme conviction, ne le cèdera en rien aux autres Romanceros? Mais, passons.

Cette version de Gérard de Nerval n'est pas la plus jolie que nous connaissions de la ballade du roi Renaud ou Ernaud. Une d'elles surtout, débute d'une façon épique :

« Le grand Renaud, de guerre revient,
Tenant ses tripes entre ses mains.

Sa mère qui est dans sa chambre en haut,
A vu venir son fils Renaud. »

Sa mère lui annonce la naissance de son fils, et Renaud répond :

« Ni de ma femme, ni de mon fils,   Je ne saurais me réjouir! »

Renaud meurt.

« Et quand ce fut vers les minuit,   Le grand Renaud rendit l'esprit. »

La jeune femme interroge sa mère, comme dans la chanson du Valois, sur les bruits qui frappent son oreille. Puis :

« Ah! dites-moi, ma mère, ma mie,   Toute femme qui relève d'un fils,
Quelle robe mettrai-je aujourd'hui?   Du drap de sa mort doit se r'vêtir. »
Mettez le blanc, mettez le gris,
Mettez le noir pour mieux choisir! »   « Quand elle fut dans les champs entrée,
                                          Trois p'tits garçons s'sont écriés :
« Ah! dites-moi, ma mère, ma mie,   Voilà la femme de ce grand roi,
Ce que ce noir-là signifie?   Qu'on enterra hier à trois heures. »

La jeune femme comprend, cette fois, la triste vérité :
Et sur un ton dolent — la mélodie de ces deux derniers couplets change.

« Renaud, Renaud, mon réconfort,   A la première elle se confesse,
Te voilà donc au rang des morts!... »   A la seconde elle communia,
« Elle se fit dire trois messes;   A la troisième elle expira. »

Cette ballade n'est-elle pas parfaite? « Cela ne le cède en rien aux plus touchantes ballades allemandes; il n'y manque qu'une certaine exécution de détail qui manquait aussi à la légende primitive de *Léonore* et à celle du *Roi des Aulnes*, avant Goëthe et Burger. »

(*A suivre.*)   JACQUES BONHOMME.

LE LUNDI PERDU DANS LES FLANDRES

Etymologie. — En Belgique, on nomme le premier Lundi qui suit l'Epiphanie (jour des Rois) *Lundi perdu.* On n'est pas d'accord sur le sens qu'il faut attacher à cette dénomination. Les anciens annalistes ont trois qualifications différentes pour désigner ce jour; ils l'appellent : *verloren, verkoren et verzworen* (perdu, élu, parjuré).

D'après Kiliaen ce jour, étant autrefois affecté à l'*élection* des magistrats des villes, était *perdu* pour les occupations journalières; de là proviendrait son nom.

Ailleurs nous trouvons que l'appellation de *Lundi perdu* est due à cette circonstance qu'à Anvers, la population ouvrière se réunissait, le lundi après l'Epiphanie, à la Halle aux Drapiers, pour écouter la lecture du livre de la *Gilde*.

Enfin les vieilles femmes d'Anvers vous diront que ce jour doit son nom à un évènement remarquable de la vie du Christ, à la *disparition* de l'enfant Jésus qui, comme on sait, fut retrouvé parmi les docteurs.

Quoi qu'il en soit, les explications, plus ou moins satisfaisantes, que nous venons de donner ne justifiant pas encore la qualification de *Lundi parjuré (Verzworen Maandag),* nous devons pour la justifier recourir à l'histoire de la ville de *Douai*.

Une légende bien connue veut que Rodiguez de Mello, neveu du gouverneur espagnol de Douai, s'éprit de Marie van Elshoet, fille d'un échevin de la ville, et la séduisit. Voyant sa maîtresse sur le point d'être mère, le séducteur fixa les fiançailles au jour de Saint-Simon, à son retour d'un voyage en Espagne qu'il se voyait contraint d'entreprendre.

Le jour de la cérémonie, on attendit en vain Rodiguez qui ne parut pas ; l'Espagnol s'était parjuré ! Le soir, en ouvrant la porte de l'appartement de Marie, on la trouva couchée sur son lit, parée de fleurs et de pierreries. Elle était morte !

Depuis, tous les ans, à pareil jour, on célèbre l'anniversaire de la mort de Marie ; mais, comme autrefois dans notre bonne Flandre, on ne pouvait se réunir pour une cérémonie de deuil sans étourdir son chagrin par d'abondantes libations, l'anniversaire de la pauvre Marie perdit bientôt son caractère funèbre et devint un jour de liesse que l'on appelle le *Lundi du parjure.*

En terminant, notons encore une dénomination plus ancienne de ce jour, celle de « *Dertien-dag* » (13ᵉ jour), qui lui fut donnée parce qu'il venait 13 jours après la grande nuit sainte.

A Anvers. — Il y a quelques années le gouverneur de la province d'Anvers recevait les visites officielles du nouvel An le jour du *Lundi perdu.*

Les ouvriers choisissaient également ce jour pour présenter leurs souhaits de nouvel An à leurs patrons.

Dans les ateliers de couture, etc ; les ouvrières ont coutume, le jour de Saint-Thomas, d'enfermer leurs maîtresses dans une pièce de la maison, et d'exiger d'elles l'octroi d'un jour de congé, ou la promesse d'un *repas extraordinaire,* en échange de la liberté. Si c'est cette dernière transaction qui a prévalu, on choisit ordinairement le *Lundi perdu* pour offrir à ces petites demoiselles le *pain de saucisses* [1] et le chocolat traditionnels.

Enfin une superstition flamande dit qu'il n'est pas bon de travailler le *Lundi perdu* [TUINMAN, I, 25].

Anvers, le 12 Juillet 1890.   ALFRED HAROU.

ESSAI SUR LE FOLK-LORE DU SANTERRE
(Suite)

XIII. — BALLE AU TREU (TROU)

Il est fait deux rangées longitudinales de trous dans la terre ou plutôt dans le gazon. Chaque joueur a son trou, auprès duquel il s'accroupit pendant que l'un de ses camarades, désigné par le sort, se place à une certaine distance du jeu et lance trois fois la balle ; si, dans ces trois coups, la balle n'entre dans aucun trou, on met un caillou dans le trou du lanceur. Mais, lorsque la balle s'arrête dans l'un des trous, tous les joueurs s'enfuient à l'exception de celui à qui appartient le trou, lequel s'empare vivement de la balle et, sans avoir le droit de faire un pas, la lance sur l'un des fuyards ; s'il manque son coup, on met un caillou dans son trou ; s'il réussit, c'est le fuyard atteint qui en reçoit un. Puis, le jeu continue.

Lorsque l'un des joueurs a un nombre déterminé de cailloux dans son trou, il est condamné à *passer les piques* ou *les courroies.* Il se tient dans la position du joueur au saut de mouton, la tête appuyée contre un arbre ou contre un mur pour la défendre, et chaque joueur lance par trois fois la balle sur lui ; s'il ne l'atteint à aucun des trois coups, il passe ensuite les piques à son tour.

---

1. Petit pain chaud dans lequel se trouve une saucisse.

Il y a une seconde manière de faire passer les piques. Chaque joueur, ayant un pied au bord de son trou, s'arme de son mouchoir qu'il a enroulé et au bout duquel il a fait un nœud assez dur. Le perdant doit passer et repasser trois fois entre les deux rangées de joueurs qui frappent sur lui à l'aide de leur mouchoir, mais il est défendu de frapper sur la tête, de même qu'il n'est pas permis d'introduire de cailloux dans les mouchoirs.

Ce jeu est abandonné aujourd'hui.

XIV. — Au Carré

Il se joue à deux. On trace sur le sol, sur un perron ou sur une planche un petit carré, puis deux lignes partant du milieu de chacun des côtés qui se croisent au centre, où passent également deux diagonales partant des quatre coins du carré.

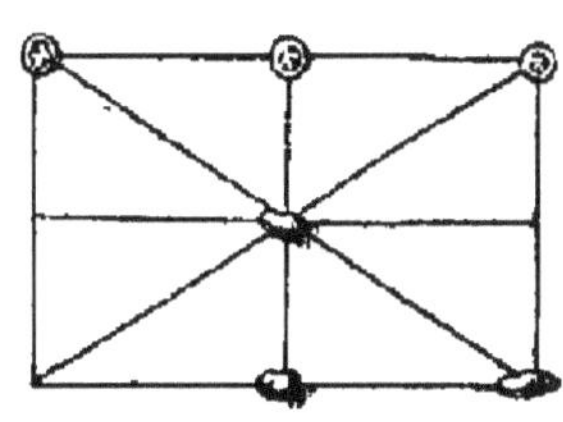

Fig. 4. — Carré.

L'un des joueurs a trois cailloux blancs ou trois haricots ; son adversaire prend trois petits morceaux de brique ou trois fèves. Pour gagner, il faut pouvoir placer les trois objets sur une même ligne.

Celui qui pose le premier est toujours sûr de gagner, mais il est peu d'enfants qui connaissent la manière de poser leurs cailloux pour arriver à ce résultat.

XV. — Billes.

Tout le monde connaît les billes de marbre, fabriquées avec de la terre glaise colorée ; elles donnent lieu à différents jeux de la part des enfants. Je citerai le plus intéressant.

Un petit trou est pratiqué au pied d'un mur ; un joueur, se tenant à un mètre environ du trou, dit en ouvrant sa main, qui contient deux billes :

— J'en demande deux !

— Je les fais ! dit un autre.

Si le premier joueur met les billes en nombre pair dans le trou, il a gagné ; dans le cas contraire, c'est son adversaire qui empoche les deux mises.

Il arrive souvent qu'un troisième joueur *couvre* les deux mises, c'est-à-dire qu'il met autant de billes qu'en ont mis les deux premiers ; s'il perd, ceux-ci se partagent le gain. Un quatrième joueur peut même *couvrir* à son tour, en donnant un nombre de billes égal à celui des trois premiers joueurs, qui ramassent le double de leur mise en cas de gain.

Lorsque la mise est forte, plusieurs joueurs peuvent se réunir pour la couvrir ; l'un met une bille, un autre en met trois, etc. ; s'ils gagnent, ils retirent un nombre de billes double de leur mise.

Quand l'un des joueurs est complètement ruiné — *pluc* en patois — l'un des gagnants lui donne ordinairement une ou deux billes avec lesquelles il tente la fortune ; la chance se mettant alors de son côté, il ruine à la suite de nombreux coups heureux le gagnant de tout à l'heure, qui regrette alors d'avoir été trop généreux. Le jeu a de ces coups fréquents.

Le premier joueur continue de lancer les billes dans le trou jusqu'au moment où il perd ; il cède alors sa place à un autre, qui se retire à son tour dès qu'il a perdu une première fois.

Avant l'hiver de 1879-1880, qui a détruit tous les noyers de Démuin, les enfants jouaient le plus souvent avec des noix ; dans ce cas, le trou était plus grand.

XVI. — Toupie

Le jeu de la toupie à ficelle était beaucoup plus pratiqué autrefois qu'aujourd'hui. Chaque enfant possédait de huit à quinze toupies avec lesquelles il engageait de fortes parties.

Un grand cercle était figuré à la craie sur le sol, et, au centre, on traçait un petit cercle dans lequel on plaçait les toupies qui n'avaient point tourné et celles qui, en cessant de tourner, s'arrêtaient à l'intérieur du grand cercle.

Les joueurs s'attachaient, en lançant leurs toupies, à faire sortir des deux cercles les toupies renfermées dans le cercle central ; en cas de réussite, elles devenaient leur propriété.

XVII. — Jouets en écorce

Vers la fin du mois d'avril et dans les premiers jours de

mai, alors que la sève monte, les enfants coupent de jeunes branches de lilas, de saule ou de noisetier avec lesquelles ils fabriquent différents jouets. Le plus commun est le sifflet. Voici comment on procède. Après avoir détaché la branche, on entaille l'écorce jusqu'à la partie ligneuse en faisant tourner la branche sous la lame d'un couteau ; cette entaille est faite au tiers ou au quart de la longueur de la jeune pousse ; puis, on frappe légère-

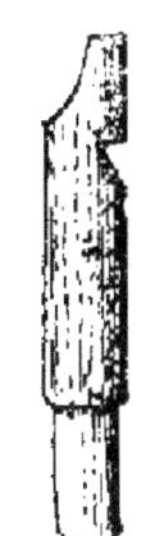

Fig. 5. — Sifflet en écorce

ment et à petits coups à l'aide du manche du couteau sur l'écorce de la partie à enlever. Quand cette opération est terminée, l'extrémité du bois ainsi mise à nu est entaillée en forme de sifflet, l'écorce est remise en place, et le jouet se trouve fait.

Les *sifflottes* sont confectionnées de la même façon, mais l'écorce est percée de plusieurs petits trous ronds à la façon du flageolet.

Les enfants se bornent quelquefois à enlever seulement l'écorce sans entailler la partie ligneuse ; l'écorce forme alors un tube sur le bord duquel on souffle comme on le fait avec une clef ; en imprimant au fragment de bois intérieur un mouvement de va-et-vient, on en tire des sons divers.

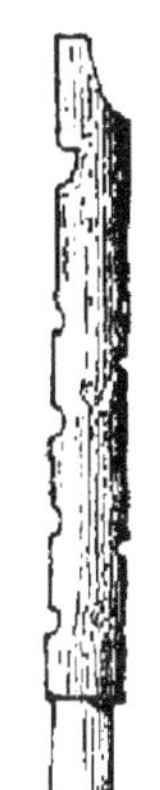

Fig. 6. — Sifflotte en écorce.

Le tube formé par l'écorce s'appelle une *pipette ;* en serrant l'un des bouts avec les dents, il en sort un son plus ou moins aigu suivant la longueur ou le diamètre du tube.

Pour confectionner une *trompette,* les enfants enlèvent l'écorce d'une tige de saule, grosse comme le poignet ; cette écorce, qui affecte la forme d'une lanière, est enlevée en spirale puis enroulée sur elle-même en une sorte de cône mesurant parfois près d'un mètre de longueur ; ce cône est rendu solide par des pointes d'épine enfoncées de distance en distance. Une pipette est introduite dans l'extrémité pointue de ce cône ; en soufflant, on obtient un son

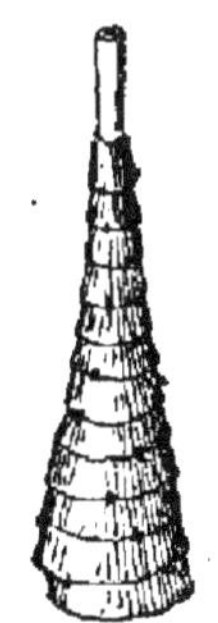

Fig. 7. — Trompette en écorce.

plus ou moins grave en raison de la longueur ou de l'ampleur de l'instrument.

Le *cliclac* est fabriqué avec une écorce très épaisse détachée le plus souvent d'un peuplier. Il mesure environ 5 centimètres

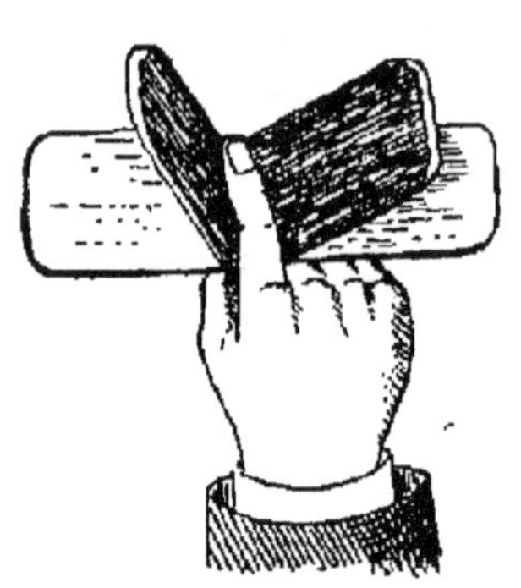

Fig. 8. — Cliclac.

de large sur 10 à 15 centimètres de long. Une entaille est faite sur les deux côtés de cette écorce vers la partie médiane, puis, à partir de l'une de ses extrémités, on détache l'écorce dans le sens de l'épaisseur jusqu'aux deux entailles. En tenant ce jouet à la main, on l'agite et on en obtient de petits sons semblables à ceux que produisent les castagnettes.

Le *buquoir* (buquouér') est confectionné à l'aide d'une branche de sureau — *cheuï* en patois — dont on a enlevé la moelle afin

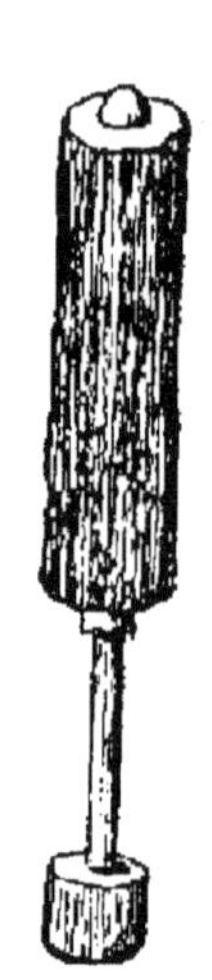

Fig. 9. — Buquoir.

d'obtenir un tube ; on bouche l'une des extrémités au moyen d'une balle d'étoupe mâchée, puis, soufflant par l'autre extrémité, on y introduit subtilement une seconde balle d'étoupe que l'on pousse avec un petit bâton s'adaptant à l'intérieur du tube ; l'air, se trouvant comprimé, chasse la première balle, qui est projetée plus ou moins loin et produit une petite détonation en quittant le tube. De là vient le nom de ce jouet, *buquer* signifiant frapper. Comme on le voit, cet instrument n'est autre chose qu'une petite sarbacane.

Avec le même tube, les enfants fabriquent un *éclichoir*, (éclichouér') sorte de seringue à l'état rudimentaire. A l'une des extrémités du tube, on adapte un bouchon ou une rondelle de bois percée au centre d'un petit trou ; par l'autre extrémité, on introduit un bâton dont le bout est entouré d'étoupe, et, faisant le vide dans le tube, on l'emplit d'eau, que l'on projette ensuite au dehors en poussant le bâton.

Ce jouet a fait le désespoir de bien des personnes. Il y avait rarement autrefois des contrevents aux fenêtres ; lorsqu'un carreau était brisé, il était provisoirement remplacé par un morceau de papier gris en attendant le passage du vitrier. Les enfants se faisaient un malin plaisir, le soir, de se rendre à pas de loup près de la fenêtre, mouillaient le papier avec de la salive, puis le trouaient sans faire de bruit ; l'un d'eux, armé d'un éclichoir, qu'il avait rempli au préalable à la mare, ou au ruisseau, ou, de préférence, avec du purin, lançait le contenu de son instrument sur la tête du faiseur de bas ou de la personne qui se trouvait le plus près de la fenêtre, ou même encore sur la lampe, qui s'éteignait aussitôt.

Les carreaux remplacés par du papier gris donnaient encore lieu à une autre espièglerie aux enfants qui ne disposaient point d'un éclichoir sur le moment. L'un d'eux, le plus grand de la bande, passait brusquement la tête et quelquefois le buste à travers le papier, disant : « Quelle heure est-il ? »

Les enfants fabriquent aussi des pipettes avec le pédoncule

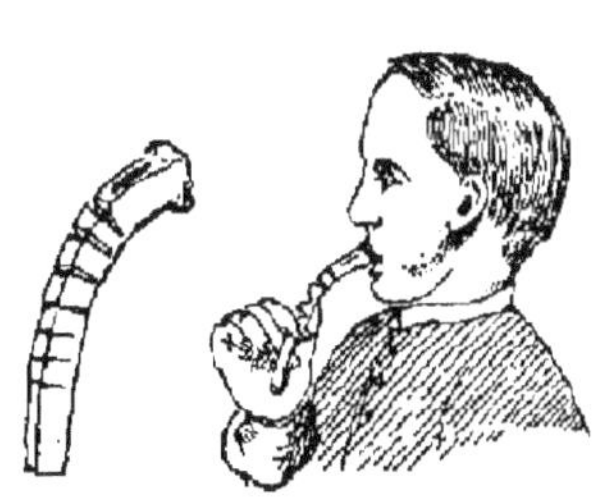

du pissenlit et avec une tige de seigle encore verte ; pour cette dernière, qui demande plus de soin que la première, ils coupent d'abord l'un des nœuds par le milieu, font une incision longitudinale près du nœud et coupent l'autre extrémité au-dessus du nœud suivant, de manière à avoir un tube complètement creux. Cette pipette ne donne qu'un très petit son.

La tige d'une ortie blanche sert à faire une sorte de pipette qui produit plusieurs sons différents. Voici comment on la dispose ; elle est coupée au-dessus d'un nœud dans la partie supérieure ; une entaille longitudinale est pratiquée au-dessous du nœud ; le reste de la tige est coupé sur trois côtés en un certain nombre de petits fragments distants les uns des autres d'un demi-centimètre ; le quatrième côté, qui reste intact, est relevé puis abaissé pendant que l'enfant souffle par l'entaille de la partie supérieure qu'il tient dans la bouche.

Fig. 10. — Pipette. (Tige de seigle.)

Fig. 11. — Pipette.
(Tige d'ortie blanche.)

III

JEUX DE FILLETTES

I. — Au Cueudron

Pour établir le jeu du chaudron, auquel prennent rarement part les garçons, on trace à la craie sur un trottoir, dans une cour ou sous une porte cochère un rectangle d'une surface arbitraire, mais à peu près égale à celle d'un billard, puis on tire quatre lignes transversales et une ligne longitudinale de façon à former huit cases ; à l'une des extrémités du rectangle, on trace un demi-cercle que l'on appelle le *pot de chambre*.

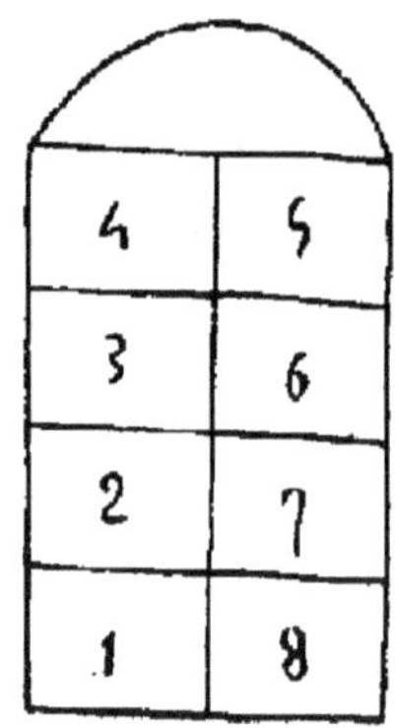

Fig. 12. — Cueudron.

Le joueur, se tenant à cloche-pied en face de la première case à droite, place sur le pied qu'il pose à terre un morceau de tuile ou de panne qu'il jette en sautant dans cette case et dit : *Min preme !* (mon premier), puis fait sortir son palet à l'aide du pied pour le ramener au point de départ. Il lance ensuite le morceau de tuile dans la case numéro 2 et le ramène dans le numéro 1, puis hors du jeu. Il agit de même pour les numéros suivants, en observant de passer successivement par tous les numéros précédents. Lorsqu'il arrive dans le pot de chambre, soit en allant soit en revenant, il peut mettre les deux pieds à terre et se reposer ; à chaque fois, il y trace une petite croix que les perdants seront tenus de baiser.

A partir du numéro 3, les cases portent différents noms : mon grand-père, ma grand'mère, mon parrain, ma marraine, etc.

Le joueur perd lorsqu'il pose le pied sur une ligne en sautant ou lorsque son palet s'arrête lui-même sur une ligne ou qu'il n'arrive pas dans la case où il doit être jeté, ou enfin lorsque le joueur ou son palet sortent par l'un des deux côtés de la case.

II. — LES RUBANS

Trois des joueuses sont désignées au sort pour être l'une l'*Ange,* la seconde le *Diable* et la troisième le *Gardien des rubans.* Ce dernier chasse l'ange et le diable, qui vont se réfugier dans un coin ou tournent le dos à leurs compagnes, pendant que le gardien donne à chacune des petites filles, devenues autant de rubans, une couleur quelconque; l'une est un ruban rouge, une autre un ruban bleu, une autre un ruban violet, etc.

Quand chacune d'elles a reçu sa couleur, elles s'alignent ou se mettent en demi-cercle, et, après un signal donné par le gardien, l'ange arrive en disant : Pan pan !

Le gardien. — Qui est là ?

L'ange. — L'ange avec son bâton d'or.

Le gardien. — Que demande-t-il ?

L'ange. — Un ruban.

Le gardien. — De quelle couleur ?

Si l'ange nomme une couleur qui n'ait pas été donnée, il retourne seul au ciel. Dans le cas contraire, il emmène le ruban qui porte la couleur demandée par lui.

Le diable se présente à son tour, disant aussi : Pan pan !

Le gardien. — Qui est là ?

Le diable. — Le diable avec ses cornes.

Le gardien. — Que veut-il ?

Le diable. — Un ruban.

Le gardien. — De quelle couleur ?

Il se passe la même scène que pour l'ange.

A la suite d'un certain nombre de visites faites successivement par l'ange et par le diable, le gardien demeure seul. Si les rubans de l'enfer sont en plus grand nombre que ceux du paradis, on crie : «Le diable a tout, l'ange n'a rien ! » Si c'est le contraire qui existe, on crie : « L'ange a tout et le diable n'a rien ! »

III. — SAUT A LA CORDE

Deux petites filles tiennent par un bout une corde placée d'abord à une faible distance du sol ; elle est élevée graduellement toutes les fois qu'une de leurs compagnes a sauté ;

lorsque cette dernière a touché la corde, elle prend la place
de l'une de celles qui la tient.

IV. — Au Voleur

L'une des joueuses est désignée par le sort pour faire la
Maman ; une autre, désignée de la même manière, est le
Voleur.

La maman range ses enfants en ligne, les aune en travers
à l'aide de son tablier, et compte autant d'aunes qu'elle a
d'enfants. Elle quitte ensuite sa famille pour se rendre au
marché et annonce qu'à son retour, s'il lui manque des aunes
d'enfants, elle battra les autres.

Dès qu'elle a tourné le dos, le voleur enlève deux ou trois
aunes d'enfants.

La maman revient, compte les aunes et s'aperçoit qu'il lui
en a été pris un certain nombre ; elle se met en colère et
frappe avec un mouchoir à nœud sur les enfants qui restent.

Après qu'elle a administré cette correction, elle repart au
marché ; un nouveau vol s'accomplit, et les petites filles
présentes crient : « Au voleur ! Au voleur ! On a pris ma
sœur ! » La maman revient sur ses pas et frappe les enfants
qui ont laissé dérober leur sœur.

A l'occasion de chaque voyage s'opère un nouveau vol
jusqu'au moment où il ne reste plus d'enfants.

(*A suivre*).   Alcius Ledieu.

LA COMTESSE NOIRE

A quelques lieues à l'ouest de la gracieuse petite ville de
Montdidier, en Picardie, s'élèvent les ruines imposantes de
l'ancien château fort de Folleville, qui fut, il y a plusieurs
siècles, le théâtre d'une infinité de combats locaux et de
sièges dont le souvenir s'est conservé vivace dans les histoires que content les paysans aux veillées d'hiver. Ces vestiges d'un passé disparu sont visités chaque année, lorsque
revient la belle saison, par nombre de touristes, Anglais pour

la plupart, si l'on en juge par les noms saxons qui émaillent les pierres cyclopéennes des portes et des cours.

Le mois dernier, j'étais allé en compagnie d'un de mes bons amis, visiter à mon tour les ruines de Folleville et les bas-reliefs qui décorent une église attenante, contemporaine du vieux castel. En route, nous nous adjoignîmes un brave fermier qui se proposait justement de faire un tour de chasse dans les broussailles avoisinant les ruines. La chasse fut si heureuse et mon ami, grand amateur de botanique, trouva tant de plantes curieuses, que nous n'arrivâmes que fort tard au pied des tours du vieux manoir.

Après avoir traversé les fourrés de ronces, de clématites et de vignes vierges qui maintenant couvrent les fossés d'enceinte et montent à l'assaut des vieux murs, nous escaladâmes les tas de pierres qu'une à une le temps arrache des murailles, et nous pûmes pénétrer dans le château. La grande salle n'avait plus pour plafond que le dôme lointain du ciel ; seule, la vaste cheminée noircie restait debout, semblant attendre les troncs de chêne et de sapin que les soirées d'hiver on y empilait, lorsque, environnés de leurs pages, le noble chevalier et la gente châtelaine de céans écoutaient ravis les sonnets et les lais énamourés du trouvère de passage.

C'était une page d'Ossian burinée sur ces pierres que ce grand château morne et désolé que ne venaient plus égayer le choc des épées contre les boucliers, le son des trompes et des cors dans la forêt prochaine, ou le murmure des harpes cadencé sur la voix du ménestrel.

Le fermier vint m'interrompre dans mes rêveries.

— Tenez, monsieur, ici près, ce sont les oubliettes. On y retrouva, il y a quelque chose comme dix années, deux squelettes l'un à l'autre attachés, les victimes de la vengeance du châtelain de Folleville, probablement.

— Et cette voûte qui s'enfonce là, sous les racines de ce pommier gigantesque, qu'est-ce donc ?...

Le paysan détourna la tête et parut ne point m'avoir entendu.

— Qu'est devenu monsieur votre ami, le chercheur des

plantes ? s'écria-t-il. Qu'il prenne garde ! il y a des souterrains à chaque pas ; un malheur est bientôt arrivé. Voyez, le soleil se couche... Hé ! hé ! hé !

Je levai les yeux et je vis en effet que là-bas, bien loin, par delà les villages et les forêts, le roi du jour s'enfonçait dans son lit d'azur aux pourpres rideaux tout frangés d'or.

— Quoi donc ? qu'y a-t-il ? demanda mon ami en se laissant glisser le long d'un talus... Tenez, les précieuses plantes que je viens de découvrir ! Un *lamium* de trois pieds ! deux variétés d'*erica* non signalées par Pauquy dans sa Flore de la province ! une bryone des Alpes... Mais, par saint Paul mon patron ! voici une *Rosa parvifolia* qui a trouvé moyen d'enter ses racines entre les pierres de cette voûte !

Notre botaniste s'accrochait aux branches pendantes des arbustes et se laissait glisser jusqu'à la merveilleuse *Rosa*, quand le fermier l'arrêta.

— Je vous en prie, monsieur, n'avancez pas davantage si vous tenez à votre vie. Le soleil a disparu, les chauves-souris commencent à errer entre les murailles : partons !

— Vous voyez bien que la *Rosa parvifolia* est là, tout près ; une demi minute et...

— Mais ne savez-vous pas que plusieurs ont ici péri avant vous ? c'est là qu'elle demeure !... tenez, la voilà, c'est son ombre, c'est elle : la comtesse Noire !

J'allais partir d'un grand éclat de rire, lorsque je m'aperçus que le paysan venait de s'enfuir comme sous le coup d'une indicible terreur.

— Suivons le fermier, dis-je à mon ami ; sinon comment sortirons-nous d'ici ?

— Mais... la *Rosa porvifolia ?*

— Tu reviendras demain. Allons !

Le paysan, maintenant remis, nous attendait auprès du fossé d'enceinte. Il ne nous laissa pas le temps de lui demander des explications.

— Sur la grande route, je vous raconterai tout cela ! nous dit-il.

Et lorsque nous eûmes quitté les ruines et que nous nous trouvâmes sur le chemin du village, l'homme commença :

— Comme bien vous le pensez, messieurs, il fut un jour où le château de Folleville élevait fièrement au dessus de la colline ses tours crénelées et son donjon intérieur : il fut un temps où les fossés profonds opposaient une insurmontable barrière aux Anglais assez osés pour vouloir s'emparer du manoir. C'était là dit-on, qu'habitait il y a plusieurs centaines d'années le vaillant seigneur comte Gaspard de la Rocque. Ce châtelain était un brave chevalier, vaillant, fier et loyal entre tous. Il avait épousé sa voisine, Blanche de Senaincourt, une belle orpheline, blonde comme les blés mûrs, pure comme les anges du paradis, et dont le père était mort à la croisade.

Jusqu'alors, cette union avait été heureuse, lorsqu'un jour le guetteur signala l'approche d'une troupe amie ; les ponts-levis s'abaissèrent, les poternes s'ouvrirent et le baron Hardouin de Villefort entra avec sa suite de pages, d'écuyers et d'hommes d'armes.

Durant tout un mois, le cor raisonna dans la forêt voisine. Dès le matin, le comte Gaspard et le baron Hardouin sautaient sur leur fier destrier, et par les buissons, les fourrés et les taillis forçaient les daims et les sangliers. Et le soir, de retour au castel, un grand festin réunissait les chevaliers des châtellenies voisines, et la joie et le plaisir allaient leur train.

Hardouin de Villefort avait été frappé de la beauté de la comtesse Blanche, et il s'était pris à l'aimer. Il dit sa passion à la femme de son ami et fut d'abord repoussé ; mais il insista tant qu'à la fin Blanche oublia ses devoirs d'épouse et se donna à son hôte.

Gaspard de la Rocque, s'étant un matin laissé emporter à la poursuite d'un vieux solitaire, avait remis son cheval à son écuyer et rentrait au manoir, quand derrière un massif de sureaux en fleurs il lui sembla entendre un bruit de voix et de baisers. Il s'approcha doucement et reconnut la comtesse et le baron Hardouin. Un instant il fut sur le point de se précipiter sur les coupables et de les égorger ; mais il se contint par un effort violent et passa outre sans être aperçu. Et le soir, avec ses hôtes, le malheureux eut le courage de dissimuler sa colère et sa douleur et de prendre sa part de la joie générale.

— Baron, dit le lendemain le comte Gaspard au seigneur de Villefort, baron, pour ce jour nous laissons en paix les habitants de la forêt. Je vous emmène pêcher dans l'étang voisin.

— A votre gré, mon cher hôte ! répondit Hardouin.

— Je vous en prie, s'écria la comtesse, ne quittez pas le castel ! Je ne sais quels pressentiments...

— Pressentiments ! vous vous effrayez pour rien, madame. Baron, nous partons.

Gaspard et Hardouin montèrent dans une barque étroite que le comte de la Rocque eut bientôt fait de conduire par delà les joncs et les roseaux au milieu de l'étang. Alors jetant les rames au loin, Gaspard se leva brusquement.

— Baron Hardouin de Villefort, vous êtes un lâche ! Baron Hardouin, vous êtes un infâme séducteur ! En ai-je menti ?... Vous ne répondez pas ?...

— Eh bien, oui, je suis un lâche, je suis un infâme !... mais seul je fus coupable. Ma vie vous appartient, disposez-en ! Par grâce épargnez la comtesse !

— Baron Hardouin, la justice de Dieu va prononcer entre nous. Préparez-vous à mourir.

Ce disant, le comte se pencha sur le bord de la barque et les deux hommes disparurent dans les eaux noires de l'étang. Peu après, un seul abordait entre les herbes et les roseaux, c'était le comte Gaspard de la Rocque.

La comtesse arrivait en ce moment, pâle, échevelée.

— Un malheur ! s'écria-t-elle.

— Non, un acte de justice ! Vous êtes une épouse infidèle, madame ; jamais vous ne me reverrez ; jamais vous ne reverrez votre amant : que ce soit là votre châtiment ! Adieu !

Gaspard de la Rocque disparut ce jour-là même ; il partit pour la Terre-Sainte où il mourut en combattant les Sarrasins.

Quant à sa femme, elle se couvrit de longs vêtements de deuil et ne fut plus nommée que la comtesse Noire. Deux ans après, elle mourut de honte et de chagrin.

Des siècles se sont passés depuis lors ; le vieux manoir est tombé en ruines ; mais la comtesse Noire est toujours là. Quand le soleil a disparu à l'horizon, la femme du comte

Gaspard sort de son tombeau au fond du souterrain et se promène par les fossés, les voûtes, les tours et les tourelles ; elle cherche le cadavre du baron Hardouin et à grands cris appelle le châtelain son mari. Malheur à celui qu'elle rencontre sur son chemin ! La comtesse Noire le saisit, l'entraîne au fond de sa tombe, le contemple un instant, et s'écrie entre deux sanglots :

— Hélas ! ce n'est pas toi, baron Hardouin ! ce n'est point vous, monseigneur Gaspard !

Et secouée par la rage, on dit qu'entre deux pierres la maudite écrase la tête de l'infortuné !

HENRY CARNOY.

CHOSES DE PICARDIE

III

PATOIS

« Les Picards, affirme un auteur du xiiie siècle, sont de cler et agu entendement et de beau langage. » Ce sont ces qualités que, plus tard, en se retirant, ils devaient laisser au français, pour constituer, de cette alluvion, le meilleur de son génie. On se comprenait tout de même entre gens des bords de la Somme et des bords de la Seine. Le mariage de ces cousins-là était de sympathie autant, au moins, que de raison d'État. Vers l'époque de l'influence étrangère dominante, où notre langage s'italianisera, Marot citera, avec un semblant de regret, des mots de ce picard « duquel Paris tenait plus lors que à présent. »

S'il tend à disparaître, ce parler, s'il ne nous conserve plus que de moins en moins l'image du passé « dans ce qu'il a de plus fugitif, les sons et la prononciation », ainsi que dit Littré, il conservera pourtant, durant quelques générations, une certaine fleur de naïveté rude, inséparable des mots servant à traduire les idées campagnardes et n'ayant pas d'équivalents dans le lexique littéraire.

C'est une source qu'il ne faut pas négliger dans le roman, par exemple, les dialectes locaux. Les écrivains qui, par volonté dédaigneuse ou par paresse d'esprit, se sont privés de cet élément, quelque célèbres qu'ils soient, ont fait faute à leur œuvre d'un pittoresque intéressant, ont prouvé qu'ils ne comprennent qu'à demi la campagne, — qu'ils ne l'aiment pas. Le patois, c'est comme une buée qui monte de la glèbe remuée, spéciale, particulière à chaque terroir, et constituant un peu de l'air ambiant. C'est une richesse. Glanons-la dans ce vieux français de là-bas pour en rafraîchir, en rajeunir le moderne français d'ici! Ah! les rustres trouvent de ces formules pleines de poésie que les plus habiles des nôtres n'imagineraient pas. Que dites-vous de cette expression : le brouillard se *cueille,* pour indiquer l'évaporation, qui se produit à l'aube, dans la vallée de Somme, sous la chaleur des primes rayons?... Et de cette métaphore pour désigner, dans le Valois, les corbeaux, ces pilleurs qui s'approvisionnent de grains au temps des semailles, quand la moisson des hommes est engrangée : *les calvaniers de la Saint-Martin?* Et de ces verbes imagés : *énavriller, abloquer, acidrailler, enherber, enfenouiller,...* et tant d'autres? Et de cette appellation qui a quelque chose d'intime, délicieusement, qui semble donner une âme à l'objet familier : l'*amiteuse,* la pelle avec laquelle les fumeurs de Thiérache prennent au foyer la braise pour allumer leur pipe?... Etc., etc.

Comparez donc ces acquisitions, ces mots colorés, ces tournures oubliées, aux néologismes cacophoniques de certaines écoles de poètes et de prosateurs récents! Comme tout ça, l'expression des besoins de pensée du populaire, la plupart du temps, logique, et d'une formation grammaticale rationnelle, est supérieur, en sa simplicité, aux produits d'une langue torturée par le symbole, la soi-disant intention musicale, l'art décadent, toute la mosaïque, la marqueterie des vocables rares.

Une chose qui, dans nos villages picards, fait sourire, c'est la bizarre recherche manifestée dans le choix des noms de baptême. On pourrait croire que les filles, surtout, en sont gratifiées de ces appellations prétentieuses. Mais elles n'en ont pas le monopole. Les garçons en prennent leur bonne part. Il y a là une sorte de poésie instinctive chez les paysans, un désir d'élégance surannée, excusable, après tout, quand on songe que ces prénoms, transmis de père en fils, viennent peut-être de seigneurs amoureux de l'*Astrée* et de *Clélie,* — et non pas toujours seulement parrains de la progéniture de leurs fermiers. — Preuves d'admiration excessive d'un ascendant pour tel ou tel personnage mythologique ou historique; trouvailles faites dans des calendriers dont les saints ne se chôment plus; antique mode variant moins que celles des états civils citadins. Longtemps encore, à coup sûr, des charretiers s'appelleront Alphège, Agathon, Cléomène, Clodomir, Némorin, Cléophas, Gonthaire, Alcide ou Porphire, — et des gardeuses d'oies, Castalie, Florida, Uranie, Léonisse, Isidorine, Euphraside, Lésida ou Homérine!!!

A supposer un jour l'intérêt du patois bien diminué, ses aspérités frottées à la pierre ponce d'une civilisation égalisant les us et coutumes, éteignant les couleurs, uniformisant tout par la facilité des déplacements, quelque chose y demeurera, marque dernière, cachet d'origine, signe de reconnaissance... C'est ce monosyllabe chantant ainsi qu'un appel d'oiseau, le *tiot,* — presque aussi malaisé à bien prononcer que le *the* anglais.

Tiot! cela leur vient, naturellement, aux lèvres, à tout propos, à eux autres, avec une foule de diminutifs heureux. Cela donne un air amical, enfantin ou paternel, à leurs phrases traînantes aux finales envolées. Tous des tiots, bambins ou vieillards. Jusqu'au tombeau, il semble que la nourrice leur parle comme aux jours du berceau. Et le grand-père à bâton rajeunit sous cette brise de jouvence que le terme familial souffle sur le pays entier!

Léon Duvauchel.

JUDITH-NINICHE

Depuis quelque temps, les dames portent en médaillon de cou une chaîne terminée par une boule ou autre ornement, en or ou argent, qu'elles appellent indifféremment *Judith* et *Niniche*.

Ce petit pendentif, qui fait l'effet d'un pendule sur la poitrine, fut mis à la mode par Judith dans la représentation de *Niniche*.

Depuis lors, toutes les dames s'en sont parées, à la grande joie des bijoutiers, qui ne savaient plus quoi créer.

Je me suis demandé, avec bien du monde, sans nul doute, ce qu'avait pu inspirer ce bijou d'une utilité au moins contestable. Sous Louis XIV, il y avait bien des colliers terminés par une perle ou une cordelière ; mais dans tout le costume français moyen âge, on ne trouve rien qui rappelle la mode nouvelle. C'est donc cette fois une véritable création de la fabrique parisienne, à qui il faut toujours de la nouveauté. Cependant, je trouve dans un vieux livre ce passage : « Autrefois, en France, le fils d'un noble, âgé de quatorze ans, alloit à l'église portant une épée au cou : le père et la mère, un cierge à la main, le conduisoient à l'autel et le présentoient au prêtre à l'offrande. Le prêtre bénissoit l'épée, la rendoit au jeune homme, qui la tenoit nue le reste de la messe, après laquelle il la ceignoit à son côté. »

Le bijou à la Judith ne serait-il point une réminiscence de ce vieil usage féodal ?

Dans les *Interrogatoires de Jeanne d'Arc,* je trouve encore ce passage :

— N'a-t-on pas fait de vous des images en papier, en plomb et en métal, qu'on portait suspendues au cou ?

— Si on m'a prise, — répondit la Pucelle — pour une sainte, et si on a fait bénir des images de moi, je n'en ai jamais rien su.

C'est toujours l'histoire des bijoux de cou.

Victor Advielle.

LA CROYANCE AUX ESPRITS DANS LA THIÉRACHE

L'idée de l'immortalité de l'esprit, voire même du corps, existe depuis longtemps. L'incinération des morts, à l'âge de la pierre polie, sur le plateau du Catelet de Mondrepuis, indique que cette croyance existe en Thiérache depuis des milliers d'années. Elle a continué dans la période gauloise qui a précédé et suivi l'occupation romaine, puisque partout on a retrouvé des blocs de pierre dans lesquels sont placés les cendres des morts. Parfois ils sont accompagnés de monnaies romaines et gauloises. Les défunts étaient enterrés, lors de l'occupation franque, avec des armes et des vases, ce qui indique encore la croyance à une autre vie.

Le monde n'est pas alors composé seulement des habitants de la terre, il est aussi peuplé d'Esprits. La croyance à ces esprits surnaturels arrive jusqu'à nous.

Il y a les bons et les mauvais Esprits. Parlons d'abord de ces derniers. Parmi eux, les plus détestés, étaient ceux des morts qui venaient *cauchemarder* les vivants pendant le sommeil. C'est qu'ils avaient besoin de prières pour entrer en Paradis. Le cauchemardé s'empressait de prier.

Parmi les mauvais esprits, il y avait encore les *Ferluquins*. C'étaient les feux follets qui dansent pendant les sombres nuits de l'Avent et dont le malin plaisir est de perdre les voyageurs et même souvent de les conduire en dehors de leur route dans les abîmes où ils se noient. Celui qui était bien sûr d'avoir affaire à un Ferluquin devait faire le signe de la croix et continuer sa route sans regarder.

Lorsque pendant les veillées d'hiver on remarquait un Ferluquin, il fallait se placer auprès de la porte entr'ouverte, le siffler et bien vite refermer, afin de ne pas recevoir une claque dont on entendait le bruit strident sur la porte où les doigts se trouvaient souvent imprimés.

Les revenants étaient nombreux et se trouvaient partout. Les imaginations surexcitées reconstituaient si bien les personnes défuntes, que de bonne foi, la croyance aux revenants était établie. Non seulement les revenants étaient sur la terre, mais ils étaient au ciel par millions, sous la forme des étoiles qui brillaient pendant la nuit. L'étoile qui filait était une existence terrestre finie qui prenait place; aussi, celui qui la remarquait s'empressait de se signer.

Les bons esprits étaient ceux des personnes aimées, que la mort avaient enlevées et qui venaient consoler les vivants de la cruelle séparation. Dans la soirée de la Toussaint commençait la fête des Morts, les cloches sonnaient toute la nuit. Aussitôt la veillée, ceux qui étaient en deuil, s'agenouillaient et priaient. Ils entendaient bruire les voix de ceux qui ne sont plus, indiquant à leurs cœurs désolés qu'aucune séparation n'est éternelle et qu'ici-bas, il doit toujours rester un espoir.

A. Desmasures.

LA VIE D'UN ARTISTE

Nous détachons de la *Vie d'un artiste,* par le peintre Jules Breton, qui paraît chez Lemerre, ce paysage à la plume dans lequel Breton décrit le jardin paternel où il fit ses premiers ébats, où il connut ses premières sensations d'artiste.

J'ai vu, depuis, de bien magnifiques jardins, mais aucun ne m'a fait oublier celui de mon père, le premier, le seul jardin.

Entouré de murailles tapissées d'espaliers que les vignes couronnaient de leur frise verdoyante, il était régulièrement partagé par de larges voies sablées qui allaient rejoindre les voyettes bordées d'oseille, faisant le tour des côtés. A l'endroit où elles se croisaient, des poiriers se recourbaient en dôme. Un vrai jardin français, avec ses divers plans de légumes et ses plates-bandes fleuries. A l'entrée, entre deux pelouses, au milieu d'une corbeille d'anémones, s'élevait une basse colonne de marbre dont le chapiteau servait de table à un cadran solaire.

Mais la merveille du jardin, c'étaient, aux quatre coins, les marmousets de pierre qui luisaient au soleil, juchés sur de hauts fûts de bois peints en vert. Ils représentaient les Saisons. Le *Printemps*, l'*Été*, l'*Automne,* dodus et joufflus, portaient l'un sa corbeille de fleurs, l'autre sa gerbe, et le troisième son pampre chargé de raisins noirs. Quant à l'*Hiver*, je ne sais pourquoi il ne ressemblait pas aux autres. Une femme nue, la tête et les épaules seules couvertes d'une façon de sac, le représentait dans de plus grandes proportions. Repliée sur elle-même, ratatinée par le froid, cette figure semblait grelotter malgré quelques tièdes tisons flamblant à ses pieds. Cette différence inharmonique me rendait rêveur. Sans doute, cette statue, après un désastre, remplaçait l'ancien *Hiver* à jamais brisé, car elle était plus neuve et ses formes, plus sveltes, ne disparaissaient pas encore sous les nombreuses couches de badigeon qui, depuis bien longtemps, chaque année, rafraîchissaient les marmots.

Tel ce jardin mon paradis ! Là, au milieu des insectes et des fleurs, s'ouvrirent mes premières sensations, mes premières rêveries. Souvent, loin de tout bruit, je m'étendais au soleil, le dos sur la pelouse. Je voyais contre mes joues s'allonger les grandes herbes qui semblaient hautes comme des arbres, et je laissais ma fantaisie errer au loin, au plus profond de l'air, avec les nuages, tandis que chez le voisin un immense peuplier étendait à l'infini ses rameaux remuant dans l'azur.

. . . . , ...

Tous les ans, à l'entrée des beaux jours, arrivait le peintre Fremy et c'était un grand événement. Je le vois encore, l'air important, avec son nez de travers et sa veste de drap marron, déballer ses outres d'huiles et ses pots de couleurs. La première fois que je vis cette homme, je me dis : « Je serai peintre. » Il me jetait des regards sévères lorsque je touchais à ses pinceaux ou à ses cahiers de feuilles d'or. C'était un personnage grave et presque muet. Cependant, lorsqu'il se sentait en train, il me parlait des châteaux ou il avait travaillé. Il m'en disait des merveilles ; mais je ne pouvais alors rien imaginer de plus beau que la maison paternelle, surtout lorsque ce même Fremy avait repeint, d'une couche à l'huile rose et luisante, la large façade plâtrée, au fronton orné d'une lyre, à la grande porte jaune et aux persiennes d'un vert si gai. Ce gros travail fini, le peintre arrivait aux détails, et là surtout éclatait ma joie. Je voyais sortir de ses boîtes de ferblanc les petits pots contenant les couleurs fines et brillantes. Il s'agissait de raviver un soleil couchant au plafond de l'escalier, de rafraîchir la *marchande d'amour*, qui, au salon, formait le dessus de glace de la cheminée... Enfin, venait le tour du Chinois.

La cour de la maison formait un carré mi-pavé et mi-semé d'herbe, enfermé par le grand corps de logis et par deux ailes latérales comprenant la salle à manger, les cuisines, le fournil et divers hangars. Cette cour était séparée de la basse-cour et du jardin par une grille.

Dominant cette basse-cour, s'élevait un pigeonnier carré, posé sur quatre piliers et que terminait un chef-d'œuvre d'architecture. Au faîte du toit aigu, c'était d'abord une façon de petit temple en bois, rond, porté par une tige de fer et entouré de colonnettes dont les bases, ne reposant sur rien, emboîtées dans un plancher circulaire, restaient en l'air. Comme couronnement à ce diminutif du temple de la Sybille, surplombait une sorte d'éteignoir orné de clochettes sourdes et dominé par une boule qui laissait ressortir la tige de fer sur laquelle tournait enfin, en énorme girouette, fumant sa pipe, assis au milieu d'un paysage, le fameux Chinois. Vous en voyez l'effet ! Tout cela prenait bien le tiers de la hauteur du pigeonnier et n'effrayait pas les pigeons. Je me souviens que quelques années plus tard, pendant une nuit d'ouragan, on entendit un bruit sinistre, et que le lendemain on trouva à terre le temple en pièces et le Chinois disloqué. Mais ne devançons pas les événements.

Fremy, aidé d'un ouvrier, dressait son échelle, décrochait et descendait le Chinois qui grandissait à chaque échelon et je pouvais bientôt le contempler de près et mesurer l'épaisseur de sa tôle que solidifiaient des lames de fer piquées de gros clous.

Et si je battais des mains, lorsque le peintre rehaussait d'un chrome magnifique la jaquette du magot, quelle ne fut pas ma joie lorsque je le vis, pour repeindre sa culotte, mêler du bleu au jeune et obtenir un vert du plus bel éclat !

Puis les *Quatre Saisons* venaient se ranger sous le hangar, laissant derrière elles leurs grands fûts efflanqués et le jardin désert.

Et certes, elles avaient grand besoin de secours du peintre, car elles étaient comme couvertes de lèpre, la vieille couleur soulevant des ampoules et tombant en écailles. Là-haut ça ne se voyait guère, mais de près c'était hideux. Fremy les grattait soigneusement, leur donnait une première couche de blanc et puis, vrai magicien, il leur rendait l'apparence de la jeunesse et dela vie, frottait de carmin leurs lèvres et leurs joues rebondies, et repiquait de brun leurs yeux fixes et louches, tandis que des milliers de petits moucherons s'abattant étourdiment sur la couleur fraîche, y collaient leurs ailes, jusqu'au printemps prochain.

Jules Breton.

QUEL EST L'INVENTEUR DES CARILLONS ?

NOTES

Dans son excellent et récent ouvrage intitulé : *Souvenirs du vieux Bruxelles* [1] M. Joe Diericx de Ten Hamme, s'exprime ainsi au sujet de l'invention des carillons :

« C'est à la ville d'Alost que revient l'honneur d'avoir, la première, possédé cet instrument musical, si cher au cœur de nos ancêtres.

« Dans cette fraîche et gracieuse petite ville, qui fut longtemps le chef-lieu d'un état souverain, vivait, en l'an de grâce 1487, un brave fondeur de cloches, demeurant dans la longue rue au Sel, et qui se nommait *Barthélémy Koech.*

» Depuis longtemps cet artiste — car c'en était un, — travaillait à une surprise qu'il voulait faire à ses compatriotes alostois. En effet, le jour de Noël de cette année, toute la bonne ville d'Alost était en liesse.

1. Bruxelles, Em. Rossel, édit. 1890.

» Durant les cinq minutes qui précédèrent l'heure du midi, les bourgeois émerveillés, le nez au vent, entendirent une musique nouvelle, inouïe, inconnue, qui tombait des airs en sons argentins. Bientôt après les sons reprirent, et de demi-heure en demi-heure le beffroi d'Alost donna nuit et jour un concert à la ville, etc. »

Mais Desrousseaux, dans le second volume, page 180, des *Mœurs populaires de la Flandre française,* a écrit ceci : [1]

« Il est dit dans un grand nombre d'ouvrages, notamment dans un article d'Arthur Dinaux *(Archives historiques du Nord,* 6ᵉ vol., p. 222). et dans une notice de Fétis citée dans le *Grand Dictionnaire* de P. Larousse. que c'est à Alost (Belgique), en 1487, qu'a été construit le premier carillon.

» Or, dans le *Chronicon Windesemense* [2] du chanoine Buschius, on lit qu'en 1404 un frère convers, Henri Lœder, natif de Lœder, près d'Osnabrüch, en Westphalie (province de Hanovre), construisit, pour éveiller ses frères, un clavier de sept cloches avec leurs marteaux et un cylindre en fer, qui jouait l'air s'adaptant aux paroles suivantes : *Sancti spiritus assit nobis gratia, quæ corda nostra sibi faciat habitaculum,* et qu'il le plaça assez habilement au dessus de l'escalier du dortoir, devant la loge du portier.

» Dans une lettre qu'il a bien voulu nous adresser, M. le Bourgmestre de la ville de Bruges nous dit que « certaines annotations dans les comptes de la ville de l'année 1298, donnent le droit de supposer qu'à cette époque il y avait déjà un carillon » et ajoute ceci : « La tour fut incendiée le 16 janvier 1493. » Nous savons, par des descriptions qui en furent faites depuis, qu'elle contenait un carillon composé de quarante cloches, et que le cylindre en cuivre sur lequel on notait les airs, était percé de 19,449 trous.

» On verra dans la notice concernant le carillon de Dunkerque qu'il y avait dans cette ville, en 1476, un carillonneur si habile qu'on venait de fort loin pour l'entendre, ce qui

1. Lille, L. Quarré, libraire-éditeur, 1889.

2. Livre II, chap. 56, pages 534 et 535 de l'édition publiée à Anvers en 1621 et qui se trouve à la Bibliothèque nationale.

prouve bien que nos aïeux ne partageaient pas l'avis de
J.-J. Rousseau, à savoir que « c'est toujours une sotte musique
que celle des cloches. [1]

Au point de vue de la vérité historique, on ne peut que
regretter que M. Diericx ne connaissait pas les *Mœurs populaires de la Flandre française,* lorsqu'il a écrit ses *Souvenirs
du vieux Bruxelles.*   L. C. L.

L'ART DANS LE NORD

II

A en croire les Méridionaux, les gens de langue d'oc auraient
seuls conservé le privilège des danses et de la mimique. Le Midi
se distinguerait du Nord par son amour de la saltation et de la
chorégraphie. Le barbare septentrional n'entendrait rien aux
plaisirs de la danse. Fauriel *(Hist. de la Poésie provençale,* I, 109)
a avancé cette opinion dans deux chapitres très longs — fort
inexacts, au reste — que l'on peut résumer ainsi : *Les raffinements
de la saltation ou danse imitative, ne pénétrèrent pas fort avant
dans le Nord de la France. Les danseurs et les mimes y furent
pris pour des fous et on les hua. Dans le Midi, au contraire, on
dressa des monuments aux saltateurs de talent.*

La conséquence tirée de ceci est que les hommes du Nord sont
des lourdauds absorbés dans l'existence végétative, incapables de
désennuyer leur vie monotone, triste et morose. Au Midi seulement, l'animation, la joie, la poésie, les danses gracieuses, les
farandoles qu'accompagne la Tarasque aux sons des tambourins
et des galoubets! Et le Midi ne manque pas d'exposer chaque
année, à Sceaux, parfois à Paris même, comme il y a trois ou
quatre ans, ses danses pimpantes, ses monstres grotesques, en
même temps que ses félibres, cigaliers, capouliés et majouraux
des maintenances de Provence, de Languedoc et de Navarre, car
il y a des félibres en Catalogne, Biscaye et autres lieux.

Mon Dieu, nous ne discuterons pas la question de la danse en
elle-même. Nous ne voulons point rechercher les avantages ni les
dangers de la saltation à toutes sortes de points de vue. Nous ne

1. *Dictionnaire de musique,* au mot CARRILLON.

nous occuperons de la danse qu'au point de vue purement poétique et artistique.

Il fut de tout temps des danses imposantes, gracieuses, légères ou de sentiment très élevé et très philosophique. Témoin la *Danse de l'Epée* des Barbares, la *Tratta mégarienne* des Grecs anciens que nous avons pu retrouver de nos jours dans les îles de Chios et de Samos, les danses lascives des Orientaux, ou les chœurs des prêtres antiques imitant en orbes silencieuses la course des Astres, la marche du Serpent et du Dragon, ou représentant l'idée pythogoricienne de la Vie sortant de la Mort, l'immortalité en un mot.

On cite sans cesse — un peu trop souvent même — les jeux de la *Tarasque* à Tarascon, de la *Fête-Dieu* à Aix, la danse du peuple de Limoges dans l'église de Saint-Léonard, en l'honneur de saint Martial :

> Saint Martial, priez pour nous,
> Et nous danserons pour vous !

Mais à Amiens, n'avions-nous pas les *Papoires* où l'on promenait un grand dragon, frère de la Tarasque? A Rouen, c'était la *Gargouille ;* à Metz, le *Graouilli ;* à Paris, le *Dragon de Saint-Marcel ;* à Reims, aux fêtes de Pâques, le *Bailla ;* à Provins, le *Dragon* de saint Quiriace et le *Lézard* de Notre-Dame. Dans le Nord extrême, les fêtes des dragons et des géants ont été décrites plus d'une fois. A Douai, avant la Révolution, à la procession des Rogations faite par la paroisse Saint-Jacques, on portait au bout d'une perche un dragon doré, accosté de deux gonfanons carrélongs de soie écarlate. Le Dragon de Wasmes ou de Mons nommé *Lumeçon* est toujours fêté à Mons (1). Les grandes villes des Flandres ont leurs géants, *Gayant* à Douai, *Reuse* à Dunkerque, etc. Les processions solennelles auxquelles donnaient lieu les promenades de ces dragons et de ces géants étaient accompagnées de jeux et de danses imitatives.

La danse et les jeux faisaient partie des divertissements de la *Fête de l'Ane,* de la *Fête des Fous* et de la *Fête des Innocents.* A Dijon on célébrait par des danses dans la cathédrale la *Fête de la Mère-Folle.* Que de danses symboliques! Les hommes du peuple montaient à l'autel et revêtaient les habits sacerdotaux;

---

(1) On peut consulter à ce sujet un excellent article de M. Séb. Bottin dans les *Annales historiques et littéraires du Nord de la France et du Midi de la Belgique,* Ann. 1829, t. I, p. 97 et suiv.

Abbés, Evêques, Pape des Fous parodiaient les princes de l'Église et conduisaient les rondes. *Ces danses,* dit Eugène Garcin, *allaient se prolongeant jusque dans les cimetières, d'où les fameuses* Danses macabres, *où la Mort menait le branle et faisait sauter reines, bourgeoises et gouges, rois, archevêques et truands* (1).

Un évêque gallois du XIIe siècle relate une danse dont il fut témoin dans une bourgade de son diocèse (H. de la Villemarqué, *Le Théâtre chez les Nations celtiques,* in *Grand Mystère de Jésus*) :

On y célébrait, dit-il, *la fête de Sainte-Almédha ; tous les ans des pèlerins sans nombre s'y rendent des points les plus éloignés du pays. Plusieurs de ces pèlerins sont malades et y recouvrent la santé, grâce à l'intercession de la sainte. Certaines cérémonies de la fête me frappèrent par leur singularité : des jeunes hommes et des jeunes filles, se prenant la main, se mirent à danser dans l'église, puis, poursuivant leurs danses au dehors, dans le cimetière et alentour, ils y déroulèrent une farandole immense qu'ils animaient de leurs chansons. Mais voilà tout à coup que la chaîne se brise, les chants cessent, les danseurs se prosternent la face contre terre et y demeurent immobiles et comme en extase. Ce n'était toutefois qu'une feinte, chacun ne tarda pas à se relever ; la chaîne se reforma, et danseurs de repartir avec un entrain tout nouveau. Quand la danse cessa, ils commencèrent à représenter, tant des pieds que des mains, devant le peuple, divers métiers auxquels il est défendu de se livrer sérieusement les jours fériés : l'un se mit à conduire une charrue, l'autre excitait les bœufs de l'aiguillon, et les deux laboureurs, comme pour charmer leur travail, entonnaient leur chanson rustique accoutumée. Celui-ci imita le cordonnier, celui-là le corroyeur ; une femme tenant une quenouille et un fuseau fila ; une seconde s'empara du fil ainsi obtenu afin de l'employer ; une troisième en fit un tissu. Le spectacle fini, les acteurs furent ramenés à l'église, où ils déposèrent sur l'autel le produit des largesses des spectateurs.*

La ressemblance entre cette mimique ancienne et la mimique provençale se continua à travers le moyen âge pour arriver jusqu'à nos jours. On connaît les danses symboliques du Midi. Quelques-unes sont décentes ; beaucoup sont licencieuses. Le

(1) Consulter sur ces cérémonies : Ducange, Dulaure, du Tillot, Lancelot, dom Grenier, Peignot, H. Fortoul, A. Maury, Demogeot, *La Tradition,* etc. M. le Dr Bérenger-Féraud a résumé tous ces travaux dans son ouvrage *la Fête des Fous,* qui formera le tome IX de la *Collection internationale de la Tradition.* Paris, 1890 ; in-12.

poëte de Maillane a décrit les premières dans le VIe chant de *Calendau* et les secondes dans le chant XIe. C'est, d'une part, le *Revergado* (la Retroussée), le *Rigaudon,* la *Boulegueto* (la Frétillante), la *Fougnarello* (la Boudeuse), la *Martégale* (danse des Martégaux), la *Gavotte* (danse des montagnards des Alpes), le *Branle des Gueusards.* — Dans l'autre série, nous trouvons : les *Cordelles,* les *Pastourelles,* les *Moresques,* la *Jarretière,* les *Treilles* et les *Olivettes. Ces dernières,* ajoute Mistral, *s'exécutent encore aujourd'hui, mais seulement à de certaines occasions et lorsqu'il se rencontre des administrateurs intelligents. Elles symbolisent à ravir la plupart des travaux agricoles. Comme on voit, nos pères excellaient à poétiser les choses de la vie.*

N'en déplaise à Mistral et aux félibres, *par* nos pères, dit M. Garcin, *il faut entendre non les seuls Provençaux, mais tous les vieux Français, car l'amour de la danse, —où je n'irai, certes, pas rechercher nos titres de gloire, — est le propre de notre nation; si bien que, non contents de nos chorégraphies nationales, nous en avons emprunté à l'étranger.*

Les noms des danses du Nord forment une longue litanie. Nos pères avaient la *Sarabande,* le *Menuet,* la *Pavane,* le *Rigaudon,* le *Branle,* la *Courante,* la *Gaillarde,* la *Chaconne,* la *Gavotte,* la *Valse,* la *Contredanse,* la *Sauteuse,* les *Tableaux,* le *Galop,* le *Cotillon* et bien d'autres danses dont les noms se pressent sous ma plume.

Le Nord, malheureusement, au point de vue chorégraphique, a a délaissé ces danses gracieuses. De bonne heure, le drame s'est dégagé de la danse; il a pris une vie propre qu'il n'a jamais eue dans le Midi. Le côté figuratif et symbolique de cet art a été délaissé. Nos danses, oubliées par nos villageois, se sont réfugiées dans les salons; ce ne sont plus que des jeux sans pantomime et seulement rythmés. Qui sait si quelque jour les danses du Nord ne seront pas tirées de l'oubli? Elles étaient charmantes, ces danses, dès le XIIIe siècle. Témoin ce passage du *Roman de la Rose :*

> Comme ils balloient cointement *(dansaient d'une façon ravissante)*,
> L'une venoit tout bellement
> Contre l'autre, et quand ils estoient
> Puis après si s'entregettoient
> Les bouches et vous feust avis
> Qu'ils s'entrebaisassent au vis *(visage)*
> Très bien savoient se deviser
> Et leurs corps en dansant briser.

Pour qui connaît nos villages du Nord, il est permis d'affirmer que nos villageois ont conservé le goût de la danse. Mais, est-ce la Danse pittoresque des aïeux? Non. Les artistes doivent faire leur deuil des danses de jadis. A moins que... et pourquoi pas, après tout? Si les artistes du Nord veulent nous suivre, nous aurons nous aussi nos fêtes septentrionales. Nous ressusciterons les Papoires et les Géants, les farandoles du Nord, les danses de jadis, avec nos chansons populaires si lyriques, si émouvantes! Nous n'aurons contre nous que le Midi, sans doute, et aussi le vieux Michault Taillevent, l'auteur de la *Danse des Aveugles* qui disait au XVe siècle :

O ! danses désordonnées
Doulcement empoisonnées,
    Adonnées
A perdicion entière !

Vos notes passionnées
Font œuvres mal maçonnées
    Fourcennées
Dont vient mortelle litière.

Jean d'Arras.

L'ACADÉMIE DE L'OMIGNON

STATUTS

—

Pour être de l'Académie
De l'Omignon, il faut avoir :
De l'estomac, sans boulimie,
De l'œil, juste assez pour y voir,
Et de la dent pour mordre ferme ;
De la lecture, un brin aussi,
Un peu de poésie en germe,
Bref, être un type réussi.

Il faut avoir, sans prudhomie,
L'apparence du sens commun ;
Quant au fond, notre Académie
Pour deux membres en a comme un ;
Sans alambic, elle distille
Les esprits les plus saugrenus ;
Mais tout diplôme est inutile,
Tous parchemins sont inconnus.

Nous sommes deux, pas davantage,
Riez-en, moi j'en suis charmé ;
L'un de nous est président d'âge,
Et l'autre président nommé.
Nous sommes partout en séance
Alors que nous nous rencontrons :
Nul débat pour la préséance,
Nous sommes nos propres patrons.

Nul huissier n'exige à l'entrée
La moindre cotisation,
Ni d'habit vert... Toute livrée
Est tenue en suspicion.
Nos travaux, toujours fantaisistes,
N'ont jamais de procès-verbal ;
Ça, c'est bon pour les publicistes
Et le Conseil municipal.

Cette Académie à deux têtes,
Comme le veau du même nom,
Ne demande pas qui vous êtes
A ses correspondants, non, non.
On les prend au mètre, à la toise,
Pour d'aucuns, même, on compte au poids
(S'ils n'arrivent pas de Pontoise)
Vous voyez, c'est la fleur des pois.

De l'esprit ?.. on leur en suppose,
Car il est très doux de penser
Qu'il en faut déjà forte dose
Pour demander, sans balancer,
Son admission dans icelle ;
Puis on en trouve — et tout chiqué
Dans l'Omignon..; il en ruisselle !
C'est pour ça qu'on l'a syndiqué.

Il coule entre Mons et Devise,
Notre verdoyant Omignon,
Le fin ruisseau qui nous divise ;
L'Académie a son pignon
A cheval sur cette frontière
Qui borde le pré communal.
— Être à cheval sur la rivière
Ce n'est déjà pas si banal !

Nous philosophons fort à l'aise,
Sans crainte de contradicteurs.
Assis à l'ombre d'un mélèze
Nous nous rions des éditeurs!
Pas de dispute, pas d'envie,
Jamais de contrariété,
Car chez nous, bonheur de la vie,
Le crachoir est à volonté.

George TATTEGRAIN.

LE POT A MOUTARDE DE CHARLES VI

Les épices jouent un grand rôle dans l'histoire de nos aïeux ; on en consommait beaucoup, ce qu'explique, d'ailleurs, l'abondance des mets dans les dîners d'apparat.

A la cour de France, les vases destinés à contenir les épices, figurent, maintes fois, dans les comptes des orfèvres, pour rappareillage ou réparation.

En parcourant des pièces de comptabilité du temps de Charles VI, j'ai rencontré deux mentions relatives au *baril* ou pot à moutarde qui servaient à la table du roi ; en voici le texte :

1394-5. — A Guillaume Arrode, orfèvre, demeurant à Paris, pour avoir rappareillée et mis a point le baril dargent blanc, pour mestre la moustarde du Roy nres. Cestassavoir fait et forgie un anneau et le couplet a le tenir. Et aussi avoir fondu le couv(er)cle et forgie tout nuef et fait plus fort, avecques le cliquet et la charnière dicelui baril dargent blanc, ou il a mis une once darg. pour ce xiij s. p. Et pour painne et sallaire dudit orfevre, dicelui baril rebrunir et redrecier, mettre a point, xxiiij s. p. valent xxxvij s. p.

1396-7. — A Guillaume Arrode, orfèvre, ... pour avoir rappareillé et mis à point le baril a moustarde dargent blanc de la chambre des nappes du Roy... Reffait de nuef et ressoude toutes les charnières du couvercle, et ycelui ressoude et refait le cliquet...

Les comptes ne nous disent pas où la cour se fournissait de moutarde ; il n'y est question que du contenant et jamais du contenu.   VICTOR ADVIELLE.

MÉLANCOLIE

Déjà!... Déjà l'hiver! — La pêche
Ne semble ouverte que d'hier :
Et voici que la feuille sèche
Déjà papillonne dans l'air!

L'eau se ride au souffle du pôle,
Glacée et lourde. — Le poisson
Cherche en la vase tiède et molle
Abri pour la dure saison.

Et plus rien!... Bouchons immobiles
Semblent dans la glace plantés:
Les adroits et les malhabiles
Font chou-blanc de tous les côtés!

O beaux jours d'Août et de Septembre,
Aurores de Juillet en feu,
Qui doriez de longs reflets d'ambre
L'Escaut fuyant sous le ciel bleu!

Lourds orages dont les tourmentes
Tordaient les grands arbres feuillus;
O meules de foin odorantes
Où nous nous cachions éperdus!

Vivier dormant sous la broussaille
Où, de grand matin arrivés,
Nous faisions sauter la marmaille
Des tanches aux ventres dorés;

Rive en pente aux herbes fleuries
Où la perche à l'affut veillait;
Étangs perdus dans les prairies
Où la carpe en paix sommeillait;

Départs qu'éclairait, souriante,
La pâle étoile du matin;
Ou retardait, inquiétante,
La brume d'un temps incertain;

Et vous, retours sous le ciel terne,
Assauts de rire et de chansons,
Qui finissiez à la taverne
Par le partage des poissons ;

O longs jours tranquilles de pêche,
Pleins de feux, de chemins ardus,
D'averses que le soleil sèche :
Pour longtemps vous voilà perdus !

Il pleut bêtement. On frissonne
Rien qu'à regarder couler l'eau.
Il fait triste, et l'heure qui sonne
Laisse dans l'air comme un sanglot.

Sous le ciel noir le vent fait rage ;
Il fait froid. On sent le sommeil....
— O lourdes nuits pleines d'orage !
O beaux jours de l'ardent soleil !

Paul Philippe.

LE MOUVEMENT LITTÉRAIRE, ARTISTIQUE et SCIENTIFIQUE

POUR UN BUSTE

L'articulet que j'ai publié, ici même, relativement au monument Crinon, m'a valu, de la part d'un homme fort entendu aux choses artistiques et littéraires de notre région du Nord, une lettre où les idées optimistes que je développais, quant à la souscription, sont raillées le plus spirituellement du monde.

Mon aimable contradicteur, qui est en même temps un écrivain distingué, ne partage pas — mais pas du tout ! — ma manière de voir pour ce qui est de la réussite de notre entreprise. Au reste, oyez ce passage de sa lettre, il est des plus catégoriques : « ... Comment diable un esprit aussi réfléchi que le vôtre a-t-il pu s'illusionner à ce point sur les dispositions généreuses de nos provinciaux à l'endroit de tout ce qui touche une œuvre d'art. Mais vous savez au mieux que les paysans et les bourgeois de village sont inaccessibles à tout ce qui tend vers le moindre idéal et qu'ils ne prisent généralement que le terre-à-terre et les vulgarités. Croyez-moi, si vous comptez avec eux pour mener à bonne fin votre projet, faites-en votre deuil, vous n'aboutirez pas. Ah! si vous parliez à des Méridionaux, autre affaire; mais dans le Nord, en Picardie, allons donc, vous riez! Tenez, je vais chanter un *De Profundis* sur vos illusions... »

Et la lettre continue sur ce ton volontairement outré.

Eh bien! que mon correspondant sache que sa missive ne m'a aucunement ébranlé dans mes convictions. Je pense tout simplement qu'il calomnie nos campagnards en exagérant à plaisir. Sans doute — je l'ai écrit déjà — les Septentrionaux n'ont pas l'emballement théâtral, les résolutions précipitées des indigènes des bords de la Garonne; s'ils hésitent au début, s'ils sont lents à venir, en revanche, ils se donnent résolûment et tout entiers le jour où il leur est démontré qu'ils peuvent accomplir une bonne action. Or, rendre hommage à la mémoire de ce Crinon qui fut la plus complète incarnation du madré et honnête paysan picard, n'est-ce pas l'action la plus noble et la meilleure? Et l'on nous refuserait la possibilité de recueillir, parmi nos compatriotes, les douze cents francs que réclament le buste et son piédestal. Allons donc! Est-ce que le Conseil général de la Somme n'a pas généreusement ouvert le chemin en nous votant cent francs? Est-ce que de braves Picards, suivant cet exemple, ne sont pas venus à nous? Est-ce que d'autres ne viennent pas tous les jours, prouvant ainsi la légèreté ou la sottise de ceux qui les accusent d'indifférence. En tout, il faut savoir attendre.

Aussi ai-je pleinement confiance, et tous mes camarades de la *Revue du Nord* avec moi, dans l'avenir de la cause que nous servons, cause que défendent avec tant d'enthousiasme et de vaillance, par la plus large publicité, nos dévoués et sympathiques confrères du *Journal* et de la *Gazette de Péronne.*

Fernand Bertaux.

*
* *

M. Jean Macé vient de faire don au musée Carnavalet d'une pièce intéressante. C'est la photographie d'une des faces latérales de l'église de Monthiers, dans le département de l'Aisne. Le pilier principal porte en caractères très nets la célèbre inscription : *Le peuple français reconnaît l'Être suprême et l'immortalité de l'âme.*

Cette photographie sera classée dans la collection de la Révolution, à la date du décret de la Convention dont elle rappelle le souvenir.

La Société des Antiquaires de Picardie vient de faire éditer l'*Histoire de l'Abbaye de Saint-Acheul* par M. Roux, avocat à la Cour d'Amiens, avec illustrations en photogravures par l'auteur et plans par M. Pinsard, architecte.

Il est regrettable que cette Société se cantone dans l'au delà de 1789 ; il est bien des choses de la Révolution, du Premier Empire et de la Restau_ration qu'elle aurait pu sauver de l'oubli et qui disparaîtront par le fait de son immuabilité.

*
* *

Une divergence de vues entre un critique et un exposant à l'Exposition à Amiens de la Société des Amis des Arts, a été tranchée d'une façon assez neuve.

Palette, le critique du *Journal d'Amiens,* ayant fait des réserves sur les teintes d'une toile représentant le marché aux légumes d'Amiens, l'artiste répondit que son coloris était pris au naturel et que s'il y avait un coupable c'était le soleil.

La lutte engagée sur le terrain de la plus extrême courtoisie, et avec des garanties artistiques, *Palette* réunit un jury qui lui donna presque entièrement raison. Le gagnant se faisant juge, condamna le peintre à offrir une toile, se condamna lui-même à en payer l'encadrement et décida que le tableau serait tiré entre tous les abonnés du *Journal d'Amiens.*

Ce plaisant jugement fut accepté et une très jolie marine, signée Jules Maillard, exposant au grand Salon, médaille d'or à l'Exposition d'Amiens, échut de par la voie du tirage au sort à l'un des abonnés du *Journal d'Amiens.*

*
* *

Nous publierons dans notre numéro de novembre une étude de notre collaborateur F. Bertaux sur M. Carolus-Duran.

*
* *

Pour paraître prochainement chez Quentin, libraire-éditeur à Péronne, *les Chansons de Crinon,* avec préface de F. Bertaux.

*
* *

Le chansonnier Desrousseaux. — Un de nos confrères publie l'entrefilet suivant :

« Le chansonnier Desrousseaux, passant dernièrement aux mines de Drocourt, a été l'objet d'une touchante manifestation organisée spontanément par la toute nouvelle fanfare *La Houille,* composée des ouvriers des établissements.

» La jeune Société, sous l'habile direction de M. Nast, a donné une sérénade au poète populaire, et son président et fondateur, M. Georges Delmiche, ingénieur, entouré de MM. Bardiaux et Depasse, a souhaité dans une improvisation éloquente la bienvenue au visiteur.

» Celui-ci s'est montré très touché de cette amicale démonstration et a témoigné en quelques mots plein d'humour toute sa reconnaissance.

» Une véritable fête intime a suivi la manifestation, et ce n'est qu'assez tard que l'on s'est séparé à la gare d'Hénin-Liétard. »

Le *Majestas*, une des toiles les plus originales du peintre F. Tattegrain, vient d'être acheté par un amateur amiénois, M. Denis Galet.

Tous nos regrets que le musée de Picardie ait laissé échapper l'excellente occasion d'ajouter à sa collection cette œuvre de valeur, jadis unanimement louée par la critique !

Parmi les récentes nominations dans l'ordre de la Légion d'honneur, nous relevons avec plaisir celle de notre compatriote Mairesse, rédacteur à l'*Echo de Paris*.

Tous nos compliments à notre confrère.

Le musée Danicourt, à Péronne, est, depuis quelque temps, ouvert au public.

On sait que M. Danicourt était un richissime archéologue qui a légué une partie de sa fortune et sa galerie d'art à sa ville natale.

Concours ouvert par le Nord littéraire. — Prose : 171 concurrents. 217 productions. Premier prix, Médaille d'argent, M. Victor Advielle.

Nous publierons, le mois prochain, la très curieuse notice historique que cet éminent écrivain a écrite sur *Jehan d'Arras, libraire et relieur du roi Charles VI*. Nous n'avons pas à faire l'éloge de M. Victor Advielle, les ouvrages qu'il a publiés le classsant au premier rang de nos biographes.

Le Gérant : Alcius LEDIEU.

Abbeville, imp. du Pilote de la Somme FOURDRINIER ET Cie

REVUE DU NORD DE LA FRANCE

CAROLUS-DURAN

S'il y a parfois, dans la profession ondoyante d'homme de lettres, des heures où il faut mettre sa littérature au service de banalités et de veuleries, il en est d'autres — très rares d'ailleurs — où sa prose semble relevée, comme ennoblie, par l'intérêt même qu'offre le sujet qui lui sert de thème. La présente est des meilleures.

Cependant — j'ai besoin de l'écrire — qu'on ne se méprenne point sur mes intentions. Je ne suis le caudataire empressé non plus que le détracteur systématique d'aucun talent. Indépendant de toutes les chapelles artistiques ou littéraires, ennemi des coteries et des intrigues, dédaigneux des louanges intéressées aussi bien que des critiques les plus acerbes, ignorant le rôle de complaisant, je vais tout droit mon bonhomme de chemin d'écrivain qui n'attend rien de qui que ce soit et dont l'unique souci est de servir, en complète indépendance, la cause sacrée de l'art avec la plus entière bonne foi. Cela dit avec l'espoir que personne ne cherchera dans les articles que j'entends consacrer aux peintres et aux sculpteurs du Nord la glorification d'un clan au détriment d'un autre.

*
* *

Né le 4 juillet 1838 dans la bonne ville de Lille qui est, avec Valenciennes, le berceau des arts dans notre grasse et plantureuse Flandre, Carolus-Duran appartient à la petite phalange des peintres dont l'adolescence ne fut pas tourmentée par les retards d'une vocation indécise. Dès sa prime jeunesse, en effet, sa destinée était fixée. Pareillement au Giotto, on le vit, tout enfant, crayonner, charbonner, avec une ardeur continue, toutes sortes de figures qui ne laissèrent nul doute sur ses heureuses dispositions. Aussi, l'âge venu, il reçut des conseils et des directions de Souchon, qui ne paraît pas avoir été un aigle dans le maniement du pinceau, mais qui, en revanche, possédait la plus précieuse qualité du professeur : il savait, comme aucun, apprendre à apprendre. Puis, le prix Wicart fondé, l'élève concourut, remporta la palme, et partit pour Rome, le cœur joyeux et l'esprit plein des plus beaux rêves d'avenir. Là, au contact des maîtres italiens, son goût se développe, s'affine, son dessin s'enhardit, se simplifie, sa palette s'enrichit de brillantes couleurs.

Enfin, la durée des épreuves accomplie, l'exilé volontaire reprend le chemin de France.

Entre temps, il ne perd aucune occasion de se produire et débute au Salon par l'envoi d'un portrait, le sien, peinture à l'aspect sombre, qui n'est certainement pas supérieure, mais très intéressante néanmoins par cette particularité qu'elle marque en quelque sorte le point de départ d'un des plus superbes talents qui honorent l'école Française.

Pourtant ce ne fut qu'après maints essais et des années de tentatives et de luttes, que se révéla la véritable manière de Carolus Duran. Peut-être pourrait-on ajouter qu'elle se fixa mieux encore après un voyage d'études en Espagne, d'où le peintre revint avec le culte du puissant Vélasquez.

Quoi qu'il en soit, le voilà qui s'adonne à exprimer des physionomies et y réussit d'emblée. La *Dame au Gant,* aujourd'hui au musée du Luxembourg, marque son premier succès en ce genre, et depuis — il y a beau temps de cela — les triomphes ne se comptent plus. Toute la société mondaine de nos jours passe devant sa palette et nous laisse comme l'illusion d'une féérie. La figure humaine, avec ses énigmes et ses attirances, son égoïsme et son luxe bourgeois, est son domaine de prédilection. Quand il se livre aux compositions à nombreux personnages, il semble dérouté, encore que toutes celles qu'il a signées ne soient pas exemptes de solides qualités. Seulement on sent que l'art du groupement le déconcerte, paralyse une partie de ses meilleurs dons, diminue ses ressources. Où il est tout lui, et incomparablement, c'est dans le portrait. Il suffit de se rappeler quelques figures : *Jules Claretie, P. Burty, Gustave Doré, Français, Portrait de ma Fille,* une merveille, pour convaincre les plus incrédules et les plus prévenus.

C'est que, voyez-vous, artiste remarquable, il analyse ou synthétise, en un tour de main, le côté expressif d'une tête. Il a la mesure, la sobriété, la simplicité des moyens. Jamais de surcharges, jamais d'attitude forcée, nulle exagération, pas de recherche, pas d'ornements superflus. Il sait au mieux combiner la ressemblance morale avec la ressemblance physique. Parfois même il étonne par sa facilité à élever une physionomie à la hauteur d'un type. Car, qu'on ne s'y trompe pas, ce ne sont pas que des hommes, des femmes qu'il nous montre, c'est un côté de leur caractère qu'il s'ingénie à développer devant nos yeux surpris.

Regardez ses toiles; non seulement les personnages qu'elles rendent sont bien à lui, mais aussi la lumière dans laquelle ils agissent, leur pose, jusqu'à leurs gestes. Et comme il a supérieurement compris qu'une figure, pour être interprétée d'une façon saisissante, doit être simplifiée en négligeant volontairement les accessoires! A travers les traits on devine, on découvre les désirs qui enfièvrent, les passions qui tourmentent ses personnages. Sacrifier son idéal afin d'échapper à l'uniformité et à la monotonie, s'identifier aux habitudes du modèle, au milieu dans lequel il vit, surprendre dans les yeux l'au-dedans, c'est-à-dire l'âme : telle est sa donnée...

Et son exécution ! Oh ! la plus élégante et la plus belle qui soit. Sa palette étale une variété infinie de gammes. Les roses, les violets, les blancs se jouent dans ses étoffes comme en un éblouissement. Il s'entend comme pas un à mettre en antithèse les rouges violents avec des chairs de neige. Jetez le regard sur son coloris aux tonalités qui vibrent d'éclat : l'harmonie de ses généreux vermillons, de ses écarlates, de ses bleus tendres, de ses fauves, n'est-ce pas un magnifique ensemble où tout ravit, déroute? Il y a, dans le maniement de sa brosse, une chaleur et une tenue peu communes. Son pinceau proclame une ampleur de touche, un coloris brillant, des oppositions vigoureuses et des contrastes inattendus. Il a une grande audace et une réussite plus grande encore. Tout, dans sa peinture est large, fécond, multiple. Il passe avec une dextérité sans égale de l'exécution la plus complète, la plus délicate, à la facture la plus libre qu'on puisse se permettre, sans tomber jamais dans ces empâtements qui nuisent à la distinction et à l'élégance. Mais ce qui détermine le mieux le faire de ce symphoniste, c'est cette surprenante intelligence des valeurs qui se manifeste dans tous ses tableaux. Il part d'une dominante lumineuse et d'une dominante vigoureuse pour aboutir, par une atténuation non moins savante que graduée, à des résultats qui déconcertent. L'entente qui préside au jet de ses lignes de lumière et d'ombre est d'un virtuose.

Est-il parfait ? Il serait outrecuidant et sot de le dire. A l'exception du porcelainier Bouguereau, personne ne l'est. Il a donc des défauts ? Assurément. On lui reprochera, par exemple, de sacrifier quelquefois la correction à l'expression, l'exactitude au mouvement. On ne lui trouvera pas davantage les désespérantes impeccabilités de certains de ses contemporains, non plus que le dessin de Raphaël, le clair-obscur de Rembrandt, la mesure du Titien. Cela est certain ; mais tel qu'il est, croyez-moi, il ne mourra pas.

Production hâtée, dit-on aussi ? Qu'importe le temps à la valeur de l'œuvre ! Est-ce que Rubens ne peignait pas avec une étourdissante rapidité ? Il me souvient d'avoir vu, dans l'atelier de Carolus-Duran, une petite toile : *Portrait de ma Mère,* brossée en une heure, et qui est, dans sa simplicité, une chose suave où se rencontrent tout le talent de l'artiste et tout son cœur. A la vérité, la durée ne décide de rien en l'occurrence.

L'homme, vous le connaissez sans doute ? C'est l'élégance et la distinction mêlées des relations affables et courtoises entre toutes. Et avec quelle joie on l'entend causer des maîtres d'autrefois ! Comme il possède les Vélasquez, les Rembrandt, les Frans Hals, les Holbein, les Van Dyck, tous ces immortels lecteurs d'âmes ! Tendre, ému, passionné, comme il sait caractériser chacun d'eux !

Au total, par la variété de son œuvre, par sa solidité, par sa grâce, par la probité et l'élévation de son art, par son goût, Carolus-Duran sera incontestablement classé par la Postérité — cette vieille au regard sommaire et à la mémoire sobre de noms — parmi les premiers portraitistes de ce siècle, alors que tant d'autres prétendues personnalités non moins bruyantes que surfaites, seront à jamais tombées dans l'oubli.

Fernand Bertaux.

CAINCHON D' CABARET

Cha n'est mi tous ches biaux cafés
Aveuc leu glach' et leu dorures,
Ni ches grainn' dépins' qu'on y fait
Pou les décorer d' peinturlures,
Qui f'ront oublier ch' cabaret
Du qu' nos pèr' allot't boir' de l' bière.
Ch'est vrai qu'il étot moins paré,
Mais l' boisson n' coûtot point si quière.

REFRAIN :

Et ch'est pour cha, l'eur'grettant fort,
Que j' vas cainter, n' vous in déplaise,
Ch' tiot cabaret où tous d'accord,
Nos pèr' aimott boire à leu n'aise.

Par eun' inseign' peinte aveuc soin,
Balinchint au d'zeur d' cheull' boutique,
Chaqu' cabaret s'annonçot d' loin
Afin d'attirer l' pus d' pratique ;
Et sur ches vitr' des f'nêtr' par d'vint,
Près d'un pot plein jusqu'à l' charnière,
On y lisot, tout l' pus souvint :
Ch'est ichi qu'on veind de l' bonn' bière.

REFRAIN POUR LE 2ᵉ, 3ᵉ, 4ᵉ, 5ᵉ, 6ᵉ, 7ᵉ ET 8ᵉ :

Tiot cabaret du bon viux timps
Du qu' nos pèr' allot't rire et boire,
J' cros bin qu' ches fius s'ront tous contints
D'intinde in patois vot' n'histoire.

Pou mobillier, y n'avot d'dins
Un comptoir plein d' verr' et d' cainnettes,
Aveuc des pots d' grès ou d'étain
Qui s'appelott' des triboulettes.
D'sus l' poël' in plus de ch' marabout (cafetière),
L'étouffett' pou cuir' des peinn'tierres,
Cinq, six tab' qui n' tenott point d'bout,
Ch' couvet, des bincs et queuqu' cayères.

Sur ches murs bien blenquis à l' chaux,
Tout d' chaqu' coté d' deux bell' tiott' glaches,
On y veyot plusieurs tableaux
Qu'etott' parfois queuqu' paysaches;
Mais l' pus souvent Napoléion,
Y f'sot l' pendint à Louis-Philippe;
Pis dins un coin près de ch' rayon,
Eune amell' pou accrocher s' pipe.

Grach' a queuqu' fleurs dins un viux pot,
Des rideux bien blencs à cheull' porte,
Ch'etot si gai dins ch' bel indrot,
Qui n'avot pus mêch' qu'on in sorte.
L'hiver on f'sot un chint d' piquet
Ou bin eun tiot't partie d' mariache;
Mais sitôt l' bon d' dix heur' 1 beuqué,
Tout l' monn' rentrot dins sin ménache.

L'été, l' diminche, on v'not dins l' cour
S'assir au l'omb', fumer s' boraine,
Et boir' des peint' tout l' long du jour,
Pou s' défatiguer de l' semaine.
Pis jônn' et viux, comm' des lurons,
Mettint bas rouière et bayette,
S'attiquott' les uns aux billions
Où les aut' tirott à l' fléchette.

Ch'etot surtout à ch' ju d' billion,
Qu' bocop donnott leu préférince.
Sitot in nomb', aveuc action,
On s' mettot par motié d'avince;
Pis ches premiers pou eux qu'mincher
In f'tint leu billions par d'oint l' butte,
D'vott bin l' mûcher pou empêcher
Leu z'adversair' d' remporter l' lutte.

Pou ches derniers, ch'étot l' pus fort
Qu'avot l' conduite d' cheull' partie.
Aussi, douch'mint, sins perde l' Nord,
Y commindot à s' faintaisie;
D'abord y f'sot j'ter in filint
Et volot que l' suivint débute,

---

1. L' bon d' dix heures (grosse cloche que sonnait Gallus à dix heures moins le quart pour la fermeture des estaminets, auberges et cabarets).

Afin qu'un aute in montint ch' plin,
Fass' coller sin billion à butte.

A la nuit, on rintrot s'assir
Tout autour des tabes d' cheull' salle,
Pou acouter aveuc plaisir
Ch'ti des cainteux qu'avot la balle.
Ches homm', ches fêmm' sins pus d' façons,
Disott chacun eun' cainchonnette,
Et tertous gais comm' des pinsons
On r'prenot c'h refrain à tue-tête.

Infin après ch' café boulli,
Qu'on n' n'avot bu plein eun grainn tasse,
Ch'est à ch'ti qui r'gaignot sin lit
Sins aucun r'gret ni sins grimace,
Car l' beau coté de ch' timps passé,
Chest qu' quoi qu'ayint bu bocop d' bière,
Chacun n'avot poent dépinsé
Pus d' douz' sous dins ch' journée intière.

REFRAIN FINAL :

Pauv' cabaret du timps passé,
Si ches cafés t' font concurrince,
Te n' s'ras poent toudis délaissé,
On te r'viendra ch'est m' n'espérince.

CHARLES LAMY.

NORD ET MIDI

Les Félibres se sont implantés à Sceaux, près Paris, absolument comme s'ils y étaient chez eux. Cela tient à ce qu'ils ont rencontré, dans cette petite ville, des maires *faciles*, de sorte qu'à la fin ils y ont planté leur tente, et y ont même, malgré les protestations de la presse, inauguré, à quelques pas du buste de Florian, celui d'Aubanel qu'ils ne savaient où placer. Mais la malignité publique a répondu à ce sans-gêne, en qualifiant de *jeu de quilles*, ce petit coin de terre qui, jadis, ne renfermait que la tombe respectée de Florian, mort à Sceaux.

De mécontentement en mécontentement, on en est arrivé à être las des Félibres et de leurs fêtes, parce qu'on les a vus de trop près, en déshabillé, et qu'on trouve leurs prétentions excessives. C'est très bien de danser la *farandole* jusque sous les beaux arbres de la duchesse du Maine, et d'y promener la *Tarasque ;* mais, aller plus loin, c'est dépasser toute mesure.

Le plus modéré des journaux de la banlieue sud de Paris, *la Rive Gauche*, leur a dit récemment :

« Comme d'usage, les Félibres ont glorifié leurs dieux ; l'un d'eux a poussé le chauvinisme jusqu'à revendiquer pour la langue d'oc une place dans les programmes scolaires :

« Autant vaudrait décréter l'ail d'utilité publique !...

« Si l'on fêtait un peu le Nord, une fois par hasard ? Cela mettrait une note nouvelle dans le tableau.

« Tant il est vrai que nous commençons à avoir du Midi une formidable indigestion. »

Eh ! bien, oui, au tour de notre région du Nord, qui se laisse distancer, bien qu'elle puisse exalter aussi des poètes, des écrivains, des artistes et des savants de grande valeur.

Mais, — il y a un mais, — il nous faudrait pour lancer l'idée, pour la soutenir, pour la propager, un Clovis Hugues quelconque, car les foules sont partout les mêmes ; et comme *ce n'est pas toujours la raison qui gouverne le monde*, suivant la belle expression de notre éminent compatriote, M. Ribot, il faut absolument une voix sonore pour chauffer les cerveaux et les cœurs, surtout dans notre contrée.

Et, pour commencer, aimons d'abord les nôtres, célébrons leurs succès ; et, quels qu'ils soient, disons d'eux ce que Clovis Hugues disait ces jours-ci à propos des Félibres de Paris, de Florian et d'Aubanel :

« Oui, mon bon Rouma, comme nous t'appelons, nous qui t'aimons de près, oui, tu es ce grand poète-là, au pays où les cigales chantent dans les lauriers. Et ceux qui te le disent ne peuvent pas savoir, en te le disant, si tu es rouge ou blanc, si tu es païen ou si tu es catholique. Ce qu'ils savent, c'est que tu trouves le coin de terre ou tu es né. Ce qu'ils savent aussi, c'est que l'Art s'épanouit sous tous les drapeaux, que le talent n'est pas une coterie. Et tant pis pour ceux qui ne comprendrons pas ! »

Voilà de quelle façon nous devons parler des nôtres.

Victor Advielle.

LE P'TIT QUINQUIN

BIOGRAPHIE HUMORISTIQUE

Il n'est peut-être personne, en Flandre, en France, en Algérie, dans les pays un peu civilisés, qui ne connaisse le *P'tit Quinquin,* ou n'ait au moins entendu parler de lui, car ce capenoul de Lillois-là a fait son tour d'Europe, que dis-je ? son tour du monde ! Il a voyagé et a roulé sa bosse, vrai trouvère nomade, dans toutes les capitales du vieux et du nouveau continent, aux colonies d'Asie, en Afrique, en Amérique, que sais-je ? et sa *Canchon dormoire* a bercé bien des mioches, chatouillé bien des cœurs, « délicoté » bien des jambes. Quelle voix n'a pas chanté ou fredonné :

Dors min p'tit quinquin,	Te m'feras du chagrin
Min p'tit pouchin,	Si te n'dors point qu'à d'min.
Min gros rogin,	

Les fanfares l'ont joué en pas redoublé, les orchestres l'ont raclé en quadrilles et en polkas dans les bals et guinguettes, et toutes les orgues de barbarie l'ont seriné dans les cours ou sur les champs de foire.

Le P'tit Quinquin, s'il faut en croire son acte de naissance, vit le jour à Lille, en l'année 1853, et comme Minerve, qui sortit autrefois armée de pied en cap du crâne de sire Jupiter, Quinquin naquit de toutes pièces de la cervelle du chansonnier Desrousseaux ; mais comme son père, vous pensez bien, ne pouvait lui donner à téter, il fut élevé en nourrice par une pauvre dentellière du quartier Saint-Sauveur, laquelle,

Amiclotant [1] le p'tit garchon,	D'main t'aras du pain d'épice,
Tachot d'l'indormir par eun canchon ;	Du chuc à gogo
Ell' li dijot : Min Narcisse.	Si t'es sache et qu'te fais dodo.

Mais le P'tit Quinquin, trois quarts d'heure durant : *Ohein ! Ohein !* [2] ne faisait que « *Braire* ». [3] « *Dors,* lui disait-elle, *nous irons vir les Marionnettes, comme te riras !* » — *Ohein ! Ohein !*

Allons serr' tes yeux, dors min bonhomme,	Pour qu'i' t'apporte eun' coquille
J' vas dire eun' prière à p'tit Jésus	Avec du chirop qui guile,
Pour qui vienne ichi pendant tin somme,	Tout l'long d'tin minton,
T'fair' rèver qu'j'ai les mains plein's d'écus,	Te pourlèqu'ras tros heur's de long.

1. Dodeliner, Câliner. 2. Onomatopée du cri des jeunes enfants. 3. Pleurer.

— *Ohein! Ohein!* — Dors! *Saint Nicolas l'laichera mette tin painnier in d'zou du balot* c'est-à-dire à la cheminée.

I'l'remplira, si t'es sache,
D'séquois qui t'rindrons bénache.

Sans cba, sin baudet
T'invoira un grand martinet.

Ni les marionnettes, ni le pain d'épices ne produisaient d'effet, mais la menace du martinet apaisait le petit, qui, craignant de voir arriver le baudet de Saint Nicolas, s'endormait dans *l'Ochennoire,* 1 tandis que la pauvre dentellière, reprenant son coussin de travail, répétait vingt fois encore :

Dors min p'tit quinquin,
Min p'tit pouchin,
Min gros rogin,

Te m'feras du chagrin
Si te n'dors point qu'à d'min.

Il faut l'entendre avec sa mélodie et dans toute son originalité, cette charmante berceuse patoise ; sa musique naïve, son refrain facile entrent d'emblée dans l'oreille et n'en sortent plus. C'est cette chanson là qui, populaire, fit la réputation du P'tit Quinquin, et comme les succès du fils rejaillissent généralement sur le père, le poète Desrousseaux peut être satisfait de son œuvre, car la gloire d'un tel enfant lui fait honneur.

Le P'tit Quinquin essaya ses premiers pas dans le monde le 13 novembre 1853. Quelques mois après, jugez de sa précocité, alors qu'il était encore au « *Lain'ron* » comme on a dit, il était déjà connu et admiré dans toute la ville de Lille et les environs. En 1854, à peine était-il âgé d'un an, les journaux de la localité parlaient de lui et faisaient son éloge. « *Le Nord, L'Echo du Nord, La Liberté* lui prédisaient le plus brillant avenir ». Ça c'est un prodige, il ira loin « disait-on », quel bel enfant ! et pourtant :

Quoiq'tout rempli d'un esprit fort drôle,
Quinquin n'a rien fait pour être savant,
Car, au lieu d'aller jeune à l'école,
Trois quat' jours sur six, i passot d'vant,

Il aimot mieux fair' quette 2
Pour li juer à l'porette, 3
A l'guisse, aux rognons, 4
Avec des aut's gais compagnons.

Gaillard flamand de la race du jeune et merveilleux Gargantua, Quinquin criait, sifflait, reniflait, batifolait avec « Lolotte et Liquette » ses voisines, humait les pintes, léchait les plats, carillonnait aux portes, se berçait en dodelinant de la tête, monochordisait ses doigts, accompagnait, baritonnant les conscrits au tirage au sort, et *une, deuss!* marchait au pas, tambour battant, avec les musiques mulitaires.

(A suivre.)   ALPHONSE CAPON.

---

1. Berceau. 2. L'école buissonnière. 3. Toupie. 4. Cheval fondu.

L'ART DANS LE NORD

III

Oh ! la note est très courte. Je trouve ce petit document dans un journal du matin très tendre pour les félibres, les rédacteurs étant, comme dans tous les journaux de Paris, originaires du Midi. On nous fait savoir que dans quelques jours MM. les Félibres tiendront au Grand Véfour assises *solennelles*. Après un dîner *solennel,* on interprétera avec non moins de *solennité* les *noëls* de Saboly, de Roumanille, enfin les *noëls* du Midi. Bien entendu, les *noëls* du Nord sont volontairement oubliés. Dans la note, il n'en est aucunement question. Suivant la bonne habitude de MM. les Méridionaux, on passe volontairement sous silence les provinces du Nord, pays barbares, ignorants, grossiers... Je passe le reste de la litanie connue !... Quels hommes, quels barnums tout de même que les cigaliers ! Hein ! qu'en dites-vous, mes maîtres du Nord, Desrousseaux, Nadaud, Carolus-Duran, Breton, Duvauchel, Tattegrain, Carlier, et vous tous dont le nom est légion et qui croyez, en votre naïveté, peindre, écrire, sculpter, penser sous la règle souveraine de l'Art?

Mais non, ne trouvez-vous pas avec moi que ce Midi remuant finira par un immense éclat de rire ? L'heure arrivera où la vessie dégonflée s'aplatira vide, flasque, et que du Midi il ne restera rien qu'un souvenir — bien triste pour la mémoire de ce grand Lamartine qui, par un beau jour d'égarement, comme en ont les poètes, inventa Mistral, les capouliers, les félibres et le reste ! quelque jour nous rééditerons ici la magnifique étude publiée jadis par un érudit et un écrivain dont le nom demeurera justement célèbre, Legrand d'Aussy. Nous montrerons ce qu'ont été les Méridionaux à travers le moyen âge, des enfileurs de phrases, jamais des penseurs, jamais des créateurs.

Mais, en attendant, et puisque le sujet de cette chronique est motivé par les poésies provençales des félibres anciens et modernes, qu'on nous permette de citer ce que pense de la littérature et de la langue du Midi Eugène Garcin, un critique de grande valeur qui a écrit un livre excellent : *Les Français du Nord et du Midi.*

**

« Ceux qui n'ont pas vécu dans le Midi, et surtout au milieu de nos populations rurales, ne peuvent se faire une idée de *l'incompatibilité,* de *l'insuffisance,* de *la pauvreté de la langue du Nord*

*vis-à-vis des mœurs, des besoins et de l'organisation des Méridio-
naux. La langue française transplantée en Provence fait l'effet
de la défroque d'un dandy parisien* adaptée aux robustes épaules
d'un moissonneur bronzé par le soleil.

» Née sous un climat pluvieux, gourmée, empesée à l'étiquette
des cours, façonnée avant tout à l'usage des classes élevées, *cette
langue est naturellement, et le sera toujours, antipathique* aux
libres allures, au caractère bouillant, aux mœurs agrestes, à la
parole vive et imagée des Provençaux. Comme *elle est plus factice,
plus conventionnelle que toute autre,* plus que toute autre aussi
elle convient aux sciences, à la philosophie, à la politique et aux
besoins nouveaux d'une civilisation raffinée. »

Qui parle de la sorte? Le poète de *Mireille* [1]. Un tel jugement
ferait croire qu'il n'a étudié notre langue que dans la prose des
bureaucrates ou les vers des almanachs de cour, si son propre
style ne lui donnait le plus éclatant démenti. Mistral produit l'effet
d'un grand artiste maudissant et rejetant l'outil avec lequel il
pourrait créer des chefs-d'œuvre. Mais, s'il repousse l'instrument
avec dédain, d'autres l'ont employé avec amour ; et appellera-t-on
dandys parisiens, ces vigoureux manieurs de la langue française
qu'on nomme Rabelais, Villon, Régnier, Pascal, Corneille, Molière,
Bossuet, Diderot, Voltaire, Jean-Jacques, Joseph de Maistre, de
Staël, Michelet, Lamartine, Lacordaire, Proudhon, Victor Hugo,
Georges Sand? Ces noms seuls réfutent l'injustifiable assertion du
poëte.

Ont-ils apprécié, comme lui, notre langue de France, tous ces
étrangers qui sont venus la saluer à son berceau : et Dante Ali-
ghieri, attribuant *sa vulgarisation à ses charmes et à sa facilité ;*
et Brunetto Latini, le maître de Dante, qui, l'adoptant pour écrire
son *Trésor,* disait : *Se aucuns demandoit pourquoi chis livres est
écrit en roumans, pour chou que nous sommes ytalien, je diroie
que ch'est pour chou que nous sommes en France, et pour chou
que la parleure en est plus délitable et plus commune à toutes
gens ;* et cet autre Italien, Martino da Canale, qui, en 1275, compo-
sait ou traduisait l'histoire de Venise en français, parce que,
disait-il, *lengue françoise cort parmi le monde et est la plus délitable à lire et à oïr que nulle autre?* Que d'Italiens encore, dès le
treizième siècle, adoptèrent la prose française ! Tiraboschi l'a
montré. Même empressement chez les Anglais. On parlait notre
langue à la cour de Jean sans Terre ; on la parlait aussi, à la même

---

1. Note de *Mireille,* 1re édition (Avignon, 1859), p. 488, 489.

époque, à Constantinople ; on la parlait à Athènes. « Il paraît même, dit Daunou, qu'on a eu l'étrange idée de prendre le français du treizième siècle pour la langue naturelle des humains... L'un des historiens de Louis IX rapporte qu'un jeune homme de 25 ans, né sourd-muet aux extrémités de la Bourgogne, vint à Saint-Denis au tombeau du saint roi, et que, guéri miraculeusement, il entendit et parla aussitôt non de la langue de son pays, mais celle de la capitale [1]. » Quelle gloire alors de la parler bien ! quel regret d'y mêler des incorrections ! Le continuateur du célèbre *Roman de la Rose,* Jean Clopinel ou Jean de Meung (né à Meung ou Mehun, dans l'Orléanais), dit avec tristesse :

> Si m'excuse de mon langage
> Car ne suis pas de Paris,
> Ne si cointes *(aimable)* que Paris.

Et pourtant, cette langue ne donnait alors que des promesses ; mais comme elle a su les tenir ! Comme elle a justifié les louanges prophétiques reçues à son berceau ! On connaît son rôle dans le monde.

Quant au provençal, il a fourni une noble carrière ; mais elle fut courte, et il tomba bientôt au rang de langue rustique. « Bannie de toutes sortes d'actions publiques, » comme nous l'avons déjà entendu dire à Caseneuve, elle ne fut réellement plus qu'un patois. Ce terme irrite l'auteur du *Mirèio.* « Il est profondément injuste, a-t-il écrit, de traiter de patois, et, comme tel, de mépriser un idiome parlé par de nombreuses populations hautement probes, intelligentes et poétiques, sous prétexte qu'il existe au-dessus une langue administrative, commerciale et savante. Traiter banalement de patois la langue provençale, c'est l'insulte que le mauvais riche jette à Lazare, le vainqueur ou vaincu. Mais que prouve une insulte ? est-ce un argument ?... » Non, mille fois non, et le poète devrait y songer, quand il qualifie si bien la langue française, à laquelle il doit et son instruction et sa renommée.

Le terme de patois, donné au provençal n'est que la constatation d'un fait indéniable et non point une insulte. D'ailleurs, si insulte il y a, d'où part-elle ? Qu'est-il besoin d'invoquer ici le mauvais riche et Lazare, les vainqueurs et les vaincus, et même (l'écrivain est allé jusque-là), les Autrichiens et les Italiens ? Ni vainqueurs ni vaincus dans notre patrie! il y a deux populations dont nul ne conteste ni l'intelligence ni la probité : celle du Nord et celle du Midi. Or, écoutez bien ceci : Lorsque les gens du Nord entendent

---

1. Daunou, *Discours sur l'état des lettres au treizième siècle,* p. 272.

le parler du Sud, ils disent, selon qu'ils en ont l'intelligence : « C'est du provençal ; c'est du languedocien ; c'est du gascon ! » et, lorsque les Méridionaux, eux, désignent leurs propres dialectes, limousin, gascon, languedocien ou provençal, ils disent tous : « C'est du patois ! » Voilà un fait qu'on ne peut récuser.

J'emploierai donc le terme de patois : il n'a dans ma bouche, je le déclare, aucune signification flétrissante, et je veux rendre toute justice au parler de mon berceau, qui peut encore servir la langue de ma nation.

J'ai trop insisté sur leurs caractères communs pour ne pas signaler aussi leurs différences, et je n'ai point en vue ces différences actuelles de formes, à savoir qu'au Midi les mots sont plus colorés, les désinences plus sonores. On s'exagère en général la portée de ces distinctions, et l'on n'en cherche point d'autres. J'en vais montrer de plus profondes, dont la foule ne se rend point compte, quoiqu'elle les sente d'instinct : il s'agit des aptitudes.

Très expressive pour tout ce qui touche à la sensation, douce et suave pour l'amour, énergique et brutale pour la haine, poétique pour les choses de la vie familière, la langue provençale est essentiellement rustique. Elle convient à l'expression des sentiments simples et forts ; mais elle est tout à fait impropre à traduire les besoins de l'âme agrandie, illuminée par la civilisation moderne ; elle convient à la poésie agreste, qui est une peinture, mais la philosophie, les hautes sciences ne sauraient par elle exprimer leurs théories, formuler leurs lois. « Plus on découvre attentivement le langage des troubadours, plus on s'aperçoit que, s'il avait prévalu, il aurait retenu l'intelligence des Français dans un cercle étroit de pensées vagues ; il eût mis obstacle au progrès de toutes les connaissances réelles [1]. » Ainsi parle Daunou, et, avec plus de compétence encore, Élie Reclus, un de ceux qui aiment la langue provençale, a pu écrire : « Autant cette langue est féconde pour tout ce qui est plastique, autant elle est pauvre et stérile pour tout ce qui est abstrait. Elle est faite pour l'homme extérieur : l'homme intérieur n'est plus de sa compétence. Toute spontanée, elle est incapable de réflexion, le plus noble de nos attributs [2]. »

Voilà pourquoi le vers, en provençal, prend des ailes : il chante ; la prose écrite, si elle veut s'élever au-dessus du familier, se traîne : elle bégaye. Constaté au temps des vieux troubadours, ce caractère

1. Daunou, *Discours sur l'état des lettres*, p. 251.

2. *Le Monde maçonnique*, août 1864.

persiste. Seuls, Roumanille et Mistral ont voulu prouver, de nos jours, que leur langue peut donner de la prose, elle aussi. Qu'est-il advenu ? Celle de Roumanille, sans haute visée et simplement populaire, est excellente ; celle de Mistral révèle à chaque phrase l'artiste très au courant de notre littérature et qui traduit sa pensée parisienne en un provençal artificiel. Hé bien! ou tout l'un ou tout l'autre ! et c'est encore le meilleur moyen d'être entendu à la fois du Midi et du Nord. J'y reviendrai. Ce que je veux constater ici, c'est que la prose, celle qui se prête à tous les sujets, les plus nobles comme les plus vulgaires, n'appartient point au provençal. Or, c'est cette prose qui est le langage des peuples civilisés : la poésie seule n'est que le langage des peuples enfants.

Est-ce à dire qu'il n'y aura pas éternellement dans l'homme cette poésie, qui selon le mot de Pétrarque, est la musique qui chante en nous, *la musica che nel amine si sente ?* Chez les peuples simples ou primitifs, elle trouve une langue colorée, imagée, expressive, pour peindre ses émotions, naïves encore et qui ne se détachent guère du monde physique. Chez les peuples hautement civilisés, elle ne trouve plus la même langue concrète : c'est qu'alors son génie nouveau l'entraîne impérieusement vers les lois générales des choses, dans le domaine de la pensée, de l'idée. La grâce de l'enfance a disparu devant les formes viriles; mais regrettons-nous la langue d'Alain Chartier, en entendant les sublimités de Corneille ? Non, le français n'a point perdu le don de la poésie, pour être devenu langue de la science, ce que le provençal ne fut jamais.

Mistral parle, dans une note de *Calendau,* du célèbre médecin Arnaud de Villeneuve. Il l'appelle « savant Provençal, qui, au quatorzième siècle, professa avec éclat la médecine à l'université de Montpellier. » Bien ! mais Mistral n'ignore point que ce savant provençal, comme tous ses confrères, n'écrivait et ne professait qu'en latin. La langue, qui, dans la science et pour tous les besoins de la civilisation moderne, a remplacé, dépassé, fait oublier le latin, c'est la langue française; aussi, M. Littré a-t-il pu dire : « Elle a, comme le latin, le don puissant d'une prose splendide et harmonieuse qui se prête merveilleusement à refléter les grands côtés de l'âme et de la nature. Elle a, de plus que le latin, la faculté de traiter avec précision, avec clarté, avec élégance, tous les sujets de science et de philosophie auxquels l'idiome des Romains était si peu capable de s'approprier. »

Si le français a perdu de la naïveté que le provençal possède encore, que n'a-t-il donc point gagné sous tous les rapports ! Et, d'ailleurs, sa naïveté est-elle réellement perdue ? Vienne un La Fontaine, il la retrouvera bien ! Je dirai, pour conclure, que la langue française possède toutes les qualités essentielles du provençal, tandis que le provençal est loin de posséder les qualités du français. Il y a entre elles la différence du grand fleuve majestueux qui se déroule en fécondant vallées et plaines, à la rivière, qui, plus près de la source, serpente dans un vallon pittoresque, mais étroit.

JEAN D'ARRAS.

EN ROUTE

I

L'une après l'autre les étoiles
Disparaissent du grand ciel gris ;
L'araignée a repris ses toiles ;
Un gazouillement sort des nids.

C'est le réveil. Une aube claire
Sème de perles le gazon,
Dégageant sa blonde lumière
Des profondeurs de l'horizon.

Aux échos des fermes lointaines
Le coq jette son cri vainqueur ;
La buée étend sur les plaines
Son manteau de molle vapeur.

Déjà, du vieux chêne morose,
Le faîte redevient vermeil ;
Le jour monte à l'orient rose :
C'est l'aurore, c'est le réveil !

II

Et je disais au camarade
Qui m'accompagnait en chemin :
« Peux-tu garder cet air maussade
Par un aussi riant matin ?

Peux-tu bien rester insensible
Devant ce suave tableau?
De quelle tristesse invincible
Est donc imprégné ton cerveau?

Faut-il qu'on rie ou qu'on s'indigne,
Lorsque s'ouvre un aussi beau jour,
De voir un pêcheur à la ligne
A cet appel demeurer sourd! »

Le compagnon qui, d'ordinaire,
Riait, blaguait au moins pour deux,
Sortit enfin de son mystère
Et riposta d'un ton grincheux :

III

« Aube en pleurs, onde qui murmure,
C'est charmant, j'en ferais des vers;
Mais je trouve que la nature
Manque de cabarets ouverts.

C'est chose superbe, sans doute,
Que ce réveil dans le lointain;
Mais les gens qui vendent la goutte
Devraient se lever plus matin.

De ces splendeurs l'âme est charmée;
Vraiment c'est beau, c'est vraiment beau;
Une bonne pipe, allumée,
Ne nuirait en rien au tableau.

Je ne suis pas l'esprit revêche
N'admirant qu'à condition;
Mais rien comme la gorge sèche
N'étrangle l'admiration.

Oui, c'est beau l'aurore vermeille
Prenant le fleuve pour miroir;
Mais le matin rien ne réveille
Comme deux sous de petit noir!

Ces ombres que le jour dénoue
De ses doigts d'or, rien ne vaut ça;
Mais, cher ami, je te l'avoue :
Je prendrais bien un gloria.

Feux partout! Lumière! lumière!
La pourpre et l'or de l'horizon
Roulent, flammes dans la rivière,
Perles de feu sur le gazon!

J'en suis saoul, j'en ai la berlue;
Franchement, je voudrais pouvoir
Me reposer un peu la vue
Sur le zinc terni d'un comptoir! »

PAUL PHILIPPE.

PROTESTATION

En voilà bien d'une autre maintenant ! Que m'apprennent en effet les gazettes artistiques ? Ceci : « MM. Falguière, Mercié et Cie sont chargés d'exécuter le monument Faidherbe, à Lille. » Ah ! mais, savez-vous que c'est assez, c'est même trop; aussi ma patience déborde et je veux, sans plus tarder, dire ma pensée, toute ma pensée, sur cette raison sociale encombrante, me réservant d'apprécier ensuite la bénévolence excessive du Comité à l'égard de ces Gascons de Toulouse, dont le grand talent consiste surtout, à l'heure actuelle, à porter l'intrigue dans toutes les sphères gouvernementales pour décrocher des timbales qui, logiquement, devraient appartenir à d'autres.

Procédons vite.

Tous ceux qui touchent d'un peu près l'art statuaire savent ce qu'il faut penser, aujourd'hui. des productions de ces messieurs à l'endroit de leurs commandes publiques. Leur façon de procéder est toujours celle-ci : on bacle une esquisse à effet et des sous-sculpteurs de troisième ordre, habiles cependant dans l'art des pastiches et des imitations, s'attellent à l'œuvre définitive d'après la sommaire donnée première. Ainsi fut fait, en partie, pour le monument Courbet, à Abbeville, monument qui, entre parenthèse, est loin d'être de premier ordre, quoi qu'une critique aveugle en ait pu raconter.

Quant au Comité, je lui tiendrai ce langage : Voyons, Messieurs, est-ce que vous avez jamais vu, même au temps de notre grand Carpeaux, une ville du Midi demander à un sculpteur du Nord d'élever une statue à l'un de ses concitoyens ? Assurément non. Les Méridionaux pratiquent trop la solidarité à outrance pour laisser un barbare septentrional s'introduire chez eux. Ils réservent l'honneur et l'argent aux leurs. Nul ne les en blâmera. Seulement, m'est avis que vous auriez bien dû décréter, à titre de réciprocité, le même ostracisme à l'égard de ces statuaires à réputation légèrement surfaite. Ne pouviez-vous, par exemple, ainsi que vous le commandait votre devoir relativement à une souscription en grande partie fournie par la Flandre, la Picardie, l'Artois, limiter votre concours aux originaires de ces trois provinces. Si vous aviez encore le prétexte d'une pénurie d'artistes ! Mais pour peu que j'en consulte la liste, je n'ai que l'embarras du choix. J'y vois notamment tout un groupe de hors concours qui ont vaillamment fait leurs preuves : les Tony-Noël, les Gauquié, les Cordonnier, les Fagel, les Crauk, les Hector Lemaire, les Hiolin, les Frère, les Carlier.

Carlier surtout. Ah ! celui-là il a dû éprouver, je l'avoue, une bien cruelle déception à voir passer en d'autres mains une œuvre où il semblait qu'il eût tous les droits acquis. Je ne parle pas seulement de ce superbe talent qui a failli lui valoir — trois voix ont manqué — la médaille d'honneur, l'année dernière. Je veux particulièrement insister sur ce point que Carlier a été, dans l'armée de Faidherbe, un brave volontaire qui, par sa belle conduite, s'est rendu digne de la croix d'honneur, et que nul n'était plus apte que lui à retracer, dans des bas-reliefs vécus, les épisodes de nos vilains jours, de même qu'à rendre la figure de ce chef héroïque pour lequel il professait une admiration qui tenait du culte.

Aussi est-il profondément regrettable, Messieurs les membres du Comité, qu'aucune de ces raisons n'ait pu vous porter à désigner un des nôtres, et, pour ma part, je n'hésite pas à vous envoyer ma protestation indignée de Septentrional contre la décision que vous avez prise.

F. BERTAUX.

LE PATOIS PICARD

V

M. D. Haigneré, un des patoisants les plus autorisés de la région du Nord, a apporté à la *Revue* le concours le plus empressé. Ses sages observations, marquées au coin du bon sens et de la fine raison, sont fort goûtées par tous ceux qu'intéressent les études sur le patois et ont fait comprendre aux modernes, qui s'essaient à écrire dans la vieille langue de nos pères, que l'orthographe ne saurait reproduire les nuances locales de la prononciation.

Aussi M. Desrousseaux a-t-il conçu le projet d'un dictionnaire picard, fait aussi scientifiquement que le permet l'état de la linguistique à notre époque. Les directeurs de la *Revue* seront heureux de publier tout ce qui de près ou de loin pourra servir à ce travail; ils réserveront même à chaque mois quelques pages de leur publication si favorablement acceptée à ce dictionnaire qui paraîtrait ainsi par fragments.

Une Commission est en train de se former dans ce but : les membres trouveront là une bonne occasion pour apprendre à se connaître. Ils pourront dans ces réunions se communiquer les travaux déjà parus, se faire part des résultats de leurs recherches et ce qui semble une tâche bien ardue deviendra presque aisé, grâce au concours de tous.

Peut-être sera-t-il bon de dresser tout d'abord le catalogue aussi complet que possible des travaux déjà parus sur le vocabulaire et la grammaire du dialecte picard : on y trouverait plus qu'à glaner.

Sur le Rouchi.

M. H. Carnoy me communique un Dictionnaire rouchi-français par G.-A.-J. H*** (*Hécart*), 2ᵉ édition, 1826, Valenciennes.

Je regrette de ne pas avoir l'édition de 1834, dont parlait M. D. Haigneré au nᵒ 4 de la *Revue du Nord*.

Le livre de M. Hécart n'est peut-être pas fort répandu; il

m'a paru utile de reprendre son travail. On verra comment les mots se prononcent. ou du moins se prononçaient à Valenciennes et dans les environs il y a plus d'un demi-siècle. [1]

VOCABULAIRE ROUCHI-FRANÇAIS [2]

Abalète, arbalète ; + *abalour,* envoyer chercher quelque chose que l'on sait introuvable ; *abassemén,* abaissement ; *abassier,* [3] abaisser ; *abate,* [4] abattre ; *abéïer,* regarder ; *abeime,* abîme ; + *abéqui,* donner la becquée ; + *aberquin,* vilebrequin ; *abeuvrer,* abreuver ; + *abilboquète,* terme enfantin employé par ceux qui sont encore à l'alphabet dans : *crosète abilboquète, nos mète, i n'a point d' barète;* *abîmer,* gâter, détruire ; + *abistiquer,* mal attiffer ; + *ablais,* embarras, *faire des ablais,* faire des embarras ; + *ablo,* bouchée d'une nourriture solide ; + *ablo,* cale employée par les charpentiers pour lever une pièce ; + *abloqué,* calé et au figuré, arrangé *mal abloqué,* arrangé sans goût, mal habillé ; + *abloquer* ébaucher, faire vite et mal ; + *abloqueux,* qui fait vite et mal ; *abolir,* rouer de coups ; + *abondro,* pour *à bon droit,* pourboire ; + *abone,* écorce de chêne assez grande pour pouvoir contenir d'autres morceaux ; + *abongé, ablongé,* mal arrangé ; + *abou,* peine ; *avoir d' l'abou,* avoir de la peine pour ranger ce qui est en désordre ; *retournons à l'abou,* retournons à l'ouvrage ; *aboutant,* aboutissant ; *abre, arbe,* arbre ; *abusier,* abuser ; *abuvrau,* abreuvoir ; *abuvrer,* abreuver ; *acater,* [5] acheter ; *acateux,* acheteur ; *ace, ass,* au, à le ; *ache,* âge ; *acheſér,* achever ; + *achemète,* ornement de tête que l'on met à l'enfant que l'on va baptiser ; + *acherténer,* rendre certain, assurer ; *achète,* assette, marteau des plafonneurs ; + *aclopin,* jeune apprenti, mauvais ouvrier ; + *acoitir,* bien unir un lit de paille, un nid ; + *aconduire,* conduire vers ; + *acou,* bon accueil, *donner de l'acou,* accueillir favorablement ; *acourcher, acourchir,* [6] accourcir ; *acouter,* écouter ; + *acruir,* humecter, mouiller ; *adercher,* [7] adresser ; + *adon,* alors ; *adouchir,* adoucir ; *adouchissemen,* adoucissement ; *adrot,* adroit ; *adrotemen,* adroitement ; + *aeurer,* faire manger à heure fixe ; + *afilée,* corde pour conduire la charrue ; + *afiquau,* petite fiche en bois que les tricoteuses mettent à leur ceinture et où elles placent l'aiguille de droite pour travailler ; + *afiquer,* arrêter avec

---

1. Nous serons heureux des communications qu'on voudra bien nous faire, des corrections qu'on pourra nous indiquer.

2. Les mots précédés d'une croix + n'ont pas de terme correspondant dans la langue française actuelle ; les mots précédés d'un astérisque * se retrouvent dans le français d'aujourd'hui, mais avec un sens différent de celui qu'ils ont en rouchi.

3. Joinville, *abaissier,* 743. 4. Joinville, *abatre,* 630. 5. Joinv., *achatent,* 709. 6. Joinv., *acourcir,* 461. 7. Joinv., *adrecier,* 461.

du fil et une aiguille; *afligé, estropié; *afoler, étourdir en frappant sur la tête, blesser; + afoulure, blessure; afranchir, affranchir; + affronter, tromper hardiment, séduire; + afronteux, séducteur; afuler, cacher sa tête, affubler; afuter, aiguiser un outil; + afutiaux, bagatelles, ornements de peu de valeur; agache, agace, pie; + agache, terme de tannerie pour désigner les places d'un cuir tachées de noir; agalir, égaliser; + agés, êtres d'une maison; + agibelté, liberté; + agimoler, arranger mal; agneler, anéler,[1] faire des agneaux; + agobiles, amas de choses sans valeur; + agodéné dans l'expression couvé agodéné, chaufferette dans laquelle la braise en feu se conserve sous la cendre; agonir, accabler d'injures; agranger, agrancher, agrandir; agrape, agrafe; agraper, agrafer; + agréation, action d'agréer; agriape, agréable; s'agriner, se disposer à devenir mauvais en parlant du temps; + agripa, qui prend avidement; + agriper, voler avec subtilité; + ahoque, endroit pour accrocher; + ahoquer, accrocher; aidier,[2] édier, aider; aigledon, édredon; aigneau, éniau, anneau; aiguer-douche, aigredoux; aigue, aigle; aïte, ëïte,[3] aide; + ajouque, jeune étourdie; akerté, acreté; akeul, accueil; akeulir, accueillir; al, à la; + alain, veau de 18 mois à 2 ans; albalète, arbalète; albate, hallebarde; + alboder, travailler mal ou peu; + albodeux, marchand sans garantie; + albran, homme de rien, plein de jactance; + albute, petite seringue faite de sureau; Aleczante, Aliczante, Alexandre; alél', elle le : alél' frot come al' el dit, elle ferait comme elle dit; aleumer, allumer; aleumète, allumette; + alfos, alfau, parfois; + algrosse morbleute, sans façon; + aliete, petite prune ronde, hâtive; + aliez, narcisse des prés; all' elle; + alo, saule étêté, vieux saule; aloéte, alouette; + alosse, gueux, fille publique; + aloier, s'efforcer d'arracher ce qui tient peu; bercer doucement; alour-lour, sans façon; alpesse, pour à la peste, contrarié; + alpélier, homme qui gagne sa vie avec peine; + alza, pour les a, jeu d'enfants; + alzan, vif, alerte; + ambgé, se dit du cheval qui a le trait entre les jambes; + ambin, maladroit.

(A suivre)   ÉMILE OZENFANT,

Professeur au Lycée Louis-le-Grand.

---

1. Joinv., *aigniaus*, s. s., *agnuel*, s. s., *aigniaux*. 2. Joinv., *aidier*. 3. Joinv., *aïde*, is., *aïïde*.

LES HOMMES DU NORD

III

ERNEST PRAROND, HISTORIEN ET POÈTE

M. Ernest Prarond, l'écrivain picard bien connu qui a été décoré en août dernier à l'occasion des fêtes données à Abbeville en l'honneur de l'amiral Courbet, est né dans cette ville le 14 mai 1821, chez son grand-père, M. Pannier, qui demeurait au numéro 7 de la place Sainte-Catherine. Le futur poète, l'historien et l'archéologue en herbe vit le jour dans les dépendances de cette maison qui regardaient, du côté de la rue des Grandes-Écoles, l'antique et légendaire fontaine Le Comte. Du petit logement occupé par ses parents, l'enfant, en s'essayant à la lumière, pouvait apercevoir les tours carrées de Saint-Vulfran. Les cloches les plus voisines étaient celles de cette église et celles du beffroi. Il fit ses premiers pas dans une maison de la rue des Cordeliers, sise en face la chapelle de ce nom. Les Cordeliers avaient succédé aux Repenties, l'une des plus vieilles institutions de la bonne ville (E. Prarond, *Topographie d'Abbeville,* t. III, p. 310). Dans la maison même où il faisait son tapage de bébé parfois indocile, était née la pieuse Gabrielle Foucquart, fondatrice des Minimesses *(Top. d'Abbeville,* t. III, p. 330). De là on voyait encore d'un côté les tours de Saint-Vulfran et de l'autre les grands arbres du rempart de Saint-Jean-des-Prés. Quoi d'étonnant à ce que M. Prarond ait gardé au fond du cœur le culte de sa vieille ville ?

M. Prarond a fait au collège d'Abbeville d'excellentes études classiques auxquelles il doit d'être encore aujourd'hui un latiniste émérite. Cet enseignement si français, puisqu'il prend notre langue à sa source la plus pure, l'Université surmenée ne le donne plus aujourd'hui que d'une main avare.

A dix-huit ans, en 1839, nous le retrouvons à Paris, au pays latin. Là, sa vocation littéraire se dessina, sous l'influence du merveilleux épanouissement romantique de ce temps. Quand nous disons « sous l'influence », c'est une manière de parler. Il a dit à ce sujet excellemment : « Mon verre est petit, mais j'ai évité d'y verser le contenu du verre des autres. »

Avant de parler des œuvres de M. Ernest Prarond, apprenons aux lecteurs de la *Revue du Nord* qu'il a passablement voyagé. Il a parcouru en 1863 les États-Unis, le Canada et une partie de l'Angleterre. Il a vu l'Italie en 1865, l'Orient, la Grèce, l'Italie pour la seconde fois en 1869. Dans l'intervalle, et depuis, il s'est familiarisé avec l'Algérie, la Suisse, la Belgique, la Hollande, les États scandinaves et une partie de l'Allemagne.

M. Ernest Prarond a été longtemps conseiller municipal de sa ville natale. Il a fait partie pendant six ans du Conseil général de la Somme. Enfin, dans ces dernières années, il a été, durant quelques mois, maire d'Abbeville.

Tel est l'écrivain sur les œuvres duquel l'auteur de cette notice avait le plaisir de faire, il y a quelques mois, au *Cercle des Francs-Picards* de Paris, une conférence que les directeurs de la *Revue du Nord* lui ont demandé de résumer pour leurs lecteurs. Nous allons donc en donner ici quelques extraits, renvoyant pour des détails plus complets au journal le *Progrès Picard* d'Abbeville (numéros du 20 et du 23 mars), qui l'a reproduite.

M. Émile Delignières, avocat, président de la Société d'émulation d'Abbeville, et M. Alcius Ledieu, conservateur de la Bibliothèque de cette ville, avaient étudié déjà, à des dates différentes, le premier, la partie littéraire, le second, la partie historique et archéologique de l'œuvre de M. Ernest Prarond.

*
* *

M. Prarond est avant tout un écrivain picard, principalement lorsqu'il écrit en prose.

Son premier ouvrage important à ce point de vue est un intéressant volume de *Notices sur les rues d'Abbeville,* qui a inspiré à M. G. Le Vavasseur les vers suivants :

... Je flâne par les rues
Et, des temps oubliés reprenant le chemin,
Je surprends saint Vulfran querellant saint Firmin.
Au pont de Touvoyon c'est un couple qui passe.
Gabrielle Foucquart et le bon père Ignace
Laissent tomber sur moi des mots du Paradis.
Près de la Halle au Blé, sous mes yeux interdits,
De la croix d'un pavé sort un bourreau barbare
Tenant par les cheveux la tête de La Barre.

M. Prarond publia ensuite deux volumes de *Notices histo-riques* sur l'arrondissement d'Abbeville, dans lesquelles il émettait le vœu de voir accomplir par toute la France une série de travaux d'histoire locale. « Dans la vieille patrie gauloise, disait-il, l'histoire à tous les degrés est partout du patrimoine commun. »

Six volumes suivirent contenant l'*Histoire de cinq Villes et de trois cents Villages,* ouvrage des plus complets sur le Ponthieu et le Vimeu. Archéologie, numismatique, généa-logie, biographie, mœurs, traditions et coutumes, tout se trouve à point sous la plume du savant auteur.

M. Prarond, au courant de ses recherches, eut l'occasion de rencontrer le texte latin d'une chronique qu'il publia sous ce titre : *Jean de la Chapelle et la Chronique abrégée de Saint-Riquier.* Saint-Riquier fut une abbaye des plus célèbres. Son nom ancien était *Centule.* On connaît le dicton :

Centibus a turris Centula nomen habet.

Un autre livre, les *Hommes utiles de l'arrondissement d'Abbeville,* constitue une sorte de Panthéon local, érigé par l'auteur à ceux de ses compatriotes dont les noms méritaient d'être conservés ou rappelés.

Pour faire suite à l'*Histoire d'Abbeville* de M. Louandre père, M. Prarond a écrit un volume dont la réédition porte le titre de *Quatre années de la Révolution,* 1790-93. Ce livre a été rédigé avec un grand esprit de bienveillance et d'impartialité.

Trois volumes sur la *Ligue à Abbeville* comptent parmi les œuvres capitales de M. Prarond. Dans la séance de clôture de la réunion des Sociétés savantes, à la Sorbonne, en 1880, on parlait de cet ouvrage dans les termes les plus élogieux, et l'auteur, à cette occasion, était nommé Officier de l'Ins-truction publique, sur la proposition du Comité des Travaux historiques.

La *Topographie historique et archéologique d'Abbeville* forme trois autres volumes, nouvelle édition considérable-ment augmentée de l'ouvrage sur les rues d'Abbeville, qui a été apprécié des plus favorablement par MM. Garnier, Dusevel, l'abbé Corblet, Darsy, etc.

Le *Journal d'un Provincial pendant la guerre de 1870-71*

est encore une page de l'histoire moderne d'Abbeville, qui pourra être de quelque secours aux futurs historiens d'Abbeville et du nord de la France. [1]

Citerons-nous ici au nombre des ouvrages historiques de M. Prarond, *Abbeville à table,* qui fut, s'il nous souvient bien, donné d'abord dans la *Picardie* aujourd'hui disparue? oui et non. C'est bien de l'histoire, mais si pittoresque, qu'elle appartient à la littérature. Il s'agit, bien entendu, de nos bons aïeux. Car vous êtes libres de croire que nous sommes devenus des gens très sobres, des anachorètes. N'allez pas cependant vous imaginer que nos compatriotes passaient autrefois tout leur temps à manger et à boire. « Nos aïeux, a dit M. Charles Louandre, n'étaient point des bourgeois mous et gras. » Cependant M. Prarond a quelque raison de nous les montrer « bons convives et volontiers, devançant la chanson :

Le dos au feu, le ventre à table ;

cervelles dures quelquefois, idées étroites souvent, cœurs assez clos aux générosités utopiques, mais estomacs ouverts et capaces. »

Et voilà que défilent, en ce livre, cuisiniers, pâtissiers et rôtisseurs abbevillois, dénommés alors les *allevaux,* hosteliers, taverniers, cabaretiers, marchands de poissons, brasseurs, boulangers et bouchers. On se pourlèche la *lippe* au souvenir des *caudes* et des nourrissantes *loées* de jadis, des tartes au fromage et à la *badrée,* des *couques* et des biscuits d'Abbeville.

M. Prarond, et c'est un détail qui intéressera les lecteurs de la *Revue du Nord,* a dirigé la *Picardie,* revue locale rédigée sous les auspices des Académies et Sociétés savantes de la Somme, de l'Aisne, de l'Oise et du Pas-de-Calais.

(A suivre.)   ALBERT CARETTE,

---

1. Les poètes renfermés dans Paris jetaient chaque soir sur la scène des vers d'espérance. Le poète picard, dans sa ville menacée chaque jour, notait ses impressions quotidiennes et faisait des reconnaissances aux environs.

ESSAI SUR LE FOLK-LORE DU SANTERRE

(Suite)

IV

PLANTES ET ANIMAUX SERVANT D'AMUSEMENT AUX ENFANTS

I. — CAPERNOTES

Le fusain produit de petites baies roses, que l'on appelle en picard des *capernotes*. Les enfants ne manquent jamais de recueillir ces baies lorsqu'ils en rencontrent et les enfilent pour en faire des espèces de chapelets.

II. — TIGNONS

La bardane ou herbe aux teigneux — ainsi nommée de ce qu'on traitait la teigne avec le suc et les feuilles de cette plante — donne des fleurs au milieu de l'été. Lorsque ses fruits sont murs, ils s'attachent aux habits des passants à l'aide des crochets qui garnissent la pulpe qui les contient, et il devient parfois très difficile de s'en débarrasser; lorsqu'ils se sont accrochés dans les cheveux, on a une peine infinie à les enlever. En patois picard, le fruit de la bardane est désigné sous le nom de *tignon,* par allusion aux propriétés médicinales de cette plante. Les enfants se font un malin plaisir de lancer des tignons sur les habits ou, de préférence, sur la tête des jeunes filles ou même des femmes.

Les croûtes produites par la teigne sont appelées des tignons en picard ; on emploie la locution suivante pour désigner celui qui fait des embarras en marchant : *I se carre comme un pou sur un tignon.*

III. — LÉMICHON BORGNE

Le nom de *lémichon* est donné à l'escargot. Lorsqu'un enfant rencontre un de ces mollusques, il s'en empare et essaie de faire sortir de sa coquille ses tentacules, qu'il appelle cornes ; en attendant que le colimaçon veuille bien consentir à obéir à l'enfant, celui-ci chante un très grand nombre de fois le couplet suivant :

Lémichon borgne, — Montre-moi tes cornes, — Je te dirai où ta grand'-
mère est morte. — Elle est morte à Domart — Hier après-midi. — Din, don,
don ! — Din, don, don !

Finalement, le limaçon est écrasé par l'enfant, qui se lasse
vite à ce jeu.

IV. — PINPIN VOLE

Tout le monde connaît la coccinelle, petit insecte rouge
tacheté de points noirs, ayant la forme d'une demi-boule ;
c'est le plus grand ennemi des pucerons.

Quand un enfant trouve l'un de ces insectes, appelé vulgai-
rement *Bête à bon Dieu* ou *Pinpin,* il le met courir sur l'un
des doigts de sa main gauche en chantant dix, vingt, trente
fois les paroles suivantes :

Pinpin vole, — Si tu ne t'invole point, — Midi sonnè, — J' té tuerai.

C'est ce qui arrive lorsque l'insecte n'a pas cru devoir obéir
à l'injonction de son petit bourreau.

V. — HANNETON

Le hanneton donne lieu à plusieurs sortes d'amusements.
L'un des plus communs, c'est le *moulin.* Les enfants re-
cherchent de préférence ceux de ces coléoptères qui ont le dos
gris, et qu'ils appellent *mangniers* (meuniers).

VI. — CHAUVE-SOURIS

A la vue d'une chauve-souris, les enfants chantent :

Croque-séris rapasse par ichi,　　　Et pis d'elle ieu à boire,
Ej te barai du pain musi,　　　Croque-seris tout noire.

(*A suivre.*)　　　　　　　ALCIUS LEDIEU.

BIBLIOGRAPHIE

—

MARCEL POULLIN. — *Nos Places perdues d'Alsace-Lorraine.* —
2 vol. in-8 de 400 p. chac. — Paris, librairie Blond et Barral,
rue de Rennes, 59.

Cet important ouvrage n'est que le premier d'une série que
M. Marcel Poullin, rédacteur en chef de la *Gazette de Péronne,*
se propose de consacrer aux *Forteresses françaises en 1870-71.*
M. Marcel Poullin est un écrivain militaire dont l'éloge n'est plus
à faire. Une de ses précédentes études (sur l'*Amiral Courbet)* est
déjà, sans doute, connue de nos lecteurs. Mais, comme ouvrage
d'ensemble, l'auteur n'avait pas encore jusqu'ici publié une œuvre

d'une pareille valeur, tout à la fois de synthèse et d'analyse. *Nos Places perdues* seront rangées parmi les grandes publications sur la guerre de 1870. C'est le cœur saisi d'une patriotique émotion qu'on lira cette histoire de l'Année terrible. Les Septentrionaux n'ont pas oublié, eux qui furent aux grands rôles parmi les acteurs de ce drame sanglant. En parcourant le récit de la campagne de l'armée du Nord, il m'a semblé revoir nos braves mobiles, vrais soldats de la grande Révolution, partis paysans du village natal, et, quelques jours après, électrisés par Faidherbe, devenus les héros de Bapaume, de Pont-Noyelles et de Saint-Quentin. L'ouvrage de M. Marcel Poullin est un bon livre. Une telle publication n'a point besoin d'être recommandée aux enfants du Nord.

Henry Carnoy.

LE MOUVEMENT LITTÉRAIRE, ARTISTIQUE et SCIENTIFIQUE

On parle beaucoup, en ce moment, dans les ateliers des artistes septentrionaux, d'une exposition qui réunirait, à Paris, cet hiver, la plupart des peintres et sculpteurs faisant partie de la Société des *Enfants du Nord*.

C'est là un excellent projet qui ne peut rencontrer que d'unanimes adhésions ; aussi nous espérons bien que les promoteurs de l'idée ne manqueront pas d'en demander la réalisation au prochain dîner de la Société.

Qu'on se le dise !

*
* *

On nous apprend que Mme Delhomme vient d'offrir au département de l'Aisne une ferme modèle qui représente 500,000 francs. Les bâtiments tout neufs, construits par des architectes compétents et d'après les meilleures règles de la systématique agricole, attirent tous les jours la curiosité du visiteur ; les terres variées à l'infini, depuis la terre forte et argileuse de Brie jusqu'à celle toute légère de craie et de marne, se prêtent merveilleusement à toutes les cultures, même à celle de la vigne ; de grasses alluvions formées sur les bords de la Marne et du serpentant Surmelin favorisent l'élevage des bêtes à cornes et celui des chevaux.

*
* *

Les *Enfants du Nord*, société littéraire et artistique, se sont réunis pour la première fois après les vacances, au *Dîner français*, 27, boulevard des Italiens, le lundi 20 octobre. Le dîner était présidé par M. Carolus-Duran. Nous avons remarqué parmi les convives MM. Alfred Darimon, Hector Lemaire, E. Villanis, E. et G. Deully, G. Engrand, Jules Labbe, Fernand Bertaux, G. Dayez, A. Pééne, H. Dochy, A. Bury, Louis-Noël, E. Christophe, C. Dutert, A. Laoust, H. Berteaux, L. Andounet, A. Gautier, Henry Carnoy, C. Moyaux, Maugé, H. Cross, Agathon Léonard, C. Brochard, E. Lecq, Leroy Saint-Aubert, Ad. Perdrizet, J. Carlier, E. Duez, Denis Dorey, D. Cacan, A. d'Houdain, G. Bouvard, A. Masson, F. Landouzy, Ph. de Rouvre, B. Schadet, Léon Caille, Jules Gallian, Gustave Nadaud, etc. Après un toast de bienvenue porté par le maître Carolus-Duran, le toujours jeune chansonnier Nadaud a dit d'une façon ravissante quelques-unes de ses chansons : le *Roi d'Espagne*, les *Trois Hussards*, *Un Enfant du Nord à Marseille*, etc. M. Engrand a obtenu ensuite le plus franc succès dans ses imitations : le *Sermon du Clergyman* et le *Discours au Parlement*. M. Maugé s'est également fait applaudir dans un monologue des plus réussis. Le dîner a été des plus cordiaux et nous promet de ravissantes réunions pour cet hiver. M. Paul Duthoit organise à merveille ces dîners du Nord. Nous lui adressons nos plus sincères compliments.

*
* *

Le *Dîner des Enfants du Nord* devient de plus en plus prospère. Voici la liste des adhérents actuels :

Comité : *Président* : M. Carolus-Duran; *Vice-Président* : M. Edouard Sain; *Secrétaire-Trésorier* : M. Paul Duthoit, 62, boulevard de Clichy.

Membres adhérents : MM. A. Agache, artiste peintre; Alglave, homme de lettres; L. Audonnet, artiste peintre; Georges Baillet, sociétaire de la Comédie Française; Hubert Bellynck, artiste peintre; Jacques Ber, publiciste; C. Bernaërt, artiste de l'Opéra Comique; E. Berne-Bellecour, artiste peintre; F. Bertaux, publiciste; S.-H. Berthoud, homme de lettres; E. Bodin, auteur dramatique; de Boislecomte, artiste peintre; M. Boniface, auteur dramatique; L. Bonnier, architecte; E. Boutry, statuaire; G. Bouvart, agrégé de l'Université; C. Brochart, artiste peintre et pastelliste; F. Buret, artiste peintre; A. Bury, artiste peintre; D. Cacan, homme de lettres; L. Caille, artiste peintre; comte A. de Calonne, homme de lettres; B. Caniez, statuaire; E. Carlier, statuaire; Carlos-Lefebvre, artiste peintre; H. Carnoy, directeur de la *Revue du Nord de la France*; L. Cauvin, artiste peintre; Charpentier, compositeur de musique; E. Chigot, artiste peintre; G. Colin, artiste peintre; E. Christophe, graveur; L. Comerre, artiste peintre; Coquelin cadet, sociétaire de la Comédie Française; C. Cordier, statuaire; A. Cordonnier, statuaire; H. Cross, artiste peintre; A. Dayez père, homme de lettres; G. Dayez, homme de lettres; D. Darcy, architecte; A. Darimon, homme de lettres; A. Declercq, artiste peintre; H.-E. Delacroix, artiste peintre; A. Delécluze, artiste peintre; Delmasure, artiste peintre; J. Denneulin, artiste peintre; Mme B. Diémer, artiste peintre; MM. E. Depasse, docteur, homme de lettres; H. Depasse, publiciste; A. Desmottes, archéologue; A. Desrousseaux, poète, chansonnier; J. Deturck, artiste graveur; E. Deully et G. Deully, artistes peintre; C. Dutert, architecte; H. Dochi, artiste graveur; M. Douay, statuaire; E. Drumont, homme de lettres; G. Dubar, publiciste; R. Duflos, artiste dramatique; P. Dufour, publiciste; E. Duez, architecte; M. Édant, publiciste; G. Engrand, statuaire; A. Evaldre, artiste peintre; L. Flameng, artiste graveur; E. Flament, statuaire; Gallian J., architecte; H. Gauquié, statuaire; A. Gautier, artiste peintre; A. Gremain, artiste peintre; E. Guillaume, architecte; J.-N. Gung'l, publiciste; A. d'Houdain, statuaire; E. Houssin, statuaire; Hustin, publiciste; G. Crabansky, artiste peintre; J. Labbé, homme de lettres; G. Laffaille, homme de lettres; E. Lalo, compositeur de musique; Mme F. Landouzy, de l'Opéra Comique; MM. F. Landouzy, artiste musicien; A. Laoust, statuaire; L. Leclercq, artiste peintre; E. Lecq, architecte; L. Lecocq, architecte; G. Lecreux, artiste peintre; A. Lefort des Ylouses, artiste peintre; M. Leliepvre, artiste peintre; H. Lemaire, statuaire; A. Lenglet, artiste peintre et compositeur de musique; A. Léonard, statuaire; C. Léonard, statuaire; L. Léonard, artiste peintre; C. Leroy-St-Aubert, artiste peintre; E. Lormier, statuaire; H. Louis-Noël, statuaire; F. Lefranc, publiciste; E. Magnier, publiciste; E. Mairesse, publiciste; G. Maroniez, artiste peintre; G. Mascart, artiste peintre; E. Maugé, artiste dramatique; V. Merlin, artiste peintre; C. Moyaux, architecte; L. Moricourt, artiste peintre; V. Mottez, artiste peintre; G. Nadaud, poète chansonnier; Obin, professeur honoraire du Conservatoire de musique; A. Péene, statuaire; H. Peinte, statuaire; L. Penet, artiste graveur; A. Perdrizet, dessinateur; E. Péron, artiste peintre; E. Pessard, compositeur de musique; H. Pessard, publiciste; Pontsévrez, publiciste; G. Poulain, artiste peintre; J. Printemps, statuaire; R. Richebé, homme de lettres; L. Richet, artiste peintre; G. Rollin, artiste dramatique; P. de Rouvre, auteur dramatique; J. Scalbert, artiste peintre; B. Schadet, statuaire; L. Schoutteten, artiste peintre; V. de Swarte, homme de lettres; A. Thomas, statuaire; E. Truffot, statuaire; Verly, homme de lettres; E. Villanis, statuaire; A. Wallet, artiste peintre; J.-J. Weerts, artiste peintre.

*
* *

Quelques notes sur Carolus-Duran pour compléter le travail de M. Bertaux. — Carolus-Duran, né à Lille, place de la Mairie, en juillet 1838. Elève de Souchon. Vint à Paris en 1861, pensionné par le département du Nord. Titulaire du prix Wicart, lors de sa fondation, il partit pour Rome. De cette époque datent la *Prière du Soir* et l'*Assassiné*. Après un voyage en Espagne, il exposa *Saint François d'Assise*. Citons parmi ses œuvres les plus importantes : *Jules Claretie, Ph. Burty, de Lescure, Falguière, Vigeant, Haro, Gustave Doré, Mme Feydeau*, la *Dame à l'Éventail rouge, Mme de Pourtalès, Au bord de la mer, Mlle Croisette, Dans la Rosée, Etude de Nu, Fin d'Été*, la *Mise au Tombeau, Mme Pelouse, Une Vision, Français, Son Excellence M. Z., Alphonse Karr, Portrait de ma Fille, Princesse de B.,*

Miss H., *Tholoir, Comtesse de H.*, un plafond au Louvre, *Marie de Médicis.*

Fait chevalier de la Légion d'Honneur en 1872, officier en 1878, Carolus-Duran a été nommé commandeur en 1889. Ajoutons qu'il préside avec la plus grande amabilité la nombreuse Société artistique et littéraire des *Enfants du Nord.*

*
* *

Le mardi 4 novembre a eu lieu le premier dîner de la saison de *la Betterave*, association amicale des Enfants du Nord et du Pas-de-Calais. Les convives, réunis au Grand-Véfour, étaient plus de soixante-dix. Parmi eux, MM. Boucher-Cadart et Bressel, présidents à la Cour d'Appel, le général L'Heriller, les députés Jacques, Lecomte, Dubois, Pierre Legrand, les docteurs Dusart, Cattiaux, Depasse, Watremez, Dehenne, Renaut, les chansonniers Nadaud, Emile Pessard, des artistes tels que Weerts, Robaut, Carlier. le conseiller d'État Dislère, nos confrères Georges Nazim, Pontsevrez, Mairesse, Chotteau, Fernand Lefranc, etc. etc. Une charmante soirée musicale et littéraire a suivi le banquet : l'auditoire a tour à tour applaudi avec une égale faveur Gustave Nadaud, Emile Pessard, Gogny et Théry, du Théâtre-Lyrique, Mlle Genoud, les poètes Lefranc et Malo.

*
* *

On vient d'inaugurer à Valenciennes le monument élevé à la mémoire du sculpteur Hiolle, frère de l'auteur de l'*Arien, Narcisse*, et sculpteur comme lui.

*
* *

Nadaud et Desrousseaux, à Roubaix. — Dernièrement, le cercle du Dauphin, de Roubaix, a fêté, dans un joyeux banquet, la quatre-vingt-huitième année de sa fondation. Nadaud, président d'honneur de ce célèbre cercle, et Desrousseaux, membre d'honneur, assistaient à cette charmante fête où des amateurs de talent et M. Charles Manso, poète lillois très connu, et M. Ghestemne, chansonnier roubaisien, ont obtenu des applaudissements bien mérités soit en chantant soit en récitant de jolies pièces de vers. Gustave Nadaud, qui ne chante plus, mais qui dit toujours admirablement ses petits chefs-d'œuvre, en a interprété quatre ou cinq qui ont enthousiasmé l'auditoire. Desrousseaux a dit plusieurs chansons et pasquilles. Après l'audition de ses couplets intitulés : *Viv' Nadaud*, toute l'assemblée, debout, a chanté un chaleureux *vivat* en l'honneur de ces deux chansonniers du Nord qui, en se serrant la main, paraissaient fort émus. Voici l'un des couplets de cette chanson, qui est une sorte de compte rendu des œuvres de Nadaud :

Quand i' forge eune histoire,
Il a l' don de s' fair' croire.
Car ch'est simplémint dit,
Quoiq' rimbourré d'esprit.
Il a fait rire à larmes,
In parlant d' deux gendarmes,

Brav's gens qui n'ont qu' rar'mint
Donné tant d'agrémint !...
Refrain.
Ses couplets pleins d' finesse,
D'esprit, d' gaîté, d' tendresse,
Mérit'nt qu'on cri' bien haut :
Viv' Nadaud ! *(Bis.)*

Le Gérant : ALCIUS LEDIEU.

Abbeville, imp .du *Pilote de la Somme*, FOURDRINIER ET C^o.

LES HOMMES DU NORD

III

ERNEST PRAROND, HISTORIEN ET POÈTE

(Suite et fin)

Pour l'œuvre littéraire de M. Prarond, nous nous bornerons comme ci-dessus aux œuvres principales, en commençant par les plus anciennes. Il y a deux hommes en M. Prarond. Le prosateur distingué est doublé d'un véritable poète nullement banal, ainsi que nous allons le faire voir.

Un premier volume de vers, paru en 1843, mérita cette appréciation de Théodore de Banville : « Ces vers sont bien inspirés, écrits dans un beau style et pensés avec la sage philosophie de cette belle école française qui n'aime pas les Muses *belles des blancheurs de la pâle chlorose*, et qui ne dédaigne ni la simplicité, ni la gaîté, ni l'amour, ni la vie... Ronsard, Régnier et Rabelais applaudiraient. »

Notons au passage un volume de *Fables* dont le même poète a dit : « Il n'y a, dans ces 230 pages, ni méchancetés, ni calomnies, ni calembours, ni fautes de français. En revanche, vous y trouverez l'âme, l'enthousiasme, l'imagination, l'esprit, la verve, le beau style, la joie des vingt ans, la sincérité... »

En 1853, parut un volume d'*Etudes sur Shakespeare,* renfermant la traduction en vers du *Roi Jean* et des *Joyeuses Bourgeoises de Windsor*. Le *Théâtre sous le Chêne,* paru vingt ans plus tard, en 1883, porte sur les mêmes personnages du *Roi Jean,* des *Joyeuses Bourgeoises* et aussi sur ceux de *Henri IV*. Ce sont, à proprement parler, des variations poétiques, qui intéresseraient grandement les Anglais eux-mêmes, sur le grand tragique et comique britannique. L'imitateur s'est bien pénétré du génie de Shakespeare.

De 1854, date le volume des *Impressions et pensées d'Albert*. Voici ce qu'en disait Monselet : « Albert, c'est l'endosseur mystérieux de toutes les pensées de mort, d'amour, de déses_ poir, de regret et d'avenir dont se compose nécessairement un livre de poésie... Albert nous guide dans son voyage, en nous faisant assister aux principaux épisodes de sa jeunesse, et le plaisir est grand à le suivre; car ce ne sont que fleurs et chansons sur la route... Personne ne manie mieux que lui le lourd alexandrin, n'ordonne la rime avec plus de bonheur, ou ne cadence une strophe avec plus de légèreté. » — Qu'on en juge par ce petit paysage que Charles Monselet qualifie d'admirable :

MIDI AUX CHAMPS

Midi, chant de triomphe et fanfare du jour !
La terre se crevasse et fume comme un four ;
On voit à fleur du sol la vapeur qui s'exhale
Et qui bout, frémissante; on croit sentir le hâle
Qui s'alourdit partout, et sur les sillons secs
Les oiseaux en frappant pourraient briser leurs becs ;
Seule encor, comme aux champs où l'entendit Virgile,
La cigale, qui donne une voix à l'argile,
Crie avec la douleur et grince à l'unisson ;
Le lézard gris se couche et dort sous un buisson ;
Du sol incendié les vapeurs étouffées
Sous l'arche du berceau m'arrivent par bouffées,
Tandis qu'à peine un tremble au feuillage vivant
Fait soupçonner dans l'air l'aile molle du vent.

Les années 1854 et 1855 voient éclore les jolis *Contes en vers* d'Henry de la Calprenède, pseudonyme pris par M. Ernest Prarond dans cette circonstance; les *Paroles sans musique*, poésies; les *Campagnes et Victoires du roi Bébé*. Ce dernier opuscule et quelques autres du même genre qui parurent plus tard, dédiés par le poète à ses tout jeunes neveux.

Parlerons-nous des *Airs de flûte sur des motifs graves?* Sous ce titre bizarre, on rencontre à la fois des impressions de voyage, des souvenirs de camaraderie, des aperçus parisiens et des tableaux de province. « Ce sont, dit M. Emile Delignières, tantôt des épîtres au pas régulièrement mesuré, tantôt des billets prenant le vol lyrique. » Ce volume n'a été tiré qu'à cent exemplaires et consacré presque exclusivement aux nombreux amis littéraires de l'auteur.

Un volume de vers intitulé *De Montréal à Jérusalem*, vaste itinéraire, comme on le voit, date de 1869.

Transportons-nous en 1876. Le poète atteint l'âge mûr et il est dans la plénitude de sa force et de son talent. Le volume intitulé *A la chute du Jour, Vers anciens ou nouveaux*, est des plus intéressants.

Le sentiment spiritualiste, dit lui-même l'auteur, anime en général les principales parties de ce volume ou s'en dégage. Ce sentiment est très intense chez M. Prarond, qui lui doit ses inspirations les meilleures.

Vous savez tous qu'en Picardie la plupart des villages sont cachés au milieu des arbres, ce qui à distance est d'un effet très pittoresque. Ecoutez la description fort bien réussie d'un paysage picard :

> Les villages de loin semblaient des bois épais
> D'où ne montaient dans l'air ni rumeur ni fumée ;
> La campagne déserte était pleine de paix,
> Le grillon chantait seul sous l'herbe consumée.
>
> Un moulin que cachait un défaut de terrain
> Semblait, dressant ses bras au niveau de la plaine,
> Un éternel semeur jetant au loin son grain
> Et sur la terre nue ouvrant sa droite pleine.
>
> Les chevaux à cette heure étant au râtelier,
> Les moissonneurs dormaient au pied des grandes meules,
> Et l'on voyait à peine en leur pas régulier
> Quelques filles des champs qui s'en revenaient seules.
>
> Tournant à grands coups d'aile au-dessous du ciel clair
> Et profitant de l'heure où le moissonneur chôme,
> Comme des écoliers en l'absence du clerc,
> Des bandes de pigeons s'abattaient dans le chaume.
>
> J'étais assis sur l'herbe au revers d'un rideau ;
> Dans le trèfle voisin mon chien faisait sa ronde
> Et pour indiquer l'heure au milieu du tableau
> Les pommiers à leurs pieds jetaient une ombre ronde.

Le tableau est de tous points achevé. Le style et la facture des vers sont à la fois d'une grande simplicité et d'une véritable élégance. Vous remarquerez aussi la richesse des rimes.

Apôtre de tous les progrès, le poète, cependant, est loin de faire fi du passé et il a bien raison. Parfois même il le regrette.

> Des choses qu'on n'a plus, je regrette surtout
> Quelquefois, l'amour fin, la langue de nos pères,
> Leurs modes, leur esprit, leurs nymphes, leurs bergères,
> Et jusqu'aux mots vieillis qu'a laissés choir le goût.
>
> Elvire avait alors des *appas* et des *charmes*,
> Des mouches, des paniers, compléments superflus,
> Du rouge, une pudeur accessible aux *alarmes*,
> Des choses qu'on n'a plus.

M. Prarond aime les sonnets, ainsi que tous les vrais poètes.
Il a semé son livre, comme d'une pluie de perles fines, de

> ces médaillons hors prix
> Où nous pouvons, sitôt qu'un caprice nous tente,
> Fixer au vif et comme en la pierre éclatante
> Les plus divers sujets dont nous sommes épris.

L'année suivante, Lemerre publiait *Les Pyrénées*, puis, en
1881, *Du Louvre au Panthéon*, riche écrin de rimes, tout
plein de souvenirs du pays latin. Lisez-y notamment les vers
sur le Palais de Julien, sur la rue des Fossés-Saint-Victor :

> Rue à la roide pente et vénérable et sainte.

Parlerons-nous du *Jardin des Racines noires*, livre qui n'a
rien de commun, heureusement, avec le classique *Jardin des
Racines grecques ?* Le titre sert d'enseigne à des dissertations
poétiques d'une teinte souvent assez sombre. Comme con-
traste, notons le curieux morceau intitulé : *Évolution*, qui
nous reporte tout d'abord au temps où la terre en fusion
éclairait la lune habitée :

> Jouant des blancheurs d'épaules, Et sous l'azur chaud, plus bas,
> La lune, aux climats divers,   Entre ses petits tropiques,
> Avait, sur des cercles verts,   Les ardeurs éthiopiques
> La neige à ses petits pôles,   Des Nils bleus et des Sabas.

La pièce qui a pour titre *l'Au delà* est empreinte d'une
consolante philosophie. Jugez-en plutôt :

> En accusant l'oubli ton désespoir blasphème.
> L'oubli, qu'est-ce ? Un mot vide où le rien tombe seul.
> Tout sentiment mûrit comme un grain que l'on sème ;
> L'oubli n'a pas de sens au delà du linceul.
>
> Rien ne s'éteint, tout vit ; rien ne meurt, tout sommeille ;
> Par la succession des choses et des temps,
> Une douleur s'endort quand un plaisir s'éveille
> Et nos impressions mesurent nos instants...
>
> Nous voyons par fragments, nous marchons par étapes ;
> Nous sentons fibre à fibre, en détail, jour par jour ;
> Grain par grain seulement nous dépouillons les grappes
> Que nous tendent d'en haut la science et l'amour...
>
> Regrets, pleurs, dévouement, richesses de nos âmes,
> Nous vous retrouverons ; vous êtes le trésor
> Qu'en le prodiguant tout nous économisâmes...

La *Voie sacrée* est un recueil de poésies patriotiques sur
Jeanne Darc, qui fut prisonnière à Saint-Riquier et au Crotoy.
L'auteur s'est inspiré en partie d'un poème latin de Valerand
de la Varanne sur la Pucelle, qu'il étudiait alors.

Le poème de Valerand de la Varanne, contemporain de l'héroïne de Vaucouleurs, a été lui-même réédité avec le plus grand soin par M. Ernest Prarond et accompagné d'un commentaire qui en est une traduction véritable. L'original est de 1516. L'origine abbevilloise de Valerand de la Varanne n'est pas douteuse. Les vers de son poème en six chants sont savants, très savants même, mais un peu emphatiques. Cette résurrection est venue à son heure, car le nom et la mémoire de Jeanne sont, chez nous surtout, depuis la dernière guerre, plus populaires que jamais, à très juste titre. [1]

*
* *

Nous sommes heureux d'avoir eu la bonne fortune de présenter les premiers aux lecteurs de la jeune *Revue du Nord* le poète, l'historien, l'érudit, l'archéologue qui a nom Ernest Prarond. Tant mieux si nous avons pu les convaincre par son exemple que la ville du patriote Ringois, du géographe Nicolas Sanson, du graveur Claude Mellan, du médecin Hecquet, du diplomate Hugou de Bassville, du compositeur Lesueur, du poète Millevoye, du traducteur Pongerville, du savant Boucher de Perthes (le seul qui n'y soit pas né), de Louandre l'historien, du critique Charles Louandre, du glorieux amiral Courbet, [2] etc., n'est pas épuisée encore et n'a pas dit son dernier mot.

Tout ce que nous voulons ajouter ici, c'est que l'homme dont nous venons de rappeler les œuvres est, dans sa vie privée comme dans sa vie publique, digne de toutes les sympathies.

ALBERT CARETTE.

---

1. Pour l'édification des érudits, citons encore les œuvres suivantes de M. Prarond, qui justifient la qualification que nous lui avons donnée de latiniste émérite : *Abbatisvilla a peste servata*, Ambiani, typis Delattre-Lenoël 1884. — *Jacobi Francisci Buquet regalis sancti Wlfranni ecclesiæ canonici opera quæ supersunt* edidit cum notis E. Prarond, Ambiani, typis Delattre-Lenoël, 1884. — *Jacobi Sanson aliter R. P. Ignatii Josephi de Jesu Maria carmina* quæ ex libris Reverendi Patris eruit E. Prarond scriptoris historici æmulator indignus, Ambiani, typis Delattre-Lenoël, 1884. — *Qualis anno MDCLIII Abbatisvilla stabat. Claudii Riveti de Mont Devis regiæ majestatis geographi tabula.* Ambiani, typis Delattre-Lenoël, 1884.

2. L'amiral Courbet, Boucher de Perthes et Millevoye ont eu un biographe très consciencieux en M. Alcius Ledieu.

ECH' CORBIEU VAL   LE VAL CORBEAU

CHANSON PICARDE

I a in r'nard ed' nou pays
Qu'il a v'nu fouère sin terrye
Dein ch' bas d' nou montagne ..
    Eh ben! Eh ben!
In fache d'ech' « Croq'mitaine » 1
    Et vous m'aouiez ben!

Ch'est in r'nard qu'est ben hardi,
Qui dort ni din l' jour'ni din l' nuit.
Il est toujours din ch' Corbieu val...
    Eh ben! Eh ben!
Qui n'attrape ses camarades
    Et vous m'aouiez ben!

Ch'est in r'nard qu'est ben adroet
Pour chés bêtes fausses et chés putoes,
Qui attrape toutes sortes de bêtes
    Eh ben! Eh ben!
Et jusqu'à chés bêt's à laine
    Et vous m'aouiez ben!

Ch'est in r'nard qu'est ben malin,
Qu'in n' put pont prinde avueque s' main.
Faudra y souffler din ses côtes... 2
    Eh ben! Eh ben!
Li fouère dinser inn' gavotte
    Et vous m'aouiez ben.

Qui qu' c'est qui l'a fouet l' chinson?
Ch'est in bergi d' Vingri-Nouvion 3
In buvint inn' boutelle...
    Eh ben! Eh ben!
Qui sortait d'ech' jus d'ell' trelle
    Et vous m'aouiez ben.

Il y a un renard de notre pays
Qui est venu faire son terrier
Au pied de notre montagne...
    Eh bien! Eh bien!
En face du « Croquemitaine »
    Et vous m'entendez bien.

C'est un renard qui est bien hardi,
Qui ne dort ni le jour ni la nuit.
Il est toujours dans le val Corbeau...
    Eh bien! Eh bien!
Il n'attrape pas ses camarades
    Et vous m'entendez bien.

C'est un renard qui est bien adroit
Contre les bêtes fausses et les putois.
Il attrape toutes sortes de bêtes...
    Eh bien! Eh bien!
Et jusqu'aux bêtes à laine
    Et vous m'entendez bien.

C'est un renard qui est bien malin,
Qui ne peut pas être pris avec la main.
Faudra lui souffler dans les côtes...
    Eh bien! Eh bien!
Lui faire danser une gavotte
    Et vous m'entendez bien.

Qui est-ce qui a fait cette chanson?
C'est un berger de Vingri-Nouvion
En buvant une bouteille...
    Eh bien! Eh bien!
Qui sortait du jus de la treille
    Et vous m'entendez bien.

GABRIEL ECHAUSSE.

(Communiqué par Mme Laure Noël.)

---

1. « Le Croquemitaine », sobriquet donné au vieux château.
2. « Y souffler din ses côtes », le fusiller
3. « Le Nouvion », village situé au nord du département de l'Aisne.

LA CONJURATION DU FANTOME

La triste matinée! le vent souffle en rafales et gémit comme aux plus tristes journées de décembre! Les dernières feuilles, emportées par la bise, s'envolent et dansent des sarabandes effrénées. Ce sont les premiers frissons de l'hiver, le prélude des tourbillons de neige, l'annonce du gel pénétrant, du givre qui bientôt blanchira les haies d'aubépines des enclos.

> *A Saint-Simon*
> *Les glaçons !*

dit le vieux proverbe. Villageois, attisez le feu de tourbes qui brûle dans la vaste cheminée. Chaussez vos galoches de noyer ; emmitouflez-vous dans vos cache-nez de laine rouge. Sa Majesté l'hiver guigne aux portes de vos chaumières.

Et nos poètes continuent de chanter les toits que blanchit la neige ! Sans doute, dévidant le fil des alexandrins, ils se chauffent paisiblement en quelque cabinet de travail égayé par la flamme claire du foyer, et ils ne voient le gel que par les baies closes des fenêtres bien jointes.

Je voudrais bien tenir, ne fût-ce que pour une heure, un de ces amoureux de la saison des pluies et du givre, et le promener par les chemins creux, détrempés, boueux, d'un village de campagne, alors que, comme maintenant, la pluie s'abat en tourbillons et rend à la terre les débris sans nom des dernières fleurs de l'automne. Il aurait bientôt demandé merci, pour entrer en quelque auberge et se sécher devant l'âtre, tout en buvant quelques verres de la délicieuse bière mousseuse que l'on ne trouve que dans nos villages.

Le village ! Ah ! oui, il est bien triste en cet instant ! Personne dans les rues, si ce n'est quelque laboureur trempé jusqu'aux os, qui rentre précipitamment à la ferme. Il est neuf heures.

Un individu s'en va, d'une maison à l'autre, agité et pressant sous le bras gauche un grand bassin d'étain. Au bout de ce bras pend une bouilloire en fer blanc, très lourde, car l'épaule penche de beaucoup, ce qui donne à notre homme une allure tout de travers.

Vous l'avez reconnu : c'est le barbier du village, maître Mouton, ou plutôt maître Aimé Mouton, pour vous servir !

Il me semble entendre les bonnes femmes appeler leur mari qui bat le froment dans la grange, au bout de la cour !

— Hé ! Lambert ! v'lo ech barbier !

Un vrai type du Figaro de village, le barbier Aimé Mouton ! et ce qui le fait bavarder davantage, c'est son goût pour les petits verres, que ce soient verres d'eau-de-vie de grain, verres de cognac ou verres de genièvre de Hollande. Mais, soyez sans inquiétude, le balancement de son corps cesse dès que son rasoir touche la figure d'un client.

Pas sot du tout avec cela, mon barbier ! Au village, il passe pour une sorte de savant qui en remonterait sur bien des points au magister. Un de ses oncles, de son vivant curé de Pontville, lui laissa une superbe collection de vénérables bouquins, livres de sciences, de théologie ou romans que le digne neveu dévora jusqu'au dernier. Vous voyez d'ici le genre d'instruction du bonhomme.

Tenez ! le voici qui entre à l'estaminet du *Coq couronné,* où l'attendent nombre de clients.

— Salut ! Messieurs et dames, la compagnie !

— Bonjour, Aimé ! Salut !

— Une grosse goutte de genièvre, Fillette !

Et, tandis que Fillette, la servante, verse le verre de genièvre, Aimé se débarrasse du plat à barbe occupé par un morceau de vieille toile qu'il place sur l'épaule du père François ; déroule sur sa cuisse en pliant le genou, un morceau de cuir noir et luisant, affile son rasoir et commence l'opération.

Tandis qu'il savonne et qu'il passe son instrument sur le visage ridé du kiot Chois — le père François, — il commence sa revue de tout le village.

— Vous savez ?

— Quoi donc ?

— Hé ! tout le monde le sait ! Le maire a eu son habit neuf *tout gâté* à la fête de Baumont. Il a perdu un pan de sa redingote. Il était, à ce qu'on dit, dans les houblons du seigneur !... Ce n'est pas tout. Tout à l'heure, je suis entré chez kiot Descombes, comme il venait de se lever. Eh bien ! le lit de sa servante n'était pas défait! Mais, voyez-vous, on en peut penser ce qu'on voudra, cela ne me regarde pas.

Et il continue ainsi, Aimé Mouton, jusqu'à ce que le dernier client ait passé sous son rasoir. Ce qu'il en a d'histoires à raconter! N'y eût-il que ses propres aventures, cela formerait la matière d'un gros volume.

Un soir que mon barbier venait de finir sa tournée et qu'il se sentait le gousset bien garni, l'idée lui prit d'entrer dans ce même estaminet du *Coq couronné* où, en ce moment, festoyait une joyeuse compagnie.

— Voilà Aimé Mouton, cria-t-on. Viens à notre table, aimable compère!

Aimé Mouton ne se fit pas prier deux fois. On jouait à un jeu singulier. Soixante petits verres d'eau-de-vie et de genièvre étaient placés à côté des cinq ou six gaillards réunis à l'estaminet. Devant eux, était un jeu de cartes qu'un des joueurs distribuait à la ronde.

— Un verre à celui qui aura l'as de cœur.

— Accepté! s'écria le barbier.

On joua plus d'une heure sans discontinuer. Par hasard, il se trouva que notre Figaro eut la chance d'obtenir trente-cinq fois l'as de cœur. Et trente-cinq fois aussi il but d'un trait tantôt un verre d'eau-de-vie, tantôt un verre de genièvre.

— Il a de la corde de pendu! criaient les joueurs.

Mais Aimé Mouton toujours gagnait, et toujours buvait.

Tout à coup, il roula sous la table. On le releva. Il dormait comme un loir.

— Que faire? se demandèrent les joueurs. On ne peut le reporter chez lui. Il y a un quart de lieue d'ici à sa maison.

— Attendez! dit l'aubergiste du *Coq couronné*; nous le mettrons coucher dans la chambre de mon beau-père!

— C'est cela! C'est cela!

Et quatre gaillards, deux pour les pieds, deux pour les bras, saisirent le barbier et le portèrent sans bruit sur une paillasse dans la chambre du vieux.

Ce dernier dormait profondément. Il n'entendit rien.

Vers deux heures du matin, Aimé Mouton se réveilla, la tête lourde. Il ouvrit les yeux, regarda autour de lui, et, ne se souvenant plus de la partie du soir, crut qu'il avait la berlue.

— Diable ! dit-il, serais-je comme Abou-Kassan, le dormeur éveillé des *Mille et une Nuits* ? Où suis-je ? Ce n'est pourtant pas ma chambre !... Bah ! qu'importe ! Je vais chanter pour me distraire.

Et d'une voix enrouée, il commença :

De profundis clamavi ad te Domine
Domine exaudi vocem meam

Le vieillard, qui dormait dans le lit voisin, s'éveilla au bruit Ce chant funèbre le glaça d'épouvante, et, sans réfléchir davantage, le vieux se cacha la tête sous les draps.

Le barbier continuait toujours le *De profundis*, de la même voix sépulcrale.

Une idée vint à l'esprit du vieux.

— Je suis mort ! c'est certain ! Et maintenant on m'enterre. Voici la voix du chantre. Je suis dans mon cercueil, on m'enterre vivant !

Le barbier était arrivé à la fin du cantique funèbre.

Requiescat in pace !
— Amen !

— Oui, je suis mort ! pensa le vieillard. Voici la voix du prêtre et celle du chantre !... Voyons, suis-je mort ou vivant ?

Il voulut remuer ; il ne put faire un mouvement. Et cependant il sentait ses cheveux se hérisser, et une sueur froide lui couvrir tout le corps.

— Si je criais ! Si j'appelais au secours ! songea-t-il.

Mais encore sa langue refusa de bouger.

Aimé Mouton, trouvant sa chanson par trop triste, venait d'en reprendre une autre, plus gaie, un refrain égrillard, souvenir de jeunesse :

C'était un moine blanc   Et tout en les confessant
Qui confessait trois fillettes,   Il leur parlait d'amourettes.

— Ah ! mon Dieu ! pensa le vieux. Je suis bien mort, plus que mort ! Voici le Diable qui vient sûrement m'enlever !

Une heure se passa de la sorte. Le barbier chantait à tue-tête, le vieillard restait toujours caché sous ses couvertures.

Mais, à la fin, le pauvre homme, voulant sortir de cette incertitude qui lui pesait comme un horrible cauchemar, rassembla tout son courage, et, d'un bond, s'assit sur son lit. Un fantôme était là, devant lui, confusément éclairé par la bleuâtre lumière de la lune.

— Si tu viens de la part de Dieu, nomme-toi ! Si tu viens de la part de Satan, retire-toi ! s'écria solennellement le vieillard en se signant trois fois suivant la formule.

Un éclat de rire lui répondit.

— Ah ! Ah ! je me souviens, maintenant ! Je suis chez le père Ninant ! J'ai bu un coup de trop, hier soir ! Je me souviens ! N'ayez pas peur, père Ninant ! C'est moi, moi, vous savez, le barbier, Aimé Mouton, pour vous servir !...

... C'est égal, le père Ninant avait les cheveux noirs encore ; le lendemain, ils étaient tout blancs !

Henry Carnoy.

RIPOSTE A « MÉLANCOLIE »

Oh ! le pêcheur de pacotille !
Fanatique... quand il fait beau.
Monsieur voudrait pêcher l'anguille,
Mais craint les rhumes de cerveau.

Il démonte vers fin Septembre,
Octobre est trop rhumatismal !
C'est au moins un pêcheur en chambre,
Aimant fort le plaisir sans mal.

Sans doute, il en faut, de la fibre,
Pour pêcher par ces temps d'hiver ;
Quand l'arbre sous la bise vibre,
Et se tord, noir, sur le ciel clair,

Quand il faut guetter l'éclaircie
Qui laisse filtrer, tout pâlot,
A travers la bruine épaissie,
Un rayon de soleil sur l'eau ;

Quand l'onglée aux phalanges pince ;
Quand du froid gagne la roideur ;
Quand le pied sur le givre grince :
Certe, on pêche avec moins d'ardeur.

On tourne à la mélancolie,
Pestant contre l'hiver grognon...
Mais comme tout cela s'oublie
Au moindre plongeon du bouchon !

Paul Philippe.

LES « MARCHES »

Dans l'Entre-Sambre et Meuse, on donne le nom de *Marches* à des processions militaires, qui prennent leur origine dans des légendes perpétuées par l'Église. Les plus célèbres et les plus anciennes sont celles de *Walcourt, de Gerpinnes* et de *Fosses*. L'appareil militaire, ou plutôt le travestissement militaire, dont les processions se sont entourées de tout temps, excita l'émulation des villages voisins, qui voulurent, eux aussi, posséder *leur marche.* De là l'origine des processions militaires plus récentes de *Thuin, Ham-sur-Heure, Barbençon* et *Anderlues.*

La légende qui a donné naissance à la procession de *Walcourt* (Namur) remonte au xiv⁰ siècle. La voici dans toute sa simplicité :

Un incendie avait réduit l'église en cendres, mais, par un heureux hasard, on parvint à sauver des ruines fumantes une statue de la Vierge, qu'on déposa provisoirement dans le creux d'un arbre.

L'église reconstruite, le comte *Thierry de Rochefort* se rendit, monté sur son plus beau destrier, à l'endroit où la Vierge avait été placée avec l'intention de lui faire réintégrer son premier domicile. Mais dès qu'il voulut mettre la main sur la précieuse image, son cheval se cabra et tous les efforts qu'il fit pour s'en emparer furent vains, la statue semblait rivée à l'arbre. Reconnaissant alors son impuissance, le comte fit vœu de fonder l'abbaye du *Jardinet,* si la Vierge consentait à se laisser reconduire à l'église. A peine le gentilhomme avait-il prononcé ses paroles, que la statue n'opposa plus de résistance à ses efforts.

Tel est le miracle qu'on représente chaque année, à Walcourt, le jour de la Trinité, au milieu d'un *grand appareil militaire* et de formidables décharges de mousqueterie.

A *Gerpinnes* (Hainaut) la légende varie ; il s'agit ici d'une jeune fille, nommé *Rolande,* qui s'enfuit du village pour échapper au mariage. Après avoir traversé neuf villages, elle s'en vint expirer à *Villers-Poteries* (Hainaut), sur le bord d'une source.

Le jour de la procession, la châsse de sainte Rolante est promenée processionnellement à travers les neuf villages que la sainte traversa avant de trouver la mort. On quitte Gerpinnes à quatre heures du matin pour n'y rentrer qu'au crépuscule.

La châsse de sainte Rolande est escortée par les habitants des villages environnants, qui ont revêtu pour la circonstance les costumes militaires les plus disparates : Zouaves, spahis, turcos, chasseurs, voltigeurs, sapeurs, grenadiers, etc., s'y coudoient et s'efforcent de se donner l'air martial de vieilles troupes. Leur armement est plus fantaisiste encore que leur tenue ; c'est un véritable musée de bric-à-brac dans lequel on retrouve le mousquet à mèche, l'escopette et le tromblon d'antan. La procession se déroule ainsi lentement au son de la musique et au bruit des détonations, tandis que sur ses pas roule un véritable flot de paysans, désireux de toucher, une fois dans leur vie, la châsse de sainte Rolande.

La première halte du cortège se fait dans le parc ombreux du château d'Acoz, tandis que le village de Villers-Potteries est l'endroit choisi pour la *grande halte* de midi. Pendant cette dernière halte, on dépose la châsse de sainte Rolande dans l'église et les fidèles profitent de ce repos pour tremper leurs mouchoirs dans l'eau de la source près de laquelle mourut la sainte. Les soldats improvisés forment les faisceaux dans un immense verger situé en face de l'église, et mangent en compagnie des spectateurs les provisions de bouche qu'ils ont apportées avec eux. A ce moment, le coup d'œil est original : une foule immense couvre le petit village, on boit, on mange, et de temps en temps des fusées éclatent.

Le repas terminé, vers deux heures, les tambours battent le rappel, les compagnies se reforment, les officiers supérieurs montent à cheval. Un formidable commandement de : *Formez le carré !* retentit et aussitôt les troupes, après avoir exécuté cette manœuvre, font quelques feux de salve destinés à annoncer au loin que la *marche* reprend sa route.

Ces marches, comme le lecteur s'en fera facilement une idée, sont bien plus des parties de plaisir que des fêtes religieuses, mais le clergé sait que s'il essayait d'interdire ce que nous nommerons la *mise en scène* de ces sortes d'exhibitions, il risquerait fort de compromettre le prestige de sainte Rolande.

A *Fosses* (Namur), la *marche* de saint *Pholien* ne fait sa sortie que tous les sept ans.

La procession de *Ham-sur-Heure* (Hainaut), qui se célèbre le 15 août, fut fondée il y a environ cent vingt-cinq ans, à l'instar de celle de Gerpinnes.

Celle de *Barbençon* (Hainaut), appelée *Notre-Dame des Lumières,* parcourt son itinéraire le 24 avril de chaque année.

A *Anderlues* (Hainaut), c'est à la *St-Médard* qu'a lieu la *marche.*

Enfin, la grande *marche* de *Thuin* (Hainaut), est la plus récente, elle date du choléra de 1866. Elle se confond depuis cette époque avec la procession annuelle.

Toutes ces *marches* ayant une très grande analogie entre elles, en décrire une c'est les décrire toutes.   A. HAROU.

ESSAI SUR LE FOLK-LORE DU SANTERRE

(Suite)

V

ÊTRES IMAGINAIRES

Dans les campagnes, on a la mauvaise habitude d'effrayer les enfants désobéissants ; il est vrai qu'on les menace d'être pris par des personnages imaginaires, mais ils ne le reconnaissent que plus tard, et il n'en est pas moins certain que de grandes personnes ont bien de la peine à sortir le soir dans la crainte de faire de mauvaises rencontres. Le plus souvent, cette peur ne s'explique que par l'effroi qu'elles ont éprouvé dans leur jeune âge.

L'hiver, pour empêcher les enfants de sortir le soir, on leur dit : *Prends garde ! Jean Gel va t'emporter !* On les menace aussi des *Latusées* (lattes usées), des *Fétus treuvès* (troués), des *Sales Mannes,* des *Briquassis* (briques assises), des *Cleux* (clous) *rouillès,* etc. *Croquemitaine* est le plus redouté. *Grand' mère à poussière* passe pour avoir mission de jeter une poudre invisible dans les yeux des petits enfants afin de les endormir.

L'un des plus grands sujets de frayeur pour les enfants étaient les *Blancs,* qui, eux, ne doivent point être rangés parmi les êtres imaginaires.

Lorsque les enfants s'attardaient le soir dans les rues, il arrivait souvent qu'un cri d'alarme, poussé par quelques-uns d'entre eux, les faisait abandonner aussitôt leurs jeux. Ce subit effroi était produit par quelques coups de fouet dont le son se rapprochait graduellement du groupe des petits joueurs. *Voilà les Blancs !* s'écriaient-ils effrayés. Et de s'enfuir chez eux au triple galop, mais pas assez vite cependant pour éviter de recevoir quelques vigoureux coups de fouet sur les jambes.

Les Blancs étaient des jeunes gens qui avaient passé une chemise sur leurs habits et s'étaient munis d'un fouet pour faire rentrer les enfants chez leurs parents afin de n'être ni dérangés ni reconnus dans les farces qu'ils méditaient de faire. Depuis une quarantaine d'années, les Blancs ne se montrent plus.

VI

RONDES, BERCEUSES, FORMULETTES ET CHANSONS

Les chansons populaires enfantines, les rondes et les berceuses en usage à Démuin sont en assez grand nombre ; je n'en rapporterai que quelques-unes, car je me réserve de développer un jour ce chapitre.

I. — BELLE BOITEUSE

Jeu de petites filles ; l'une d'elles passe en boitant devant ses compagnes, rangées sur une ligne, chantant en chœur :

Où allez-vous, belle boiteuse ?
Mil enfant, mil enfant. } *Bis*

Où allez-vous, belle boiteuse ?
Mil enfant parfait. [1] } *Bis*

La Belle Boiteuse

Je m'en vais au bois seulette,
Mil enfant, mil enfant. } *Bis*

Le Chœur des petites filles

Pourquoi faire au bois, seulette ?
Mil enfant, etc.

La Belle Boiteuse

Pour cueillir la violette.
Mil enfant, etc.

Le Chœur

Pourquoi faire la violette ?
Mil enfant, etc.

La Belle Boiteuse

Pour couronner ma tête.
Mil enfant, etc.

1. Variante :

Où allez-vous, belle boiteuse ?
Belle enfant, belle enfant ;
Où allez-vous, belle boiteuse ?
Belle enfant charmant.

II. — LE CORDONNIER

Jeu de petites filles ; l'une d'elles, ayant les yeux bandés, est assise sur le sol et imite les mouvements du cordonnier. Ses compagnes se tiennent par la main et marchent autour du cordonnier en faisant un cercle.

Le Cordonnier (chantant) :
Hélas ! Mesdames,
Où allez-vous par là ?

Les Dames (chantant) :
Mon cordonnier,
Nous allons promener.

Le Cordonnier :
Hélas ! Mesdames,
Vous us'rez vos souliers.

Les Dames :
Mon cordonnier,
Vous les raccommod'rez.

Le Cordonnier :
Hélas ! Mesdames
Qui est-c' qui les pai'ra ?

Les Dames :
Mon cordonnier,
Cell' que vous attrapp'rez.

Les dames évitent de se laisser prendre et se sauvent ; le cordonnier se lève, saisit une dame, l'embrasse et lui fait prendre sa place, puis le jeu recommence.

III. — AU JARDIN DE MON PÈRE

Au jardin de mon père,
Des oranges il y a.
Il y a tant d'oranges,
Que l'arbre tombera.
Crié : Hi! hi! ha! ha! ha! ha!

Ce qui précède est chanté par les petites filles, qui dansent en rond, *s'aponnent* (s'accroupissent) en prononçant le dernier *ha!* et s'efforcent de donner à leurs jupons la forme d'une cloche.

IV. — J'AI DES POULES A VENDRE

J'ai des poule' à vendre,
Des noire' et des blanches,
A quat' sous, à six sous!
Mad'moisell' détournez-vous !

Quand ce couplet est chanté, celle des joueuses qui est désignée par son nom doit faire demi-tour, et la ronde continue jusqu'à ce que toutes les joueuses aient été nommées.

Ces deux rondes mimées sont rapportées dans l'ouvrage de M. A. Desrousseaux.

V. — SAVEZ-VOUS PLANTER DES CHOUX

Lorsque la ronde est formée, toutes les petites filles qui la composent chantent en dansant le refrain suivant :

Savez-vous planter des choux,
A la mode *(bis)*,
Savez-vous planter des choux,
A la mode de chez nous?

La ronde s'arrête, et celle qui la conduit chante seule ce couplet, en frappant la terre de la main :

On les plante avec la main,
A la mode *(bis)*,

On les plante avec la main,
A la mode de chez nous.

Toutes les joueuses reprennent ce couplet en chœur et font le geste qu'elles ont vu faire ; puis la ronde recommence en chantant le refrain.

Celle qui conduit le jeu reprend le couplet et, au lieu de la *main*, dit le *pied*, le *nez*, le *coude*, etc.

(*A suivre*).   ALCIUS LEDIEU.

LE PATOIS PICARD

(Suite)

Amelète, omelette ; *amène,* amende ; *amère,* ou *amerre,* [1] omere et *ormoire,* armoire ; + *amérir,* amaigrir ; *ameutir,* ameuter ; + *amichoter,* dodiner ; *amidouler, amitouler,* amadouer ; *aminchir,* amincir ; *amisse,* amie ; + *amitieux,* qui a des manières amicales ; *amone,* aumône ; *amonition,* munition ; *amorche,* amorce ; *amorcher,* amorcer ; *amosité,* animosité ; *amouscate,* muscade ; *amusse,* aumusse ; *anas,* petits meubles de cuisine ; + *auberquin,* vilebrequin, (aberquin) ; + *ancelle,* supérieure d'un couvent ; *auche,* auge ; *Andérien,* Adrien ; *ane,* aune ; *ane,* aulne ; *ane,* terme d'un jeu d'enfant ; + *anéen,* maladroit, terme de jeu ; + *anequiche,* maladresse ; + *anequicher,* agir maladroitement ; + *anète,* cane ; + *Angelot,* fromage de Maroilles ; + *angin,* maladroit ; + *anginer,* agir maladroitement ; + *angoner,* agir maladroitement ; + *anguiche,* angoisse ; + *anhorter,* exhorter (enhorter) ; + *s'anicher,* se blotir ; * *anicroche,* imbécile ; + *anier,* mordre avidement ; + *anile,* support d'une poutre ; *anismone,* anémone ; *anonche,* annonce ; *anoncher,* annoncer ; + *anque,* congre ; + *anséte,* crochet de fer à deux branches servant à accrocher la marmite à la crémaillère ; + *ante,* (nante), tante ; *antenoisse,* laitue plantée avant l'hiver ; brebis qui a porté l'année précédente ; + *anusse,* médaille que l'on porte au cou ; *anwile,* prononcez an-uile, anguille ; + *aouteron,* moisson ; + *aouteux,* moissonneur ; + *apa,* parmi ; + *apa,* marche ; * *apaisé,* satisfait des raisons apportées ; * *aparfondir,* approfondir ; + *s'aparler,* s'écouter parler ; + *apart-mi,* en moi-même ; *apcé,* abcès ; + *s'apenser,* [2] réfléchir ; *aperchévoir,*

---

1. En picard : *amelle.* 2. D'où la locution *m'apense,* selon moi.

apercevoir; *apertémen*, appartement; *aperténir*, appartenir; * *apésemen (à s'n)*, à sa satisfaction; *aplatir*, rendre plat; + *aploute*, filet pour prendre du poisson; *apoïer*, appuyer; *apoïéte*, appui; * *apoint* (venir), être utile; + *apouter*, préparer; *apoticuflaire* (terme dérisoire), apothicaire; *apsurte*, absurde; *aque*, acte; *aquerté* (akerté), âcreté; + *aragone*, estragon; + *araine*, araignée; *arca* (fi d'), fil d'archal; + *archéle*, (harchèle) petite hart, femme active; + *archéné*, *erchéné*, goûter, léger repas entre le dîner et le souper; *archifes*, archives; + *archinéte*, la dinette des enfants; *architéque*, architecte; *arengemen*, arrangement; *arenger*, arranger; + *aréniée*, *ariniée*, nielle des jardins; + *arénier*, contrefaire les gestes de quelqu'un; *argot*, ergot; + *argoté*, fin, rusé; + *argousil*, homme de rien; *arguilion*, aiguillon; + *aria*, embarras; * *arière*, hors; *arière (en)*, en cachette; *Ariète*, Henriette; + *arinque*, niches faites par méchanceté; *aricmétique*, arithmétique; + *arlander*, travailler sans avancer la besogne; + *arli* (syncope), à lui; *arménaque*, almanach; + *armontière*, heure de reprendre le travail après dîner; *armorisses*, armoiries; + *arnat*, charrue; + *arniéle*, mauvais couteau; + *arnioque*, coup; + *arniquer*, toucher, déranger; + *arniqueux*, aide pour charger une voiture; + *arnitoile*, toile d'araignée; + *arnu*, *(renu)*, nuageux; + *arondiéle*, hirondelle; *aroso*, *arouso*, arrosoir; *arouser*, arroser; + *arpalian*, vaurien; *arpe*, arbre; + *arriérance*, arrérage; + *ars*, vif, subtil; + *arsoule*, homme de rien; *artique*, article; *artissiau*, artichaut; *artoil*, orteil; * *as*, fer de moulin; + *asi*, brûlé; + *asiau*, ais, porte à claire voie; + *asibelmen*, tranquillement; + *assaner*, accabler d'injures; + *assapi*, qui a une soif dévorante; * *assasin*, assassinat; * *assasineur*, assassin; + *asse*, asthme; *asse*, aise; *asséier*, essayer; *assi*, essieu; *assiéle*, tringle pour poser les assiettes; *assir*, asseoir; *Astasie*, dim. d'Anastasie; + *aster*, jouer aux cartes; + *asteux*, joueur passionné pour les cartes; * *astiquer*, toucher avec les doigts; + *atarche*, retard; *s'alarger*, s'attarder; + *atelée*, attelage; + *atériau*, cou, croupe d'un toit; + *atérir*, attendrir; + *atiquer*, attacher; + *ato*, *atau*, fête; + *atomie*, squelette; *atrape*, piège; + *atrempance*, patience ; *atverbe*, adverbe; + *au*, ail; * *aubin*, aubier; + *aucau*, à couvert; + *auchéner*, agiter pour arracher; + *aucher*, secouer; *audeseur*, au-dessus; + *audinos*, latin *audi nos*, dans l'expression *faire les audinos*, dorloter; + *audivi*, l'audace; + *aumère* *(omère)*, armoire; + *aunelle*, petit aulne; *aute*, autre; *auté*, autel; *auterfos*, autrefois; *autermen*, autrement; + *avaleux*, homme qui fait descendre; *avanche*, avance; *avancher*, avancer;

+ *avé*, crochet; + *avenez*, impér. de venir; + *averdondée*, jeune étourdie; + *averlèque*, petit morceau qui reste à manger; (ef, *lèque*, lèche), + *avêties*, pl., les productions agricoles couvrant les champs comme d'un vêtement; *aveuguelmen*, aveuglément; *aveule*, aveugle; + *aciens*, impér. de *venir;* + *avise*, viens vite; + *avron*, folle avoine; *awi*, oui; *awisier*, aviser, regarder; + *azés*, aux.

(A suivre)   EMILE OZENFANT.

« Les derniers Chants » de Gustave Nadaud.

Nous recevons trop tard, pour en parler longuement, le magnifique volume que le maître chansonnier et poète, Gustave Nadaud, vient de publier sous ce titre : *Derniers Chants.* Nous y reviendrons dans le numéro de janvier. Nous nous bornerons à donner l'avant-propos placé en tête du volume :

« Voici mes dernières chansons. Beaucoup de mes amis disent que j'en ai fait assez; quelques-uns prétendent que j'en ai fait trop. Mais j'ai voulu compléter la grande édition de mes *Chansons choisies* que je publiai il y a huit ans, qui fut tirée à deux mille exemplaires et qui est épuisée.

Cette publication comprend des morceaux de divers genres et de différentes époques, mais tous inédit en musique. Plusieurs sont des allusions à des événements plus ou moins anciens qui me paraissent présenter quelque intérêt sinon historique du moins anecdotique. Je les ai placés sans ordre; on reconnaîtra facilement les personnages ou les incidents qui les ont inspirés.

Je suis mû par un autre sentiment que celui de la cupidité ou de la vanité d'auteur. J'ai pu fonder, il y a quelques années, la *Petite Caisse des Chansonniers,* qui a rendu de réels services à des auteurs inédits ou indigents, et je tâche d'augmenter, par cette édition, leurs modestes ressources.

Le prix du recueil sera de dix francs.

Les personnes qui ont souscrit à ma grande édition et qui désirent compléter leur exemplaire pourront me faire parvenir ce qu'elles voudront offrir à la *Petite Caisse.*

G. NADAUD.

Avec la permission du célèbre chansonnier, nous extrayons du volume la jolie chanson suivante, digne des plus grands poètes :

LES TROIS HUSSARDS

C'étaient trois hussards de la garde
Qui s'en revenaient en congé ;
Ils chantaient de façon gaillarde
Et marchaient d'un air dégagé.

« Je vais revoir celle que j'aime.
C'est Margoton, dit le premier.
— C'est Madelon, dit le deuxième.
— C'est Jeanneton, dit le dernier. »

Un homme était sur leur passage,
« Hé ! c'est Jean, le sonneur, je crois.
Quoi de nouveau dans le village ?
— Tout va toujours comme autrefois !

— Et Margoton, notre voisine ?
— J'ai sonné ses vœux l'an dernier,
Car elle est sœur Visitandine
Dans le couvent de Noirmoutier.

— Et Madelon ! toujours bien sage ?
— Oui-dà. Pour elle, j'ai sonné,

Voilà dix mois, son mariage,
Voilà dix jours, son premier né.

— Et Jeanneton, dit le troisième,
Toujours heureuse ? — Ah ! sûrement ·
Trois mois passés, aujourd'hui même,
J'ai sonné son enterrement.

— Sonneur, si tu vois Marguerite
Dans le couvent de Noirmoutier,
Dis-lui que je la félicite
Et que je vais me marier.

— Sonneur, si tu vois Madeleine
Dans la maison de son époux,
Dis-lui que je suis capitaine
Et que je fais la chasse aux loups.

— Sonneur, quand tu verras ma mère,
Va la saluer chapeau bas ;
Dis-lui que je suis à la guerre,
Et que je ne reviendrai pas ! »

Gustave Nadaud.

Ce volume ne sera pas dans le commerce. On pourra se le procurer chez M. Chebroux, trésorier de la *Petite Caisse des Chansonniers*, 16, rue Hérold, Paris. M. Fouquet, éditeur, 9, boulevard Saint-Denis, fera paraître les chansons séparément à la fin de cette édition.   H. C.

CAINCHON INUTILE

Je n' sais point si j'ai l' même idée qu'un aute,
Mais quind j' vos brond'ler un homme in ribotte,
J' sus d' méchint' humeur,
Et si j'avos l' drot, in moins d'eun' minute,
Aveucque plaisi, j' puniros cheull' brute,
Rien qu' pou li fair' peur.

R'wetiez si ch'est biau l' conduit' d'un ivrogne :
Caintint tout d'abord, vite apres y grogne
    Comme un quien maucais.
Pis voulint dinser, croyint êtr' à l' fête,
Ses gaimm' s'inteurmél', y pique eun' teumette,
    Le v'là d'sus ch' pavé.

N' pouvint s' rétampir ni sé r'mette in roule,
On voudrot l' l'aider, mais cha vous dégoutte
    Tell'mint qui sue d' caud,
S' traînint d'sus ses g'noux, à chaqu' mête y croule;
Infin, à bout d' forch', s'indort dins l' bédoulle
    Comme un sal' pourcheau.

Hémon! qu' ch'est pénib' dins l' siéc' où nous sommes,
D' vir des gins parels, qui s'appell' des hommes,
    Si peu s' respecter.
A quoi donc qu' cha sert si n' sav' point s' conduire,
D' dépinser tint d' doup' pou l' z'appreind' à lire,
    Écrire et compter.

Aussi devr'ot t'on fourrer dins leu tiête,
Que ch' ti là qui s' soûl s' plache in d' zous cheull biête,
    Qui n' bot jinmais d' trop,
Et qu'un parel vic', non seul'mint vous ruine,
Mais détruit l' sinté, mène à l' guiotine
    Au décim' 1 grind trot.

CHARLES LAMY.

BIBLIOGRAPHIE

VICTOR DE SWARTE. — *Les Financiers amateurs d'Art.* — Vol. in-8°. — Paris, 1890. — E. Plon.

Voici un remarquable travail écrit par un financier — M. de Swarte est trésorier-payeur à Melun — amateur d'art, sur les

1. Décime, en patois, veut dire encore plus fort qu'au grand trot, il est plutôt employé avant galop : *Sin qu'vau y queurt au grind décim' galop.*

Financiers amateurs d'Art. Ce travail a été signalé aux lecteurs de la *Revue du Nord* par notre éminent collaborateur Victor Advielle, à propos de la réunion annuelle des Sociétés savantes. L'étude finement écrite est en tous points digne de notre compatriote V. de Swarte, critique d'art des plus distingués, et qui a retenu la grande tradition de ces financiers de jadis, protecteurs éclairés de l'Art et de la Littérature. Nous avons lu avec le plus grand plaisir — et aussi le plus grand profit — ces pages où l'érudition, le bon style et le goût marchent de conserve. Nous voudrions citer quelques passages du livre, mais la place nous est si mesurée!... Les épigrammes n'ont pas manqué aux hommes de finance et aux fermiers généraux; mais ne leur doit-on pas ces belles éditions si recherchées de nos jours? Combien de talents artistiques n'ont-ils pas mis en lumière par leurs encouragements? L'œuvre des financiers amateurs d'art a une importance considérable dans l'histoire de l'Art. M. de Swarte a eu une excellente idée en développant cette question dans son ouvrage. Dans un des prochains numéros de la *Revue du Nord,* nous nous permettrons d'extraire de ce livre un ou deux chapitres plus particulièrement intéressants pour les septentrionaux... de France. M. de Swarte ne refusera pas cette faveur à ses compatriotes.

Henry Carnoy.

L' TRIPPE PERDUE

CHANSON INÉDITE D'HECTOR CRINON [1]

Air du *Juif-Errant.*

M'n homme, mets t' bell' casaque,
Ten capieu, tes bieux bas,
Vas querre èn' tripe d' vaque
Pour fouaire l' mardi-gras.
T'éras cha pour vingt sous,
Ch'est assez bon pour nous.

1. Communiquée par MM. Francis Tattegrain et Fernand Bertaux.

Aussitout Charlemaine,
Il erkange d' chabouts,
I' preind leu sa' all' fraine
Pour mett'e sen fricout.
Foullo l' vir ed su' ch' q'min
Coumme i' filo bon train !

En entrant dens Péronne,
I' lichot ses cavieux;
I' réeucho s' maronne,
Pis r'drécho sen capieu.
En li-même i' s' disot :
« J'ai 'coir' l'air damoiseau !

» Malgré mes longu' guiammes,
Je n' sus pas mal du tout,
I' gn'a ichi des dianmes
Qui m' truvreint bien d' leu goût.
Mais ch' n'est pas pour leu nez
Un homm' si bien tourné ! »

Tout en d'visant de l' sorte,
D' couté d'eul'e i' guignot.
I' vot pris d'èn' grand' porte
En' gross' trip' qu'all' pendot !
« V'là, dit-i', là ch' qui m' feut,
D'mandons combien qu' cha veut !

— Ch'est vingt sous, men brave homme,
A prenn' ou à laissi'.
— Vingt sous! ch'est just'ment l' somme
Que j' voulo' m'ett' oussi.
Nous sont d'accord, bouchi',
Vous n'ai' i' qu'a l' décrouchi' ! »

Ed vant s' remett'e en route,
I' flaire un cabaret;
Il y rent' boire én' goutte,
Pou' s' donni' du gairret;
Pi' 'l'er'gagne s' mason,
Fier coumme un marl' d'aison.

Mais jugez d' leu surprise,
S' femme, en cherchant dens l' sas,
N' treuve qu'èn' bayett' grise
Pour fouaire l' mardi-gras.
« N' somm's-nous pas bien campés
Avu cha pour soupé !

— Em' tchot' femm' ch'est de m' feut',
J'en sus el' sens sus d'sous ;
J'érai pris l' sa' d'en eut'e,
'Iou qu' j'ai bu pour deux sous ;
Ch' qui m' fouat l' p'us aragi',
Quo' qu' nous allons mingi' ?

— Va, tu n'es qu'èn' grand' bête,
Tu n' sais fouare er' rien d' bien ;
Tu n'os pas pus ed tête,
Ni pus d'esprit qu' nous kien.
Mon Dghu, dens én' mason,
A quoi qu'un homme est bon ? »

Hector Crinon.

LE MOUVEMENT LITTÉRAIRE, ARTISTIQUE et SCIENTIFIQUE

A propos du Monument de Faidherbe. — Nous lisons dans *la Curiosité universelle* la lettre suivante, qui montre la question du monument Faidherbe sous un point de vue intéressant :

Humble donateur à la souscription ouverte pour élever une statue au général Faidherbe, je vous adresse quelques lignes de protestation contre le choix arbitraire de l'artiste chargé de présenter à la postérité les traits du héros de Bapaume et de Saint-Quentin.

Ancien combattant sous le général Faidherbe en 1870-1871, j'avais cru, avec mes compatriotes, qu'une souscription couverte, presque entièrement, par les habitants du Pas-de-Calais, du Nord, de la Somme et du département de l'Aisne, fournirait l'occasion d'ouvrir un concours, où le talent de mes pays allait se manifester. J'avais tort : méprisant la pléïade contemporaine d'enfants du Nord, artistes sculpteurs ayant fait leurs preuves dans la statuaire et le relief, le président du comité Faidherbe a confié l'exécution de la statue, et des groupes accessoires, à l'auteur du monument raté de l'amiral Courbet. Avait-il ce droit ?

Si oui, à quoi sert-il aux villes de Lille, Valenciennes, Douai, etc., de s'imposer des sacrifices pour entretenir à l'Ecole des Beaux-Arts de Paris des artistes dont plusieurs rivalisent aujourd'hui avec les deux statuaires à la mode : Falguière et Mercié. Pourquoi réserver et favoriser avec constance des individus étrangers au pays, dont la fortune artiste est faite, au détriment des enfants du Nord qui, à mérite égal, cherchent à se faire une situation et un nom? M. le Président du comité Faidherbe en prend bien à son aise. Nous ne recherchons pas aujourd'hui les mobiles, peu avouables, qui ont déterminé son choix; mais l'arrêté de cet inconscient n'est pas sans appel, et nous espérons, au nom des artistes régionaires méconnus, que la statue de Faidherbe sera mise au concours. Imitant l'exemple donné par les Ardennes, où la statue de Chanzy et le groupe de la Défense nationale ont été confiés au ciseau d'un Ardennais, M. le Maire de Lille va se hâter, nous l'espérons, de réparer son erreur phénoménale. Déjà, les artistes du Nord s'émeuvent d'un oubli volontaire; ils vont s'adresser aux sénateurs et députés de la région, ainsi qu'aux souscripteurs pour remettre les choses à leurs places. N'est-il pas ridicule de voir les droits acquis de nos artistes confisqués au profit de *faiseurs* méridionaux ?

Recevez, etc.   H. M.

Eh bien! nous attendons toujours une réponse du comité Faidherbe ! Nous avons reçu de nombreuses lettres d'artistes nous félicitant de notre initiative. Plusieurs journaux ont reproduit la *Protestation* de M. Fernand Bertaux. Pourquoi les artistes ne rédigent-ils pas à leur tour une protestation, signée d'eux tous, que l'on adresserait à qui de droit ? Il faut agir, et vite! — Toujours à ce sujet, un de nos lecteurs nous écrit : « Je ne sais ce que pense un autre enfant du Nord — Aristide Croisy — de l'attribution sans concours du monument Faidherbe à Falguière et Mercié. Croisy est de ceux qui se seraient certainement mis sur les rangs; il est un de nos grands sculpteurs, et c'est un enfant du pays. Mais a-t-il remarqué que Falguière ne s'est gêné en aucune façon pour faire de son amiral Courbet une copie exacte de l'*Officier à la Lorgnette* qui occupe le centre de son groupe, l'*Attaque;* dans le monument de l'*Armée de la Loire?* » Notre correspondant a raison, d'après la comparaison que nous venons de faire nous-même sur des photographies des deux monuments. Qu'en pense M. Croisy?

*
* *

Le *Midi bouge!* ou va bouger! Une revue officieuse des félibres commence le feu contre le Nord! C'est notre confrère Lepelletier qui a la bonne fortune de recevoir les premiers coups. Qui sait ce que va faire Tarascon? Va-t-il se ruer en masse sur les barbares? Les *Frères de la Mort*, les *Chacals du Narbonnais,* conduits par Tartarin, vont-ils inonder le Nord?... Mystère!

*
* *

Cercle des Francs-Picards. — Le mercredi 12 novembre, à huit heures et demie du soir, a eu lieu à la taverne Grüber, boulevard Saint-Denis, la réunion mensuelle des membres du *Cercle des Francs-Picards,* sous la présidence de M. Félix Fabart. M. Henry Carnoy, professeur au Lycée Louis-le-Grand, directeur de la *Revue du Nord de la France,* a été élu secrétaire du Cercle en remplacement de M. Elie Moyen, démissionnaire. M. Morelle a été élu premier secrétaire-adjoint, en remplacement de M. Maillard, démissionnaire, et M. Octave Pruvost, second secrétaire-adjoint. M. Magnier, avocat à la Cour d'appel, a été également élu trésorier en remplacement de M. F. Lefèvre, démissionnaire. Les secrétaires et le trésorier démissionnaires, qui ont tant fait pour la prospérité du Cercle, restent parmi les membres de la Société amicale, *et non politique,* des Francs-Picards. A la suite de ces élections, M. Jean Magnier a fait une conférence des plus intéressantes sur un sujet bien aride pourtant : *Le Secret professionnel.* Pendant plus d'une heure, le conférencier nous a tenus sous le charme d'une improvisation agréable, coupée d'aperçus ingénieux, d'anecdotes intéressantes, de réflexions originales, exprimées dans un langage sobre et précis, ne dédaignant pas à l'occasion le mot spirituel ou le trait piquant qui jette une note gaie dans le discours. M. Magnier — retenez-le, mes chers compatriotes — fera parler de lui! Rappelons que les réunions du Cercle ont lieu le deuxième mercredi de chaque mois à la Taverne Grüber, dans une salle louée par l'Association. Les Picards (Somme, Oise, Aisne, etc.), peuvent se faire inscrire en adressant une demande à M. Félix Fabart, président, 91, avenue d'Orléans. Le Cercle statue dans une séance ultérieure. — A la suite des votes du 12 novembre, le bureau est ainsi constitué :

Président, M. Félix Fabart, homme de lettres. — *Vice-Présidents,* MM. Albert Carette, ancien député, et Alphonse Bouvret, directeur du *Journal des Artistes.* — *Secrétaire,* M. Henry Carnoy, directeur de la *Revue du Nord.* — *Secrétaires-adjoints,* MM. Morelle et Pruvost. — *Trésorier,* M. Jean Magnier, avocat à la Cour d'appel. — *Trésorier-adjoint,* M. J. Quillart. — *Archiviste-bibliothécaire,* M. Antonin Lupy. — *Commission de contrôle des Finances,* MM. Sosthène Lemaître, Gustave Vaillant, Edouard Delavenne.

A la prochaine séance, conférence de M. Henry Carnoy sur : *Le Franc-picard à travers les âges.*

*
* *

Diner des Enfants du Nord. — Le samedi, 15 novembre, a eu lieu au *Diner français*, 27, boulevard des Italiens, le dîner mensuel des *Enfants du Nord*, société littéraire et artistique, sous la présidence de M. Carolus-Duran, président, assisté de MM. Edouard Sain et Alfred Darimon. Nous avons remarqué parmi les convives : MM. Paul Duthoit, secrétaire, V. de Swarte, Mairesse, Christophe, Henry Carnoy, A. Bury, L. Caille, Evaldre, Houssin, E. Villanis, C. Dutert, H.-E. Delacroix, A. Laoust, C. Brochart, H. Gauquié, A. Desmottes, Scalbert, Louis-Noël, Printemps, Emile Flament, etc... Sur la proposition de M. Henry Carnoy, directeur de la *Revue du Nord*, M. Carolus-Duran a parlé longuement du projet d'Exposition des artistes du Nord, dans le courant de l'hiver. Il a été décidé qu'au prochain dîner un comité serait nommé en vue d'étudier les voies et moyens propres à assurer le succès de cette exposition. Au prochain dîner, donc, mes chers compatriotes. Que personne ne manque !

*
* *

Il existe, à notre connaissance, quatre statues de Jeanne d'Arc : une à Paris, place des Pyramides ; une à Nancy et deux à Orléans, la première sur la place du Martroi et la seconde à l'extrémité du pont qui traverse la Loire. Il est question d'en élever une cinquième à Beaurevoir (Aisne). C'est dans la tour du château fort de Beaurevoir que l'héroïne, capturée devant Compiègne, fut enfermée d'août à décembre 1430, avant d'être conduite à Rouen. C'est non loin de l'emplacement du château que sera érigée la nouvelle statue.

*
* *

On nous signale une erreur commise dans le dernier numéro de la *Revue* (p. 240). Le monument qui a été inauguré le 5 octobre à Valenciennes est celui de l'auteur de l'*Arion* et du *Narcisse*, c'est-à-dire d'Ernest Hiolle. Son frère, Maximilien, a fait le buste et l'ornementation de ce monument, dont l'architecte est M. Constant Moyaux, un autre enfant du Nord.

*
*

Les Picards savent tous ce que l'on entend par le *Benedicite* de Saint-Quentin.

Le chroniqueur de l'*Ami de l'Ordre* nous fournit les titres de noblesse de cette galante institution. Un très noble rimeur, Raoul, comte de Vermandois, s'éprit en vrai chevalier et en vrai poète d'une délicieuse blonde aux yeux bleus. Epiant toutes les occasions de se rapprocher d'elle, il donna en l'hôtel de ville de Saint-Quentin un repas magnifique et prit soin d'assigner à sa belle la place d'honneur à ses côtés. Il proposa alors, au lieu d'un *Benedicite* en latin rébarbatif, d'en réciter un autre de sa façon.

Et il chanta un lai d'amour dont voici le refrain :

Ah ! belle blonde
Au corps si gent
Perle du moude

Que j'aime tant
D'une chose ai bien grand désir
Eh ! c'est un baiser vous tollir.

Et à ce refrain, chaque preux accolait sa voisine, *en bon an, bonne étrenne.*

Pas une ne se plaignit, la chose sembla même si agréable qu'on se garda bien de l'oublier et elle devint une véritable institution dans tout le Vermandois et les pays d'alentour.

*
* *

La statue de Camille Desmoulins, à Guise, vient de recevoir enfin sa consécration officielle. C'est M. Yves Guyot, ministre des travaux publics, qui présidait la cérémonie. Ajoutons que ce monument est l'œuvre du statuaire Doublemard.

*
* *

Le baron Alphonse de Rotschild vient de faire don au musée de Valenciennes d'un tableau de M. Albert Aubusson : une *Cour de village,* et à la ville de Boulogne-sur-Mer d'un tableau de M. Le Vilain : L'*Automne.*

*
* *

A propos d'une étude sur les dessins et gravures consacrées à Benjamin Franklin, M. Ch.-H. Hart communique au *Century Magazine* un intéressant extrait du *Pensylvania Packet* de 1780. Il résulte de ce document que du vivant du Sage, sous ses yeux même et sans provoquer de sa part aucune protestation, on le considérait couramment comme étant d'origine française.

A ce sujet, on lira avec intérêt les lignes suivantes, empruntées à la *Gazette d'Amiens,* capitale de la Picardie :

Il est certain que le nom de Franklin ou Franquelin est très répandu dans toute la Picardie, et spécialement dans les districts de Vimeu et Ponthieu. Tout permet de croire qu'un des aïeux du docteur était originaire de notre pays et qu'il a émigré en Angleterre avec la flotte de Jean de Biencourt ou celle qui fut armée par la noblesse de la province. En matière de généalogies, nous sommes habitués à des hypothèses autrement audacieuses. Il y avait à Abbeville, aux quinzième et seizième siècles, une famille portant le nom de Franklin. On voit sur les registres de la ville les noms de Jean et Thomas Franquelin, marchands de draps, en 1521. Cette famille resta à Abbeville jusqu'à l'année 1600. Elle s'est depuis lors dispersée dans le pays.

TABLE DES MATIÈRES

DE LA

REVUE DU NORD DE LA FRANCE

Tome Ier. — Année 1890

Pages

PATOIS, LITTÉRATURE POPULAIRE, CONTES, LÉGENDES, CHANSONS, USAGES, TRADITIONS

VARIÉTÉS

Pages

BIBLIOGRAPHIE

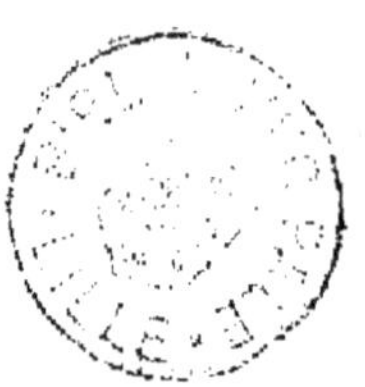

Alcius Ledieu, *Histoire de Démuin*, 27. — L. Quarré-Reybourdon, *Aspect de quelques maisons de Lille au commencement du XVIIe siècle*, 27. — Jean Richepin, *Le Cadet*, 28. — Alcius Ledieu, *Souvenirs du vieux Démuin. Sobriquets et Noms patronymiques*, 62. — Henri Cons, *Le Nord pittoresque de la France*, 91. — Jules Lemoine, *Le Folklore au pays wallon*, 92. — Jean Thorel, *La Complainte humaine*, 92. — L. Quarré-Reybourdon, *La Vie, les Voyages et Aventures de Gilbert de Lannoy*, 119. — A. Capon, *Poèmes de Flandre*, 120. — J. Pétréaux, *Chansons et Poésies*, 120. — Albert Meyrac, *Traditions, coutumes, légendes et contes des Ardennes*, 122. — Alfred Migrenne, *Les Moissons dorées*, 157. — Marcel Poullin, *Nos Places perdues d'Alsace-Lorraine*, 236. — Victor de Swarte, *Les Financiers amateurs d'Art*, 261.

Le Gérant : Alcius LEDIEU.

Abbeville, imp du Pilote de la Somme, FOURDRINIER ET Ce